HERRSCHERIN
DER
REVOLTE

Neema G.W.

D1639947

ÜBER DIE AUTORIN *NEEMA G.W.*

In einer Welt, die reich an den Echos der Geschichte und des lebendigen Erbes ist, tritt Neema G.W als einzigartige Stimme hervor, welche die Vergangenheit mit der Gegenwart und die Tradition mit modernen Erkenntnissen verwebt. Die in Kenia geborene und später in Deutschland durch medizinische Disziplinen verfeinerte Neema steht an der Schnittstelle von Neurologie, Psychiatrie und tiefgründigem Geschichtenerzählen. Ihr Weg - von einer begeisterten jungen Leserin, die inmitten der Turbulenzen der Jugend Trost im Lesen von Büchern und dem Schreiben von Kurzgeschichten fand, bis hin zur Erklärung ihrer zukünftigen Autorenschaft in der sterilen Umgebung ihrer Medizinausbildung - spiegelt einen unerschütterlichen Traum wider, der durch keine Barriere getrübt wird.

Neemas Schreiben ist tief in ihrem Mijikenda-Erbe verwurzelt und lässt sich von der unverwüstlichen Figur der Me-Katilili wa Menza inspirieren, um ein Licht auf lange Zeit überschattete historische Erzählungen zu werfen.

Ihre Pilgerreise nach Kenia, bei der sie sich in die Weisheit der Ältesten vertiefte, markierte den Beginn eines erneuten Erzählprojekts, das ihre Erzählungen mit der Seele der Mijikenda-Kultur durchtränkte - beeinflusst von Koryphäen wie John Grisham und Maya Angelou.

Ihr Ehrgeiz geht über das Geschichtenerzählen hinaus; es ist eine Mission, das reiche Tableau afrikanischer Legenden und Fabeln zusammenzufassen und diese Geschichten für die Nachwelt zu bewahren.

Neema lädt die Leser zu einer fesselnden Reise durch die Landschaften der Fantasie und das Wesen des kulturellen Erbes ein. Sie bietet einen Rückzugsort aus dem rasanten Tempo des modernen Lebens an und ermutigt zum Eintauchen in die Tiefe von Geschichten, die nicht nur ihre Vision geprägt haben, sondern auch andere zum Erforschen und Entdecken inspirieren werden.

Begleiten Sie Neema auf ihrer Reise durch die Reiche des Denkens und die reiche Tradition der Mijikenda, wo die Lebendigkeit afrikanischer Geschichten darauf wartet, sich zu entfalten.

https://neemagw.com

Facebook: @neema.gw

Twitter: @neemagw

Instagram: @neema.g.w

Pinterest: @neemagw

HERRSCHERIN DER REVOLTE

Me-Katililis Kampf für die Seele des Vaterlandes

Ein spannender Tatsachenroman.

Wahre Geschichte.

Autor: Neema G.W.

1. Taschenbuchausgabe 08/2024

Englischer Originaltitel „Empress Of Revolt"

Aus dem Englischen übersetzt von Christian Weiss

Herausgegeben von:

GoWriters Media

Deutschland: D-81375 München (Deutschland), Eichenstr. 28 b
USA: FL-33166 Miami, 8345 NW 66.St. #2764
Kenia: 80100 Mombasa, Juma Center Building, Digo Road
https://gowriters.media   info@gowriters.media

Autor: Neema G.W. c/o GoWriters Media

ISBN: 978-3-911370-17-2

WIDMUNG

Dieses Buch ist unseren herausragenden Vorfahren und allen bedeutenden Ahnen gewidmet, insbesondere der unbesiegbaren Me-Katilili und all den tapferen Freiheitskämpfern, die mutig für die Freiheit Afrikas gekämpft haben.

Es ist auch eine Hommage an meinen Vater, M. Gakweli W., der sich nach Kräften bemühte, mir, einem afrikanischen Mädchen, die beste Erziehung zu ermöglichen, die ihm zur Verfügung stand.

HERZLICHE WERTSCHÄTZUNG

Auf dieser Reise waren die Wärme und die unerschütterliche Unterstützung meiner Familie und Freunde mein Leuchtturm im Sturm. Ihre Unterstützung, Ermutigung und unendliche Geduld gehen über Worte hinaus und erfüllen mich mit einem unbeschreiblichen Gefühl der Dankbarkeit.

Ich spreche den Ältesten der heiligen *Kayas meine tiefste Wertschätzung aus*, insbesondere Richter Joseph Mwarandu, Baya Mitstanze, Mwanyae, Kazungu wa Hawe-Risa und den Nachkommen von Me-Katilili. Ihre selbstlose Großzügigkeit bei der Weitergabe unschätzbarer Erkenntnisse war ein Eckpfeiler dieses Buchprojektes.

Ein herzliches Dankeschön an Frau Agnes Thoya, die mich liebenswürdig durch die verborgenen Schätze der verbliebenen Giriama-Dörfer geführt hat.

Mein Dank gilt auch denen, deren Vision *Kiuyeuye* und die gemeinschaftsorientierte MADCA (Malindi District Cultural Association) hervorgebracht hat, Justice Joseph Mwarandu und Stanslous Kahindi Kiraga.

Um für meinen Partner Christian Weiss meine große Dankbarkeit auszudrücken, reichen Worte allein nicht aus. Du warst eine Inspiration und hast mich dazu gedrängt, über die Sterne hinauszublicken. Deine Unterstützung ist nicht von dieser Welt ! Die Nächte, die wir auf der Suche nach Wissen und Ideen verbrachten, unsere "Fledermaus"-Nächte, waren von unschätzbarem Wert. Dein brillanter Verstand hat Me-Katilili's Geschichte mit Leichtigkeit erfasst und mich virtuos mit allen notwendigen Informationen versorgt. Dein groß-zügiger Geist erhellt die dunkelsten Ecken, und dafür bin ich ewig dankbar.

An meine phänomenale Mutter Nkanzingo, eine Kämpferin, die sich siegreich in alle Schlachten des Lebens begibt. Danke, dass du für mich gekämpft hast.

An meinen außergewöhnlich begabten Sohn, Sadiq Gakweli, ich sehe die Weite des Universums in deinen Augen widergespiegelt. Du verkörperst Potenzial und Versprechen. Ich sehe dich, mein Sohn, hell leuchtend mit unendlichen Möglichkeiten.

Zu guter Letzt an meine abenteuerlustigen Nichten, Daiya und Aziza. Erkundet weiterhin ohne Grenzen, eine grandiose Welt wartet auf Euere Schritte ! Steigt hoch hinaus !

HAFTUNGSAUSSCHLUSS

Dieses Buch ist eine kreative Nacherzählung des Lebens und der Kämpfe von Me-Katilili wa Menza, einer berühmten Freiheitskämpferin, die eine entscheidende Rolle im Widerstand gegen die Kolonialherrschaft spielte. Die Erzählung auf diesen Seiten versucht, ihr Vermächtnis und den unbezwingbaren Geist all derer zu ehren, die ihr in diesen turbulenten Zeiten zur Seite standen.

In unserem Bestreben, eine zusammenhängende und respektvolle Erzählung zu präsentieren, haben wir einige Anpassungen an der historischen Darstellung vorgenommen. Einige Namen wurden geändert, um die Würde und Privatsphäre von Personen zu schützen, die ihre Darstellungen sonst in einem verkleinernden, entmenschlichenden oder peinlichen Licht sehen könnten. Diese Entscheidung wurde aus Respekt vor den Nachkommen dieser Persönlichkeiten und den beteiligten Gemeinschaften getroffen, um sicherzustellen, dass ihre Vorfahren mit Ehre und Integrität in Erinnerung bleiben.

Bitte beachten Sie außerdem, dass einige Ereignisse kreativ gestaltet wurden, um die Essenz der Ära und die monumentalen Kämpfe, mit denen Me-Katilili wa Menza und ihre Zeitgenossinnen konfrontiert waren, lebendiger einzufangen. Diese Adaptionen wurden mit größtem Respekt vor historischer Genauigkeit erstellt und zielen darauf ab, die Lücken zu füllen, in denen historische Aufzeichnungen spärlich oder widersprüchlich sein können.

Es ist wichtig zu beachten, dass die in diesem Buch präsentierten Informationen aus einer Vielzahl von Quellen stammen, darunter mündliche Erzählungen, die über Generationen weitergegeben wurden, und verschiedene dokumentierte Berichte. Angesichts der Natur dieser Quellen gibt es Fälle, in denen sich die Berichte unterscheiden oder sich widersprechen. Unsere Erzählung versucht, sich in diesen Komplexitäten zurechtzufinden und bietet eine Darstellung, die die Vielschichtigkeit der Geschichte und die vielen Stimmen, die dazu beitragen, respektiert.

Durch die Auseinandersetzung mit diesem Buch begeben sich die Leser auf eine Reise durch eine kreativ neu gestaltete Vergangenheit, die sich zwar nicht strikt an jedes historische Detail hält, aber die tiefgreifenden Auswirkungen von Me-Katilili wa Menzas Kampf für die Freiheit vermitteln möchte. Unser Ziel ist es, zum Nachdenken über die Opfer anzuregen, die wir für die Freiheiten gebracht haben, die wir heute genießen, und das bleibende Vermächtnis derjenigen zu feiern, die es gewagt haben, sich der Unterdrückung zu widersetzen.

Wir laden Sie ein, diesen Tatsachenroman mit offenem Herzen und offenem Verstand zu lesen und den Geist der Widerstandsfähigkeit und des Mutes zu umarmen, der die bemerkenswerte Geschichte von Me-Katilili wa Menza ausmacht.

INHALTSVERZEICHNIS

Über die Autorin *Neema G.W.* 2

Widmung 5

Herzliche Wertschätzung 7

HAFTUNGSAUSSCHLUSS 9

Prolog 15

Die antike Welt der Mijikenda 15

Die Ankunft ausländischer Einflüsse seit dem späten 15. Jahrhundert 15

Der Schatten des Sklavenhandels (16.-19. Jahrhundert)....16

Widerstand und Trotz (Anfang des 20. Jahrhunderts) 17

Vermächtnis der Widerstandsfähigkeit und Freiheit 17

Landkarte von Afrika 20

Hist. Karte von Ost-Kenia 21

Glossar 22

Kapitel 1 23

Die Prophezeiung 23

Mstanganyiko Market, Kilifi Town, Kenia 29

Kapitel 2 35

Die Familie von Munyazi (junge Me-Katilili) 35

Vom Unterstamm der Digo bis zu den Ohren ihrer Verwandten 41

Die Geburt von Munyazi, der jungen Me-Katilili 45

Das Dankbarkeitsritual 49

Kapitel 3 55

Hafen von London, Großbritannien, Mitte des 19. Jahrhunderts..55

Ankunft im Hafen von Mombasa....................................58

Der Gesandte trifft Scheich Mubarak bin Rashid.............64

Kapitel 4...73

Munyazi wa Menza (die junge Me-Katilili)....................73

Einer von zahlreichen arabischen Angriffen....................74

Trauer mit Rabai...81

Ein Treffen im heiligen *Kaya* Mudzi Muvya.................83

Munyazis früher Fleiß...86

Die Rückkehr ohne Kithi...94

Auf der Suche nach Kithi...97

Kapitel 5...105

Das Reiseziel von Karisa...105

Karisa wird Sahel..113

Brechen von heiligen Gelübden.....................................115

Kapitel 6...119

Die Vereinigung von Munyanzi und Mulewa.................119

Der Auftakt zur Ehe..121

Der Vorschlag..122

Aaroni: Das erste Treffen des Brautpaares.................124

Die Hochzeitsfeier...130

Der Haupthochzeitstag..134

Die Geburt von Katilili..136

Spirituelles Wachstum...140

Kapitel 7...147

Von Sklaven-Daus bis zur Stadt Frere...........................147

Zurück auf afrikanischem Boden 150

Neuer Glaube 155

Kapitel 8 159

Teilung des Kontinents ohne Zustimmung 159

Kapitel 9 169

Das Verschwinden von Katilili 169

Die verborgene Kraft des *Chifudu-Tanzes* 180

Versammlungen, welche die Aufmerksamkeit der Briten auf
sich ziehen 181

Weissagung 185

Heilkräfte 185

Wunsch nach einer Co-Frau 191

Kapitel 10 193

Wanje wa Mwadorikola und andere prominente Älteste .193

Charles Hobley, der Bezirkskommissar, und Arthur M.
Champion, sein Assistent 195

Kapitel 11 199

Die Revolten beginnen 199

Versteck im Getreidespeicher 202

Me-Katilili stellt Champion zur Rede 205

Der Angriff auf den Konvoi 209

Begegnung und Widerstand 212

Auf dem Weg ins Gefängnis 214

Kisii (Getembe), Gusii Land, Provinz Nyanza 224

Sakawa der Abagusii-Wahrsager 226

Flucht aus dem Gefangenenlager Kisii 234

Die Gastfreundschaft der Akamba 238

Währenddessen wird Mulewa gefangen genommen........243

Taita Taveta, die Nachbarn auf den Hügeln..............243

Kapitel 12 251

Ein Hauch von Frieden................251

Ankunft in Kilifi, von Kisii 252

Hingebungsvoll, zurück zu mehr Versammlungen..........254

Mulewa kehrt nach Hause zurück 257

Umzug nach Gede 259

Ermächtigende Reden................261

Kapitel 13 265

Die Pflicht eines Verräters 265

Aufstände Mitte 1914...............267

Wieder gefangen................269

Kapitel 14 273

Champion wird belagert 273

Das Gewicht einer Krone 286

Die Oberhand 290

Das Friedensabkommen 292

Unter Allgemeinen Bedingungen 293

Kapitel 15 297

Zurück aus der zweiten Haft 297

Kontinuität des Lebens...............299

Übergang der Seele 303

Hafen von Charleston, South Carolina, USA, Mitte der 1870er Jahre 305

Sources / References 311

PROLOG

Die antike Welt der Mijikenda

Bevor die Chroniken der Geschichte in die Annalen der Zeit eingebrannt wurden, gab es eine Welt, in der der Geist der Menschheit im Rhythmus der Erde tanzte. Dies war das Land der Mijikenda, eingebettet in der üppigen Ostküste Afrikas, ein Ort, an dem das Echo der Vergangenheit durch die dichten Wälder der heiligen *Kayas* flüsterte. Hier, in dieser Wiege der Zivilisation, gediehen die Mijikenda unter dem Blätterdach des äquatorialen Himmels, ihr Leben war eine harmonische Mischung aus Tradition, Spiritualität und gemeinschaftlicher Integrität.

Die Herrschaft der Mijikenda verdeutlichte ihre ausgeklügelte Gesellschaftsstruktur. Sie wurde von einem Rat der Ältesten und Häuptlinge geleitet, die ihr Volk mit Weisheit und Weitsicht leiteten. Ihre Wirtschaft florierte durch Landwirtschaft, Jagd und Handel, und ihre Märkte waren ein geschäftiger Knotenpunkt des kulturellen Austauschs.

Das Herz ihres Glaubens pulsierte von einer tiefen Ehrfurcht vor *Mulungu*, dem höchsten Gott, und einer Verehrung für die Ahnen, deren Geist ihre Gemeinden beschützte.

Die Ankunft ausländischer Einflüsse seit dem späten 15. Jahrhundert

Die Ruhe dieser Gesellschaft war jedoch dazu bestimmt, durch die Segel fremder Schiffe am Horizont zerstört zu werden.

Die Ankunft von Vasco da Gama im späten 15. Jahrhundert läutete den Beginn einer Ära der äußeren Einflussnahme und Herrschaft ein. Die Portugiesen mit ihren Festungen und ihrer Feuerkraft waren nur die ersten in einer Reihe von ausländischen Mächten, die die Herrschaft über die ostafrikanische Küste für sich beanspruchen wollten.

Mombasa und Sansibar wurden zu Brennpunkten von Konflikten und kulturellem Austausch, als die Portugiesen im späten 17. Jahrhundert von den omanischen Arabern verdrängt wurden, die durch die Verbreitung des Islam und die Integration omanischer Bräuche in die lokale Kultur unauslöschliche Spuren in der Region hinterließen. Zu Beginn des 19. Jahrhunderts hatten die Omanis ihre Hauptstadt vom Oman nach Sansibar verlegt, von wo aus sie auch das kenianische Küstengebiet kontrollierten.

Schließlich übernahmen die Briten im späten 19. Jahrhundert die Kontrolle, indem sie Kenia als Protektorat und später als Kolonie beanspruchten.

Die kulturelle Verschmelzung Ostafrikas wurde durch die Ankunft ausländischer Händler und Einwanderer weiter bereichert: Perser, Inder, Chinesen, Spanier, Türken, Italiener, Deutsche und Franzosen, die jeweils neue Fäden in den Teppich der lokalen Gesellschaft einfügten.

Die Kiswahili-Sprache, eine sprachliche Verschmelzung von Bantu, Arabisch, Persisch und später europäischen Sprachen, entstand als Lingua franca, die die verschiedenen Völker der Ostküste zu einer einzigartigen Swahili-Kultur verband.

Der Schatten des Sklavenhandels (16.-19. Jahrhundert)

Darüber hinaus wurde diese Ära der kulturellen Synthese durch den Schatten des Sklavenhandels überschattet, einer Geißel, die den Kontinent jahrhundertelang ausbluten ließ. Sansibar, insbesondere unter Sultan Sayyid Bargash bin Said al-Busaidi, wurde zum Zentrum dieses düsteren Handels, der den Anforderungen der Märkte von der Arabischen Halbinsel bis nach Amerika diente. Dieser düstere Wendepunkt fiel mit den Nachwirkungen der Reisen von Christoph Kolumbus zusammen, der die „Neue Welt" den europäischen Ambitionen enthüllt hatte.

Die indigenen Völker, einst die Herren ihres Landes, fanden sich in einem Strudel der Ausbeutung und des Widerstands wieder. Die lokale Bevölkerung sah sich bald mit dieser düsteren Realität konfrontiert, als arabische Sklavenhändler wie Hamad bin Muhammad sich an Orten wie Sansibar ankerten und diese Orte in wichtige Märkte verwandelten.

Vor allem Sansibar entwickelte sich zu einem wichtigen Knotenpunkt, der den Anforderungen der Arabischen Halbinsel, des Irans, Großbritanniens und Amerikas gerecht wurde. Was als Streben nach Wohlstand begann, verwandelte sich in eine Ära ungezügelter Gier, in der das Streben nach Reichtum den Wert des menschlichen Lebens in den Schatten stellte.

Widerstand und Trotz (Anfang des 20. Jahrhunderts)

In diesem turbulenten Geschichtsteppich erhob sich Me-Katilili wa Menza, eine Frau der Giriama, als Leuchtfeuer des Widerstands gegen die koloniale Unterwerfung. Ihre Revolte war nicht nur ein Kampf gegen die britischen Übergriffe, sondern auch ein Eintreten für die Würde, Unabhängigkeit und kulturelle Tradition ihres Volkes.

Die Briten - unter der Monarchin Königin Victoria und ihrem Sohn König Edward VII. - untergruben in ihrem Bestreben, die Kontrolle durchzusetzen, nicht nur die lokale Wirtschaft durch die Manipulation des Handels, insbesondere des Elfenbeinhandels, sondern versuchten auch, die Mijikenda von ihrem Land zu entfremden, indem sie ausländische Nutzpflanzen einführten und riesige Flächen für Kautschuk- und Sisalplantagen beschlagnahmten.

Vermächtnis der Widerstandsfähigkeit und Freiheit

Die Widerstandsfähigkeit der Mijikenda, ihre Weigerung, sich den Kräften des Kolonialismus zu beugen, und der Geist von Me-Katilili wa Menza hallen in der Geschichte als Vermächtnis für die anhaltende Stärke eines Volkes wider, das für seine Freiheit und Identität kämpft. Von den heiligen *Kayas* über die geschäftigen Märkte von Mombasa bis hin zu den Gerichtssälen, in denen Kämpfe für Gerechtigkeit ausgefochten wurden, ist die Geschichte der Mijikenda eine Geschichte von Mut, Widerstand und der unzerbrechlichen Bindung zwischen einem Volk und seinem Land.

Auf unserer Reise durch die Seiten dieser Geschichte durchqueren wir die Pfade der Zeit, von den alten Tagen des Wohlstands und des Friedens über die Wirren der Invasion und des ungebrochenen Geistes bis hin zum Anbruch einer neuen Ära, die vom Vermächtnis derer geprägt ist, die mit unerschütterlichem Geist gekämpft haben.

Dies ist nicht nur die Geschichte von Me-Katilili wa Menza oder der Mijikenda; Es ist die Saga des Menschen gegen den Strom der Geschichte, eine Erzählung, die den zeitlosen Kampf für Freiheit, Würde und das Recht, sein Schicksal selbst in die Hand zu nehmen, widerspiegelt.

LANDKARTE VON AFRIKA

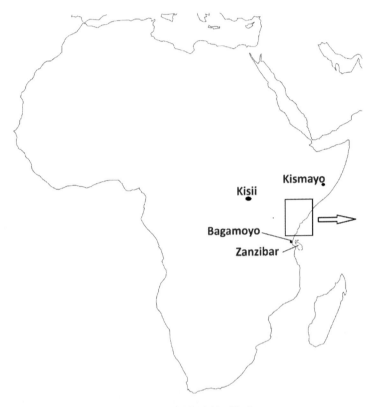

Quelle: https://www.freeworldmaps.net/printable/africa/blank.png

HIST. KARTE VON OST-KENIA

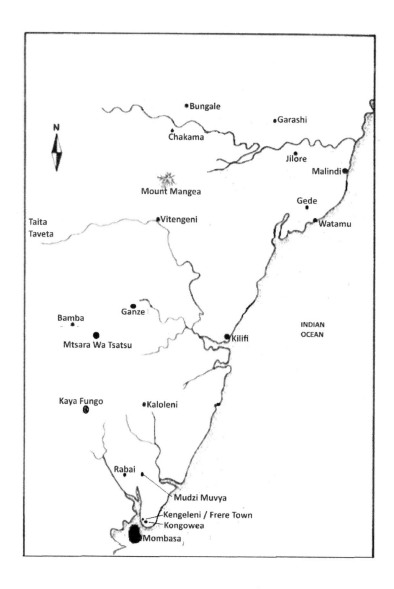

GLOSSAR

Me-Katilili ("Mutter von Katilili") aka **Mekatilili** bzw. **Mekatilili Wa Menza** – eine furchtlose Giriama-Kriegerin.

Mijikenda ("die neun Stämme") sind neun verwandte Bantu-Ethnien (Stämme), die die Küste Kenias bewohnen, in einem Gebiet, das sich von Tansania im Süden bis zur Grenze bei Somalia im Norden erstreckt: Chonyi, Kambe, Duruma, Kauma, Ribe, Rabai, Jibana, **Giriama** und Digo.

Agiriama: Das Volk des Giriama-Unterstammes.

Chifudu: Ein spiritueller Tanz, der in Zeiten der Trauer aufgeführt wird.

Chigoda: Traditioneller dreibeiniger Hocker.

Hando: Traditioneller weißer Rock der Giriama.

Kaya (Haus oder Dorf) Kayas sind die Gehöfte der Mijikendas. **Die heiligen** *Kaya-Wälder* **sind verlassene Kayas, die noch heute als angestammte Stätten für Rituale und Gebete gelten.**

Khanga oder *Leso*: dünner Baumwollstoff mit farbigem Design, der um den Körper gewickelt wird und hauptsächlich für Damenbekleidung verwendet wird.

kisuthu: Khanga mit einem bestimmten Muster.

Kiswahili: Die Sprache des Swahili,

Mulungu: Der Schöpfer und das höchste Wesen.

Swahili: Eine ethnische Gruppe an der ostafrikanischen Küste, kulturell und sprachlich unterschiedlich, mit einer Mischung aus afrikanischem und arabischem Erbe.

vikoi: Traditionelle Kleidung, die von Männern getragen wird; bunte Kleidungsstücke, die um die Taille gewickelt werden.

KAPITEL 1

Die Prophezeiung

In dieser Ecke der Erde gab es den Begriff der Zeit, wie er schriftlich festgehalten ist, nicht. Der Lauf der Tage und Jahre war geprägt vom Rhythmus der Natur: dem Wechsel der Jahreszeiten, der täglichen Reise der Sonne von der Morgendämmerung bis zur Abenddämmerung und den zyklischen Mondphasen, von voll zu neu und wieder zurück. Das Leben war verwoben mit gewöhnlichen und außergewöhnlichen Momenten, wobei jedes Ereignis und jede Beobachtung Teil eines größeren, zeitlosen Teppichs war. Erst Jahrhunderte später schätzten Historiker, dass sich diese Ereignisse um das Jahr 1300 abspielten, etwa fünf Jahrhunderte vor dem entscheidenden Moment.

Als an einem bestimmten Abend die Dämmerung hereinbrach, verschwanden die letzten Strahlen der Sonne hinter einem immer dichter werdenden Wolkenschleier. Diese Nacht entfaltete eine Decke der Finsternis, tiefer als jede zuvor. Die Luft, aufgeladen von der Elektrizität der Erwartung, zitterte, als das leise Glühen eines herannahenden Sturms durch das üppige Blätterdach der Kaya zu dringen begann und den Tumult andeutete, der vor ihm lag.

Die Mijikenda, deren Leben tief mit den Rhythmen der Erde und des Himmels verwoben war, spürten die Veränderung, eine Spannung, die in den Knochen der Erde summte, ein Auftakt zum Gesang des Sturms.

Als die Nacht tiefer wurde, schien der Himmel selbst vor Unruhe zu brüten. Der einst klare Himmel, ein Mosaik aus unzähligen Sternen, wurde allmählich von bedrohlichen Wolken verdeckt, die vom Indischen Ozean her heranrollten, riesig und unerbittlich. Sie errichteten eine uneinnehmbare

Festung aus Dunst über der Gemeinde, verschluckten den silbrigen Schein des Mondes und tauchten das Dorf in Schatten. Die Luft wurde schwer, schwanger mit dem Duft des Regens, diesem einzigartigen Aroma, das von verjüngter Erde und erwachtem Leben spricht, aber es flüsterte auch Vorahnungen von der Wut, die kurz davorstand, entfesselt zu werden. Ein Ältester eines der *Kayas* blies in ein markantes Horn und erregte damit die Aufmerksamkeit aller *Kaya*-Dörfer.

"Ein Sturm zieht auf; Ein Sturm zieht auf! Bleibt in euren Unterkünften und kommt nicht heraus, bis der Sturm vorüber ist", rief ein Ältester mit tiefer, klarer Stimme. Diese Ankündigungen waren Botschaften, die von *Kaya* zu *Kaya* weitergegeben werden sollten, bis jeder *Kaya* informiert war. Die *Kayas* bereiteten sich vor; sie inspizierten ihre Reetdächer auf mögliche Undichtigkeiten. Sie brachten ihr Vieh in einen sicheren Unterschlupf, und man sah, wie Menschen eilig Gegenstände wie Töpfer- und Webwaren, Lebensmittel und Gebräue in die Ställe brachten, um sie vor der drohenden Zerstörung zu bewahren. Schließlich schloss jede Familie ihre palmengeflochtenen Türen.

Der erste Vorbote des Sturms war der Wind, ein Ständchen, das sich zu einem Heulen entwickelte. Er tanzte durch das Dorf, ein wilder, ungezähmter Geist, streichelte die Strohdächer der Hütten, raschelte mit den Blättern der Affenbrotbäume und Palmen, die wie stumme Wächter über den Menschen standen. Die Mijikenda lauschten mit dem Crescendo des Windes, als er von Macht, Majestät und der rohen Schönheit der Macht der Natur sprach.

Dann kamen die Blitze, ein gespenstisches Ballett aus Licht, das die Leinwand der Nacht zerbrach und das Dorf in kahlen, flüchtigen Momenten des Tageslichts erleuchtete. Jeder Blitz war ein Schnappschuss einer Welt, die für einen Moment in Gefangenschaft gehalten wurde: die Gesichter der Kinder, die vor Staunen weit aufgerissen waren, die Augen der Älteren spiegelten die Weisheit derer wider, die den Himmel zuvor in Flammen sahen, und die wilden, schützenden Linien der Krieger, die über ihre Familien wachten.

Donner grollte, ein ursprünglicher Chor, der die Stimmen der Ahnen widerhallte, der durch das Dorf dröhnte und in den Seelen der Mijikenda vibrierte. Er sprach von den Zeitaltern, den Zyklen von Leben und Tod und dem ewigen Tanz zwischen Erde und Himmel. Die Gemeinschaft spürte es kollektiv, wie einen gemeinsamen Puls, eine Erinnerung an ihre Kleinheit angesichts der Pracht der Natur und ihre Einheit in ihrer Umarmung.

Und dann, mit einer Plötzlichkeit, die einem den Atem raubte, fiel der Regen herab. Es war kein sanfter Regenschauer, sondern eine Sintflut, ein sintflutartiger Ausbruch der aufgestauten Trauer und Freude des Himmels. Er rasselte auf den Dächern, trommelte auf den Boden und spülte alles in einer reinigenden Flut um. Bäche bildeten sich, Flüsse traten über die Ufer, und die Erde trank gierig und lebte unter den Liebkosungen des Regens wieder auf.

Im Herzen des Sturms standen die Mijikenda, eine Gemeinschaft, die durch die Fäden der Tradition, den Respekt vor der Natur und eine unzerbrechliche Verbindung zu ihren Vorfahren verbunden war. In der Wut des Sturms fanden sie Kraft - in seiner Schönheit, einer Erinnerung an das empfindliche Gleichgewicht des Lebens.

Als der Sturm vorüber war und eine erfrischte Welt und einen Himmel von unvergleichlicher Klarheit hinterließ, wussten die Mijikenda, dass sie sich an diese Nacht erinnern würden. Es war ein Beweis für die dauerhafte Verbundenheit zwischen ihnen und den Urkräften, die ihr Leben prägten, eine Nacht, in der die Erde und der Himmel mit donnernden Stimmen gesprochen hatten und sie demütig, aber ungebrochen unter dem weiten afrikanischen Himmel gelauscht hatten.

Der Tag brach an. Der Himmel war kristallklar, als die Sonne mit einem erfrischenden Charme aufging. Diese *Kayas* waren Gemeinschaften, die für ihre Einheit und Stärke bekannt waren. Man erwartete nach beunruhigenden Ereignissen, dass die Einheimischen gegenseitig nach dem Rechten sahen. Nach dem Sturm gingen sie hin, um zu sehen, ob jemand vermisst wurde oder ob Häuser zerstört worden waren. Niemand wurde vermisst oder verletzt, und es gab keine nennenswerten Zerstörungen. Erleichtert machten sich die Menschen der *Kayas* unter dem blühenden Farbton der aufgehenden Sonne auf den Weg und gingen ihren üblichen Beschäftigungen nach. Unter den Dorfbewohnern teilte eine Gruppe von fünf Frauen, die durch die tägliche Aufgabe des Wasserholens verbunden waren, Geschichten und Träume, während sie zum Teich gingen, um Wasser zu holen. Wie üblich interagieren ihre Stimmen, Gesang und Lachen erfüllen die Luft.

Sie hörten jedoch den Schrei eines fernen Babys, als sie sich an diesem Tag dem Flussufer näherten. Mitten im Schilf fanden sie ein Kind, das in ein blaues Tuch gewickelt war, feiner als alles, was sie je gesehen hatten.

Die traditionelle indigoblaue Kleidung, *Musimbiji*, symbolisierte Macht, das Göttliche und die Prophezeiung. Verwirrt und besorgt schauten sie sich um, aber niemand war in Sicht. Allen Widrigkeiten zum Trotz wurde das Baby nach dem bodenbrechenden Sturm schön eingewickelt und trocken gefunden. Der ungeheure Teich, ein Arm des Flusses Galana, der ihnen als Lebensspender bekannt war, hatte ihnen auf völlig unerwartete Weise neues Leben geschenkt.

Nachdem sie das Baby sanft gewiegt hatten, kehrten die Frauen ins Dorf zurück, und die Nachricht von ihrer Entdeckung verbreitete sich wie ein Lauffeuer.

Dorfbewohner versammelten sich, jeder neugierig auf das Kind, das aus dem Nichts aufgetaucht war. Trotz Anfragen und Boten, die überall hingeschickt wurden, kam niemand, um das

Baby abzuholen. Keiner Frau im Dorf oder in den umliegenden Gebieten fehlte ein Kind und keine war erst kürzlich schwanger gewesen.

Unter den Frauen stach Kadzo heraus. Sie hatte sich jahrelang nach einem Kind gesehnt, ohne den Segen, Mutter zu werden. Als Kadzo das Baby sah, fühlte sie eine Verbindung, die sie sich nicht erklären konnte. Mit dem Segen der Ältesten adoptierte sie das Kind als ihr eigenes. Die Dörfer kamen zu einer Namensgebungszeremonie zusammen, einer lebendigen Feier des Lebens und der Gemeinschaft. Sie nannten sie Mepoho, was so viel wie "Flüstern des Windes" bedeutet, denn sie war so sanft und unerwartet wie ein Windhauch zu ihnen gekommen.

Mepoho wuchs unter Kadzos liebevoller Fürsorge heran, ihre Intelligenz und Weisheit zeigte sich schon früh. Sie beobachtete die Welt mit scharfem Auge und lernte aus den Geschichten und Erfahrungen, die sie im Dorf teilte. Als sie heranwuchs, besaßen ihre Ratschläge, obwohl sie von einer jungen Stimme kamen, eine Tiefe und Einsicht, die ihr Alter Lügen straften und ihr Respekt bei den Dorfbewohnern einbrachten.

Als Mepoho erwachsen wurde, wurden ihre Worte nicht nur gehört, sondern auch gesucht. Ihr Übergang zur Prophetin verlief nahtlos, ihre Visionen und Prophezeiungen führten die *Kayas* durch Dürreperioden und vieles mehr.

Jede Prophezeiung, die sie aussprach, erfüllte sich und festigte ihren Platz als verehrte Figur in den *Kayas* und darüber hinaus.

Ihre Führung veränderte die *Kayas* auf eine kleine und bedeutende Weise. Unter ihrem Einfluss gediehen die *Kayas* und navigierten durch die Herausforderungen ihrer Welt mit Anmut und Weisheit, die von der Erde auszugehen schienen, auf der sie wandelten. Mepoho verbrachte viel Zeit damit, Spiritualität und Natur zu entdecken. Sie ging in die heiligen

Kaya-Wälder und blieb dort tagelang. In ihrem mittleren Alter war sie eine auserwählte Wahrsagerin und Prophetin.

Durch spirituelle Tänze rief sie die Geister herbei, um bevorstehende Ereignisse vorherzusagen. Sie nutzte göttliche Eingebungen, um Dürren, Hungersnöte und schwere Regenfälle vorherzusagen, die Überschwemmungen verursachen würden. Sie nutzte diese Weitsicht, um das Volk der Mijikenda zu schützen.

Mepoho kam eines Nachmittags aus einem heiligen Kaya-Wald und sah besorgt und erschöpft aus. Sie verlangte, dass die Menschen in der *Kaya*, in der sie lebte, einen spirituellen Tanz aufführten, den *Chifudu-Tanz*. Sie verriet, dass sie eine wichtige Botschaft an die Mijikenda-Gemeinschaft habe. Inmitten der energisch schlagenden Trommeln, der *Kayamba*, einem tablettförmigen Perkussionsinstrument, Megafonen, Flöten und tiefgründigem Gesang saß Mepoho auf ihrem traditionellen *Chigoda*-Stuhl mitten in der Menge und wiegte sich in einem inneren Rhythmus. Ein Medizinmann besprengte sie mit einem Gebräu aus Kräutern und sprach heilige Worte. Mepoho ließ sich von intensiver spiritueller Musik mitreißen.

In diesem Zustand hatte sie eine Vision. Erschüttert und erschrocken sprang sie schockiert auf. Nach Luft schnappend, zwischen Tränen und dem Blick in den Himmel keuchend, stieß sie hervor: "Meine Leute, ich habe die Zukunft gesehen, die verheerend ist! Es kommen Menschen mit sehr blasser Haut und Haaren, wie Sisalfasern. Sie werden Schiffe in den Himmel, auf das Wasser und an Land bringen. Diese bleichen Menschen rauchen eine seltsame Pflanze. Junge Mädchen werden kleine Babys zur Welt bringen ... Wenn diese Dinge geschehen, werden sie unsere Kultur zerstören, wir werden vertrieben und sie werden uns unser Land wegnehmen."

Mstanganyiko Market, Kilifi Town, Kenia

Um die Mitte der 1870er Jahre machten sich die vier ältesten Geschwister der Familie Menza auf den Weg zum Markt, ihre Arme beladen mit der Großzügigkeit der Erde: Mais, Mangos, die Süße versprachen, Kokosnüsse, die rau und voller Milch waren, ein Orchester von Gewürzen und Kräutern, die Düfte verströmten, und Körbe, die von der Vitalität lebender Hühner pulsierten. Ihre Eltern, voller Vorsicht und Liebe, zögerten zunächst, sie allein gehen zu lassen. Endlich von den unerbittlichen Bitten ihrer abenteuerlustigen Nachkommen belagert und im Vertrauen auf die Schärfe ihres jungen Geistes, gaben sie nach. Sie boten ihren Segen an, ein Mosaik aus Lektionen, Warnungen und Anleitungen, in der Hoffnung, dass diese immateriellen Geschenke ihre Kinder in der geschäftigen Welt des Handels schützen würden.

Bevor das erste Licht der Morgendämmerung den Horizont erhellte, erwachte das Gehöft der Menza und pulsierte in stiller Erwartung. Im sanften Licht des frühen Morgens bewegten sich Me-Nzai und Menza zielstrebig, ihre Hände ruhig und sanft, während sie ihren Nachwuchs für die bevorstehende Reise ausrüsteten. Jeder verpackte Gegenstand war ein Symbol der Liebe und des Überlebens, ein Beitrag zu ihren Hoffnungen und Ängsten. Ihre Herzen, ein Durcheinander von Gefühlen, wogen schwer mit der Schwere des Abschieds. Trotz alledem war es Hoffnung, die in ihren Augen schimmerte, als sie ihren Abschied flüsterten, jedes Wort ein stilles Gebet für die Sicherheit und den Erfolg ihrer Kinder in der Welt jenseits ihrer liebevollen Umarmung.

Mit dem Schauer der Vorfreude begannen Kithi, Nzai, Harre und ihre Schwester Munyazi ihre Reise aus dem Herzen von Bamba, als die ersten Sonnenstrahlen die Erde streichelten. Ihr Weg, geleitet von der Symphonie der erwachenden Wildnis, führte sie in die Lebendigkeit des Marktes von Mtsanganyiko. Sie erreichten den belebten Marktplatz an der Küste, während die Sonne einen goldenen Farbton über die leuchtenden und farbenfrohen Stände warf. Der Markt war voll von Düften exotischer Gewürze, frischer Früchte, Kräuter und dem salzigen Geschmack des Meeres. Alles lebendig vom summenden Treiben des Handels.

Munyazi, eine Kriegerin im Geiste, deren Schlagfertigkeit nur von ihrer Schnelligkeit mit dem Speer übertroffen wurde, feilschte um Gewürze, und ihr Lachen war eine vertraute Melodie im Getöse des Marktes. Nzai und Hare waren in der Nähe und begutachteten die Handwerkskunst eines örtlichen Schmieds, wobei sich ihr robustes Lachen mit dem metallischen Klirren der Schmiede vermischte. Nachdem er die Handwerker eine Weile beobachtet hatte, navigierte Kithi durch die dichte Menge, wobei seine Augen eine Welt widerspiegelten, die für ihre raue Schönheit und ihre gnadenlosen Wahrheiten bekannt war.

Kithi, ein junger Afrikaner, mit jugendlicher Energie und hellen, neugierigen Augen, manövrierte sich durch das Gedränge von Händlern und Einheimischen. Er war in den besten Jahren, seine Haut hatte die Farbe der reichen Erde, die sein Dorf nährte, und seine Muskeln waren geschärft, weil er seiner Familie jahrelang bei der Bewirtschaftung ihres Landes geholfen hatte.

In einem Augenblick war die Ruhe auf dem Marktplatz zerstört. Die Luft wurde elektrisiert, aufgeladen von einer spürbaren Angst, die die geschäftige Atmosphäre durchschnitt. Schreie brachen aus und durchdrangen das Summen des Alltags wie ein Messer die Seide.

"Lauf! Lauf, die Araber sind hier!" Der Markt explodierte in ein Chaos, Stimmen erhoben sich vor Angst, als jede Seele Zuflucht suchte. Arabische Sklavenhändler, berüchtigte Verkörperungen der Rücksichtslosigkeit, stürmten auf den Platz, ihre Anwesenheit lag wie eine unheilvolle Gewitterwolke über dem sonnenbeschienenen Tag. Ihr kalter und methodischer

Blick schweifte über die Menge, ein eisiger Schatten, der das Land verdunkelte. An ihrer Spitze stand eine bedrohliche Gestalt - ein Anführer, der von einer unheimlichen Narbe gezeichnet war, die sich über seine Wange zog, seine Statur ragte in die Höhe, seine Aura befahl Furcht und Gehorsam. Der einst pulsierende Marktplatz versank in einem Albtraum aus Schreien und verzweifelten Kämpfen um Flucht. Mit der Präzision eines Raubtiers fixierte der Anführer den Blick auf Kithi, einen ahnungslosen Jugendlichen in der Menge. Mit einer bloßen Geste ließ er seine Handlanger los.

Kithis Welt verwandelte sich in einem Wimpernschlag in ein Chaos. Der grausame Griff der Händler verschlang ihn, bevor er den Ernst seines Schicksals begreifen konnte.

Sie packten ihn mit einer Wildheit, die keinen Raum für Widerstand ließ, seine Arme verschränkten sich grausam hinter ihm, ihr Griff so unerbittlich wie eiserne Klammern. Der scharfe Schmerz bohrte sich in sein Fleisch, eine grausame Erinnerung an sein bevorstehendes Verderben.

Mitten in dem Chaos erhob sich Kithis Stimme zu einem verzweifelten Flehen, sein Herz zerriss sich vor Angst und Verzweiflung. "Rette mich, Mama, rette mich!", schrie er, und sein Ruf nach Rettung hallte durch das Getümmel, ein ergreifender Schrei, der nach dem Himmel zu greifen schien und doch in der Kakophonie einer auf den Kopf gestellten Welt unterging.

Munyazi stürzte blitzschnell auf ihn zu, ihre beiden anderen Brüder dicht hinter ihm. Sie schrie mit einer Mischung aus Wut und Verzweiflung, als sie sich auf die Händler stürzte, ihre Brüder Nzai und Harre an ihrer Seite. Aber sie waren den Sklavenhändlern nicht gewachsen, die sie mit rücksichtsloser Gewalt und kalten Drohungen in Schach hielten. Munyazi, ein grimmiger Geist mit Augen, die so scharf waren wie die Schärfe eines Speers, wurde Zeuge des Schreckens, der sich entfaltete. Entschlossen stürzten sie sich nach vorne und versuchte, ihren Bruder Kithi zu packen. Ihre wilde Entschlossenheit wurde mit einem harten Schlag beantwortet, der sie taumeln ließ und ihre Sicht vor Tränen der Wut und Hilflosigkeit verschwamm. Die Anstrengungen der Geschwister waren wie Wellen, die vergeblich gegen eine unnachgiebige Klippe schlagen.

In Ketten gefesselt, seiner Freiheit beraubt, raste Kithis Herz vor Angst und Schock. Es hämmerte gegen seinen Brustkorb, jeder Schlag ein Trommeln der Panik und des Schmerzes. Er wurde erbarmungslos durch die sandigen Straßen geschleift, vorbei an den vertrauten Ständen und Gesichtern, die nun durch seine Tränen verschwommen waren. Jeder Schritt führte ihn weiter weg von allem, was er kannte und liebte. Die Sklavenhändler, ungerührt von seiner Notlage, schleppten ihn auf ein wartendes Schiff, ein dunkles Schiff, das nach Verzweiflung und Kummer roch. Sein dunkler Rumpf war ein unheilvoller Schatten gegen die untergehende Sonne.

Das Deck des Schiffes war ein Mosaik der Verzweiflung, überfüllt mit anderen Gefangenen. Jeder ist die Geschichte eines unterbrochenen Lebens. Ihre Gesichter sind mit Spuren von zerstörten Leben und gestohlenen Freiheiten übersät.

Ältere Männer mit Augen, die von Weisheit und langen Jahren sprachen. Junge Frauen, deren Träume ebenso zerbrochen waren wie ihr Geist, und Kinder, die zu jung waren, um das Ausmaß ihrer misslichen Lage zu verstehen. Sie waren aneinandergefesselt, ihre Ketten eine grausame Parodie der Einheit, ein Mosaik menschlichen Leidens. Jeder eine Geschichte eines verlorenen Zuhauses, einer auseinander gerissenen Familie, einer abgerissenen Identität.

Als die Nacht hereinbrach, setzte das Schiff die Segel und begann seine unheilvolle Reise, indem es sich von den Küsten Afrikas entfernte. Der Horizont verschluckte den letzten Blick auf Kithis' Heimat. Einst ein Symbol für Freiheit und Abenteuer, war der Ozean heute eine endlose Weite der

Gefangenschaft. Die Nacht brach herein und mit ihr ein schweres Schweigen unter den Gefangenen, jeder in Gedanken an die Heimat versunken und an die zurückgelassenen Familien. Das gleichmäßige Schlagen der Wellen, die den Rumpf streichelten, war für die Gefangenen ein grausames Schlaflied.

Trotz seiner Angst und Verzweiflung blickte Kithi zu der Sternendecke über ihm hinauf, denselben Sternen, die einst über seinem Haus leuchteten, die nun ein Leuchtfeuer einer fernen, unberührbaren Vergangenheit sind.

Im fahlen Schein des Mondes lag Kithi in seinen Ketten und starrte in die Sterne, seine Gedanken wanderten zu seiner Familie, deren Gesichter ein bleibender Trost in dem kalten, gefühllosen Griff seiner Ketten waren.

In der Ruhe seines Geistes hörte er Munyazis Lachen und Geschichtenerzählen, Nzais Stärke und Witze und Harres Schlagfertigkeit und Weisheit. Sein Herz schmerzte, wenn er an seine liebe, warmherzige Mutter, seinen fleißigen Vater und seinen fröhlichen Bruder Mwarandu dachte.

Wird er sie jemals wiedersehen? Wie wird er kämpfen, um zu seiner Familie zurückzukehren? Verzweifelt blickte er auf seine gefesselten Hand- und Fußgelenke hinab. Die Dunkelheit der Nacht schien den Abgrund widerzuspiegeln, der nun in Kithis Herz lag, einer einst lebendigen Seele, die nun in die Tiefen eines ungewissen und erschütternden Schicksals geworfen wurde. In seinem Herzen formte sich ein Gelübde – zu überleben, zurück-zukehren, zu kämpfen. Die Nachtluft war kalt, aber sie schürte das Feuer der Entschlossenheit in Kithis Herzen.

Das Schiff, ein Gespenst im Mondlicht, segelte weiter, seine Ladung zerbrochener Träume und unverwüstlicher Geister steuerte einem ungewissen Schicksal entgegen.

Inmitten des Meeres der Verzweiflung hielt sich Kithi an einem Hoffnungsschimmer fest, einem Flackern in der Dunkelheit, das ihn durch die endlose Dünung der Wellen führte.

KAPITEL 2

Die Familie von Munyazi (junge Me-Katilili)

"Dein", verkündete Kithi mit der für die Kindheit charakteristischen lebhaften Freude. Seine Augen funkelten mit einem Hauch von Unfug, als er seinen älteren Bruder Nzai sanft mit einer Kuh aus Ton anstupste - eine charmante Hommage an ihre gemeinsame Vorstellungskraft, bei der sie am Tag zuvor von der Hand ihres Vaters geleitet worden waren. Schnell wie ein Windhauch huschte Kithi davon und suchte Zuflucht hinter der unerschütterlichen Gestalt ihrer Mutter. Dieser spielerische Austausch, der liebevoll als "Wer melkt die Kuh" bezeichnet wurde, ging über das bloße Spiel hinaus. Es webte ein Gewebe der Freude, eine Hommage an die Reinheit, die wie ein Fluss durch das Herz ihres Hauses floss. Derjenige, der am Ende des Spiels dabei erwischt wurde, wie er die Kuh hielt, hatte die Aufgabe, im Morgengrauen aufzustehen, um beim Melken der echten Kühe zu helfen, eine Aufgabe, die jedes Kind spielerisch zu vermeiden versuchte. Währenddessen versteckte sich Harre, ein anderer Bruder, hinter der robusten Silhouette eines großen Mörsers und Stößels.

Me-Nzai, die Matriarchin dieses lebendigen Ensembles, präsidierte unter dem smaragdgrünen Blätterdach eines Mangobaums, dessen Äste weit ausgestreckt waren, als wollten sie die Familie umarmen, über die er wachte. Ihr Gehöft, eine Symphonie aus akribischer Sorgfalt und natürlicher Schönheit, stand stolz neben ihr. "Nein, Kithi, kein Verstecken hinter mir; Ich muss arbeiten", warnte sie mit einer Mischung aus Zuneigung und sanfter Zurechtweisung. Ihre Hände, geschickte Handwerker des Alltags, tanzten durch die Aufgabe, *Maniok* (Maniok) zu schälen, wobei jede Bewegung das Ergebnis jahrelanger Pflege und Arbeit war. Außerdem wanderten ihre Augen, diese Fenster zu einer von mütterlicher Liebe durchdrungenen Seele, oft zu dem Bild des Spiels ihrer Kinder. Ihr Lachen, eine Melodie, welche die Luft in Freudentöne hüllte, wurde gelegentlich durch den leisen Schlag jugendlicher Bemühungen unterstrichen, sei es gegen die Erde oder die provisorischen Festungen aus Holzstapeln.

Me-Nzai, immer der Wächter der Sicherheit, hatte einen Regenbogen von Warnungen um die raueren Kanten ihres Spiels gewebt, vor allem in der Nähe der Baumstämme, welche die Grundlage für Träume bildeten, die gebaut werden sollten. Die Kinder umgingen in ihrer Abenteuerblase die Grenzen der Vorsicht und verloren sich in dem Nervenkitzel, den sie selbst geschaffen hatten.

Ein plötzliches Straucheln, eine momentane Finsternis der Freude - Kithi, der temperamentvolle zweite Sohn, wurde von einer Luftwurzel gefangen und zeichnete ein Bild aus Schock und aufkeimender Verzweiflung. In diesem flüchtigen Blick, den er mit seiner Mutter teilte, entspann sich ein stummes Gespräch der Besorgnis und der erwartungsvollen Ermahnung zwischen ihnen. "Ich will niemanden weinen sehen. Ich habe dich wiederholt vor deinen dummen, gefährlichen Spielen gewarnt!" Me-Nzais Stimme, eine Mischung aus Sorge und Liebe, reichte ihren Kindern die Hand. Tief und unerschütterlich lag unter der strengen Fassade ein Fluss der Zuneigung.

Kithi, mit einer Anpassungsfähigkeit, die aus jugendlichem Überschwang entstand, und Mwarandu, der Jüngste und Meister des Unfugs, hatten kurz zuvor ein Kichern unterdrückt, nachdem sie einen lebenden Frosch in den Terrakotta-Wassertopf gesteckt und amüsiert den ahnungslosen Familienmitgliedern zugesehen hatten, wie sie ihren Durst schöpften und löschten. Ihr Lachen, ein Leuchtfeuer, hallte durch das Gehöft und berührte sogar Me-Nzais Herz. Ihre Augen, die von Belustigung und der zärtlichen Verzweiflung einer Mutter glühten, tanzten über ihre Kinder. Mwarandus

Eskapaden waren zwar eine Quelle plötzlicher Überraschung, aber sie waren in den Rahmen ihres täglichen Lebens eingewoben, verliehen jedem Tag Farbe und erinnerten Me-Nzai an die lebendigen Geister, die sie genährt hatte.

Me-Nzai kehrte zu ihrer Aufgabe zurück und schälte und schnitt methodisch den Maniok, den sie vor einigen Sonnenaufgängen geerntet hatte. Sie legte die geschnittenen Stücke auf ausladende Körbe, flache Körbe aus Stroh und Palmblättern, ein Prozess, der für ihre Konservierung unerlässlich ist. Ihre Anweisung an die Kinder war klar: Sie sollten einen respektvollen Abstand zu den Matten halten, eine Anweisung, die sich sowohl aus der Sorgfalt als auch aus dem praktischen Bedürfnis ergab, den Maniok vor ihrer spielerischen Verwüstung zu schützen.

Während sie sich auf diese Routine einließ, wanderte ein Teil ihrer Gedanken zu dem Leben, das in ihr wuchs. Ob es sich bei dem Neuankömmling um einen Knaben oder ein Mädchen handeln würde, beschäftigte ihre Gedanken.

Diesmal hegte sie den tiefen Wunsch nach einer Tochter und stellte sich ihre Bindung und die Traditionen vor, die sie weitergeben würde. Me-Nzai sehnte sich danach, ihrer Tochter die weibliche Mijikenda-Grundausbildung zu vermitteln und ihr die Tugenden Höflichkeit, Hilfsbereitschaft und die grundlegenden Fähigkeiten der Hauswirtschaft, des Kochens und der medizinischen Grundkenntnisse beizubringen. Sie stellte sich vor, die reiche Geschichte ihrer Kultur durch die Geschichten ihrer Großmutter zu teilen - Geschichten von großen Migrationen, humorvolle Volksmärchen mit moralischen Lektionen, alles im intimen Rahmen der abendlichen Zusammenkünfte nach dem Abendessen.

Trotz all ihrer Träume von einer Tochter hegte Me-Nzai eine unerschütterliche Liebe für ihre Söhne. Ihre Anwesenheit hatte Menzas Ansehen im Dorf erhöht, ihm Respekt und einen Platz im Ältestenrat eingebracht. Der Wunsch nach einer Tochter blieb, befeuert von Träumen davon, ihr Röckchen aus feinster Baumwolle zu nähen, ihr Haar mit kunstvollen Zöpfen und Perlen zu schmücken und sie in der Kunst des Töpferns zu unterrichten. Me-Nzai war in ihrer *Kaya* für ihre Töpferkünste bekannt, ein Handwerk, das sie seit ihrer Kindheit unter der Anleitung ihrer Großtante verfeinert hatte.

Ihre Söhne, die sie sehr liebte, waren für ihre spielerische Nachlässigkeit bekannt, besonders wenn sie zum Wasserholen aus dem Bach geschickt wurden. Ihre Abenteuer führten oft zu wenig vertrauenswürdigem Wasser, eine Folge davon, dass sie Spiele mehr liebten als die Verantwortung für ihre Hausarbeit. Trotzdem zeichneten die familiären Bindungen und der tägliche Lebensrhythmus ihres Gehöfts ein Bild von Einheit, Tradition und dem immerwährenden Kreislauf von Lernen und Wachstum. In diesem Umfeld blühte Me-Nzai auf, eine Matriarchin, die tief in ihrer Kultur und der Liebe zu ihrer Familie verwurzelt ist und immer hoffnungsvoll in die Zukunft und die mögliche Ankunft einer Tochter blickt, die am Erbe ihrer Abstammung teilhaben könnte.

Die Luft war schwer vom Duft der Erde und der reifenden Mangos, während sich das leise Summen des täglichen Lebens unter dem weiten Himmel entfaltete. Das rhythmische Geräusch von Me-Nzais Maniok-Schälen wurde für einen Moment durch den vertrauten Ruf "Enyeeee..." unterbrochen – eine traditionelle Begrüßung, die dem Besucher den Respekt vor dem Haushalt signalisiert, in den er eintritt. Me-Nzais Hände verstummten, ein sanftes Lächeln umspielte ihre Lippen, als sie die Stimme erkannte, ein herzerwärmender Klang von Einheit und Freundschaft.

"Eeeeh..." antwortete Me-Nzai mit einer Leichtigkeit, die von einer willkommenen Unterbrechung ausging. Als sie sich nach links drehte, sah sie die Silhouette von Sayo, ihrer engsten Freundin und Nachbarin, auf sich zukommen. Ihre Bindung war mehr als nur Nähe; es war eine Verbindung, die durch gemeinsame Erfahrungen und gegenseitige Unterstützung geknüpft war.

"Wa Mwakiringi, wie hast du dich heute gefühlt?" Fragte Sayo mit der üblichen Begrüßung, die Me-Nzais Zugehörigkeit zu ihrem Clan kennzeichnete. Es war ein Ausdruck des Respekts, der Me-Nzais Platz innerhalb der Gemeinschaft und ihre adoptierte Abstammung anerkennt. Und sie war auch als Me-Nzai bekannt, was so viel wie Mutter von Nzai bedeutet. Es war üblich, dass die Mijikenda-Frauen das Pronomen "Me" liebevoll erwarben, was "Mutter von" bedeutet, und es dann mit dem Namen ihres ersten Kindes begleiteten.

"Mir geht es gut, ich bin einfach so erschöpft. Ich weiß nicht, warum dieses Baby sich die Zeit nimmt, zu kommen und die Welt zu sehen", antwortete Me-Nzai mit einer Stimme, die von der Müdigkeit und Vorfreude durchdrungen war, die die letzten Tage der Schwangerschaft kennzeichneten. Ihre Hände ruhten für einen Moment auf ihrem geschwollenen Bauch, eine universelle Geste mütterlicher Verbundenheit.

"Aaah, Me-Nzai, ich glaube, es ist ein Mädchen. Man sagt, Mädchen brauchen länger", mischte sich Sayo ein, ihre Stimme war eine Mischung aus Weisheit und Wunschdenken. Ihre Beobachtung bedeutete Beruhigung und löste in Me-Nzai einen Funken Hoffnung aus. Die Vorstellung, dass *Mulungu* (der höchste Gott) bald ihre tiefe Sehnsucht nach einer Tochter erfüllen könnte, löste in ihr einen Wirbelsturm von Gefühlen aus – Vorfreude, die Angst vor einer möglichen Enttäuschung und ein tiefes Verlangen nach einer Veränderung in der Familiendynamik.

"Und die Art und Weise, wie du schöner aussiehst, obwohl du so schwer bist... es bedeutet, dass es ein Mädchen ist", fügte Sayo hinzu, und ihr Kompliment floss mühelos in Strömen, eine Bestätigung des Bandes der Schwesternschaft, das unter den Frauen ihrer Gemeinschaft florierte.

Me-Nzai seufzte, ein Ton, der das Gewicht ihrer Hoffnungen und die Angst, sie nicht erfüllen zu können, in sich trug. Das Vermächtnis der Milalani-Linie, in der Söhne als Erben und Beschützer in den Vordergrund gestellt wurden, spielte in ihren Gedanken eine große Rolle. Während sie sich weiter unterhielten, Neuigkeiten und unbeschwerten Klatsch austauschten, empfand Me-Nzai tiefe Dankbarkeit für Sayo. Ihre Nachbarin war zu einem Anker geworden, zumal Me-Nzais Schwester nach ihrer Heirat zum Digo-Unterstamm der Mijikenda gezogen war. Sayo schien eingesprungen zu sein, als sie eine enge Schwester brauchte.

"Was hat dir die Hebamme gesagt..." Das Geräusch der Verzweiflung unterbrach Sayos Frage abrupt. Kithi, Me-Nzais dritter Sohn, kam auf sie zugelaufen, Tränen liefen über sein Gesicht, seine Schreie durchschnitten die Stille des Nachmittags. "Mama, mein Auge, Mama, mein Auge, da ist Sand in meinem Auge." Sein kleiner Körper prallte mit seiner Mutter zusammen, und die Dringlichkeit seines Schmerzes ließ ihn den heiklen Zustand ihrer Schwangerschaft vergessen.

"Oh, Vorsicht, du könntest das Baby verletzen", rief Me-Nzai aus, und ihre mütterlichen Instinkte setzten ein, als sie versuchte, ihren Sohn zu beruhigen und gleichzeitig das Leben in ihr zu schützen. Einst mit den Aufgaben des Tages beschäftigt, umschlossen ihre Hände nun sanft Kithis Gesicht und versuchten, den Schaden zu begutachten, ohne sein Unbehagen noch zu verschlimmern.

"Mameee hier, hier..." Kithi wimmerte, seine kleinen Finger rieben über sein linkes Auge und drückten die Sandkörner unbeabsichtigt tiefer. Me-Nzais Herz schmerzte beim Anblick ihres Kindes in Schmerzen, eine Erinnerung an den ständigen Balanceakt der Mutterschaft - das Bedürfnis, alles in einem zu schützen, zu beruhigen und zu lehren.

In diesem Moment wurde die Komplexität des Lebens auf ihrem Gehöft offengelegt. Die Freuden, die Sorgen, die

Vorfreude auf neues Leben und die täglichen Herausforderungen, eine Familie in einer Welt zu gründen, in der Tradition und Moderne miteinander verflochten sind, waren Teil von Me-Nzais Reise.

Während sie Kithi tröstete, wanderten ihre Gedanken zu dem Baby, das noch nicht geboren wurde, zu den Träumen, die sie für ihre Kinder hegte, und zu dem Vermächtnis, das sie mit Menza aufbauen wollte. Die Anwesenheit von Sayo, einer Freundin, die zur Familie geworden war, unterstrich die Bedeutung der Gemeinschaft - ein Netzwerk der Unterstützung, das sie durch die Zyklen des Lebens nährte und stützte.

Vom Unterstamm der Digo bis zu den Ohren ihrer Verwandten

In den verblassenden Tagen einer vergangenen Jahreszeit schenkte die Erde innerhalb der Grenzen von Golini, Kwale - einem kleinen Dorf inmitten der Digo-Linie der Mijikenda - unter einer Leinwand aus Dämmerungshimmel, die mit dem letzten Flüstern des Sonnenlichts bemalt war, gnädig ihre Reichtümer. Maisfelder breiteten sich am Horizont aus, ein lebendiges Mosaik aus Gold und Smaragd markierte die Erntezeit. Während dieser reichen Zeit spürte Nimahongo, ein verehrter Seher des Digo-Unterstammes, eine ätherische Aufregung. Die Geister versammelten sich, ihre Stimmen waren ein gedämpftes Murmeln, das eine Vorahnung dessen in sich trug, was kommen würde. Trotz der Dunkelheit, die ihre physische Sicht umhüllt hatte, blieben ihre spirituellen Augen ungetrübt und durchschnitten die Barrieren, die das Greifbare vom Unsichtbaren trennten. Sie stand als Vermittler zwischen den Reichen da, und ihre Einsicht enthüllte Geheimnisse, die vor dem Blick der Sterblichen verborgen waren.

Nimahongo rief ihre treuesten Boten zu sich und vertraute ihnen eine Botschaft von größter Bedeutung an, eine

Offenbarung, die den Lauf der Geschichte für die Mijikenda verändern sollte.

»Wagt euch vor«, befahl sie mit einer Stimme, die vom Gewicht der Prophezeiung widerhallte, »in die Weiten unserer Sippe. Lasst keine einzige Gemeinschaft unter den neun von dieser Nachricht unberührt bleiben. Vom Digo bis zum Jibana, vom Giriama bis zum Kauma, tragt meine Worte."

Und so machten sich mit der Dringlichkeit des Windes neun Boten auf den Weg, jeder mit der Last des Schicksals. Sie gingen zu den Digo, Giriama, Chonyi, Duruma, Rabai, Ribe, Kambe, Kauma und Jibana, ihre Füße schnell und ihre Entschlossenheit unerschütterlich. Die Botschaft von Nimahongo war klar: ein Vorbote des Wandels und ein Aufruf zur Einheit im Angesicht des Unbekannten.

»Sagt unserem Volk«, befahl Nimahongo mit einer Stimme, die ihre körperliche Blindheit Lügen strafte, »dass der große Aufruhr naht. Riesige Seeschiffe, die wie Ungetüme der Tiefe wirken, und eiserne Schlangen, die sich über das Land erstrecken, kündigen ihre Annäherung an. Auch der Himmel wird von eisernen Vögeln zerrissen werden, die unseren Ländern fremd sind und Vorboten des Wandels sind. Aaaah, fürchte dich nicht, denn inmitten dieses Aufruhrs hat *Mulungu*, unser Höchster Gott, in Seiner unendlichen Weisheit die Geburt eines Erlösers vorausgesehen. Dieser Krieger wird auferstehen, geboren auf unserem Boden, genährt von den Wassern eines Flusses, der so salzig ist wie unsere Tränen."

Ihre Worte, die von der Überlieferung alter Prophezeiungen durchdrungen sind, sprachen von Mepohos Visionen und Nimunyumbas Prophezeiungen und spiegelten die Ängste und Hoffnungen von Generationen wider. »Dieser Krieger«, fuhr sie fort, und ihre Worte waren von mystischer Inbrunst durchzogen, »wird als Bollwerk gegen die Eindringlinge bestehen, gegen diejenigen, die auf den Wellen reiten und

Schatten über unser Land werfen. Achtet auf die Zeichen, denn die Prophezeiungen der alten Zeit entfalten sich heute vor uns."

In einem heiligen *Kaya*-Wald, in dem die Geister der Ahnen verweilten und die Luft von unsichtbarer Kraft durchdrungen war, nahm der Ältestenrat ihre Worte in sich auf. Die Botschaft, die von Dringlichkeit und Hoffnung durchdrungen war, war ein Leuchtfeuer in der hereinbrechenden Dunkelheit, ein Versprechen des Widerstands und der Erlösung angesichts der bevorstehenden Invasion.

Als die Boten die Prophezeiung unter den neun Unterstämmen verbreiteten, hielt das Land den Atem an und wartete auf die Erfüllung von Nimahongos Worten. Die hellhäutigen ausländischen Invasoren mit Haaren wie Sisal kamen auf den Gezeiten des Schicksals, ihre Schiffe warfen lange Schatten über Malindi, Mombasa und Sansibar. Sie brachten den Lärm des Wandels mit sich, errichteten steinerne Gebäude, die den Himmel durchbohrten, und zwangen den Bewohnern des Landes ihren Willen auf.

Der versprochene Anführer symbolisierte nicht nur die Aussicht auf einen Sieg in der Schlacht, sondern auch die Wiederbelebung eines Geistes, den kein Eindringling auslöschen konnte - das unbezwingbare Herz der Mijikenda, das wie die uralten Haine überdauerte, die von Ausdauer, Widerstand und der Hoffnung auf eine noch kommende Morgendämmerung flüsterten.

Als die späte Nachmittagssonne hoch am Himmel hing und ihre intensiven Strahlen langgezogene Schatten warfen, die sanft vor der lebendigen Kulisse zu tanzen schienen, war das Dorf Bamba von dem harmonischen Summen des täglichen Lebens erfüllt. Der helle und sonnige Nachmittag war mit weißen, flauschigen Wolken geschmückt, die langsam über den azurblauen Himmel zogen, während die Vögel am Horizont vorbeiglitten und ihr Krächzen und Rickrack-Geräusche die Luft mit einem Gefühl von Freiheit und Freude erfüllten. Ein sanfter Wind streichelte die Gesichter der Dorfbewohner und verschaffte ihnen eine erfrischende Pause von der Wärme der Sonne. Jeder in den Giriama *Kayas* schätzte das Wetter, das in starkem Kontrast zur Härte der vorherigen Saison stand. Diese Jahreszeit war ein Segen, reich an Ernten und blühendem Vieh, was die Fülle der Großzügigkeit der Natur veranschaulichte.

Als der Tag sich dem Ende zuneigte, versammelten sich die Männer, die von ihren täglichen Unternehmungen der Jagd oder des Ackerbaus zurückgekehrt waren, in kleinen Gruppen, vertieften sich in Diskussionen über Importe oder genossen einfach ihre traditionellen Palmweine, die als *uchi wa mnazi bekannt sind*. Ihr Lachen und ihre Stimmen verschmolzen mit den Erzählungen junger Männer, die von abenteuerlichen Erlebnissen und gemeinsamer Geschichte erzählten. An anderer Stelle trugen die melodischen Stimmen junger Frauen und Mädchen die Luft, erzählten die Ereignisse des Tages und sangen Lieder, die von Generation zu Generation weitergegeben wurden. Im Dorf herrschte reges Treiben: Die Frauen bereiteten in ihren halboffenen Küchen eifrig das Abendessen zu, und der Duft des Essens versprach einen herzhaften Ausklang des Tages.

Als sich jedoch der Sonnenuntergang näherte, schickte eine plötzliche Veränderung der Atmosphäre Wellen des Unbehagens durch das Dorf. Der einst sanfte Wind verwandelte sich in eine heulende Kraft, Palmen beugten und wiegten sich wie in einem rasenden Tanz. Trockene Palmblätter lösten sich und flatterten bei der Landung raschelnd zu Boden, während Staubwolken aufstiegen und den einst klaren Himmel verwischten. Auch die Tiere spürten die Veränderung; Hunde bellten erschrocken, Hühner krächzten vor Verzweiflung, und das Vieh bewegte sich unruhig in ihren Gehegen. Das Dorf wurde von einem Gefühl der Vorahnung erfasst, als das Wetter mit einer noch nie dagewesenen Plötzlichkeit umschlug.

Inmitten des wachsenden Chaos murmelte ein religiöser Spezialist, den Blick gen Himmel gerichtet, Beschwörungsformeln und suchte Führung und Zuversicht aus dem Himmel. Er wandte sich an den Ältestenrat und verkündete mit einer Feierlichkeit, die Schweigen gebot: "Alumeee, wir werden einen sehr bedeutenden Gast empfangen. Die Himmel haben gesprochen. Eine Botschaft von *Mulungu*, dem Höchsten Gott." Schwer vor Implikationen hingen seine Worte in der Luft, eine Vorhersage von etwas Bedeutsamem am Horizont.

Der Sturm, der folgte, war anders als alles, was die Dorfbewohner je erlebt hatten. Der Regen strömte mit einer Heftigkeit herab, die die Erde selbst zurückerobern wollte, der Wind heulte aus allen Richtungen, und der Himmel wurde vom Donnergrollen und dem sengenden Blitz zerrissen. Die Menschen in Bamba und im benachbarten *Kayas* suchten Schutz und schützten ihre Familien und ihr Hab und Gut so gut sie konnten vor dem Trubel der Natur.

Die Geburt von Munyazi, der jungen Me-Katilili

In der Mitte des 19. Jahrhunderts, inmitten dieses Strudels, braute sich innerhalb der Mauern von Menzas Gehöft im Herzen von Mutsara Wa Tsatsu eine andere Art von Sturm zusammen. Me-Nzai, seine Frau, hatte Wehen bekommen. Die Luft in ihrem Haus war erfüllt von Anspannung und Vorfreude, als sich die renommierte Hebamme und Sayo, Me-Nzais standhafte Nachbarin, um sie kümmerten. Der Schweiß lief Me-Nzai über die Stirn, und Tränen des Schmerzes und der Angst liefen über ihre Wangen. Die Tortur der Geburt war intensiv, und je länger die Stunden vergingen, desto mehr schwanden Me-Nzais Kräfte. Ihre Entschlossenheit geriet jedoch nie ins Wanken durch den Sturm draußen und die Turbulenzen im Inneren.

Angeleitet von den erfahrenen Händen der Hebamme und ermutigt von Sayos unerschütterlicher Unterstützung ging Me-Nzai über die Grenzen ihrer Ausdauer hinaus.

Als schließlich die Schreie eines Neugeborenen die Luft durchdrangen, überkam Me-Nzai ein tiefes Gefühl der Erleichterung. Erschöpft und doch beschwingt lauschte sie, als die Hebamme verkündete: "Dem Baby geht es gut und es geht ihm gut. Es ist ein wunderschönes Mädchen." Freudentränen, rein und ungebeten, strömten über Me-Nzais Gesicht, als sie ihre Tochter zum ersten Mal in den Armen hielt. Die Sehnsüchte, Hoffnungen und Träume ihres Herzens, die sie so lange gehegt hatte, wurden in der winzigen Gestalt verkörpert, die sie in ihren Armen trug. "Endlich", dachte sie, und ihr Herz schwoll vor Liebe und Dankbarkeit. Sie flüsterte den Ahnen und *Mulungu*, dem höchsten Gott, Dankesgebete für das kostbare Geschenk ihrer Tochter zu.

Der genaue Moment, in dem Munyazi in die Welt auftauchte, bleibt im Nebel der Geschichte verborgen, und begründete Vermutungen legen nahe, dass ihre Geburt im Herzen des neunzehnten Jahrhunderts angesiedelt ist - eine Zeit, die von bedeutsamen Verschiebungen wimmelt und von historischer Tragweite mitschwingt.

Als Menza seine Tochter kennenlernte, überkam ihn ein tiefes Gefühl von Stolz und Freude. Er wählte den Namen Munyazi für sie zu Ehren seiner Lieblingstante, einer Frau von Stärke und Anmut, die ein leitendes Licht in seinem Leben gewesen war. Der Tradition folgend, sprach er rituell Worte der Bestätigung in Munyazis Ohr, "hielt das Ohr" und segnete sie mit der Weisheit, Stärke und dem Mut ihrer Vorfahren. Am nächsten Tag schlachtete Menza eine Ziege, und es wurde ein Festmahl zur Feier von Munyazis Ankunft veranstaltet, ein würdiger Empfang für den bedeutenden Gast, den der Sturm eingeläutet hatte, ein neues Leben, das in das reiche Erbe der Geschichte ihrer Gemeinde eingeweiht wurde.

Der Sturm, der draußen gewütet hatte, spiegelte die turbulente Reise wider, die Me-Nzai durchgemacht hatte, um Munyazi in die Welt zu bringen. Als der Sturm vorüber war und im Dorf Bamba wieder Ruhe einkehrte, war die Bedeutung dessen, was sich innerhalb der Mauern von Menzas Gehöft zugetragen hatte, denjenigen nicht entgangen, die es miterlebt hatten. Munyazis Geburt inmitten des Chaos der Naturgewalt symbolisierte die beharrliche Stärke und Widerstandsfähigkeit des Lebens.

Als das erste Licht der Morgendämmerung über den Himmel kroch und den Horizont in Gold- und Purpurtöne tauchte, erwachte das Dorf Mijikenda zum Leben. Es war ein Tag wie kein anderer, denn ein Kind, das unter dem Schleier der Nacht geboren wurde, würde der Welt angekündigt werden. Die Luft brummte vor Vorfreude, denn die Dorfbewohner hatten lange auf die Geburt eines Jungen gewartet, der dazu bestimmt war, ein Krieger zu werden, der sie gegen die Eindringlinge führen würde, die ihr Land bedrohten.

Elder Kalama, eine Persönlichkeit des Respekts und der Weisheit in der Gemeinde, stand im Zentrum des Dorfes. Seine Gegenwart befahl Stille, und alle Augen richteten sich auf ihn, als die ersten Sonnenstrahlen die Erde berührten. Es war der Augenblick gekommen, die Zukunft der Mijikenda zu enthüllen, eine Offenbarung, die zwischen den Blättern des heiligen Waldes geflüstert worden war und auf den Winden des Schicksals tanzte.

"Kinder des Bodens, Träger des Geistes unserer Vorfahren", begann Elder Kalama mit kräftiger und klarer Stimme, "die Nacht hat uns ein Geschenk geschenkt, ein Leuchtfeuer der Hoffnung. Das Kind, das unter dem Sternenhimmel geboren wurde, ist hier, um in das Gewebe unseres Schicksals eingewoben zu werden."

Die Dorfbewohner in ihren schönsten Kleidern – die Männer bunte *Vikoi*, die Frauen *Kisuthu* und weiße *Handos* – beugten sich näher an sie. Andere, die mit Perlen geschmückt waren, die das Morgenlicht reflektierten, beugten sich näher zu mir. Ihre Herzen schlugen im Gleichklang, ein rhythmisches Echo ihrer kollektiven Hoffnung auf einen Jungen.

»Ihr Name«, fuhr Kalama fort und hielt für einen Atemzug inne, der das ganze Dorf in einen Augenblick gemeinsamer Spannung versetzte, »ist Munyazi. Munyazi wa Menza."

Ein Raunen ging durch die Menge, wie die sanften Wellen des Indischen Ozeans, die die Küsten ihrer Heimat küssen. "Munyazi - ein Mädchen?"

In diesem Augenblick schien sich die Luft zu bewegen, beladen mit dem Gewicht unausgesprochener Gedanken und verschleierter Enttäuschung.

Nichtsdestotrotz waren die Mijikenda Menschen von Zähigkeit und Anmut, sie maskierten ihre Gefühle mit geübter Leichtigkeit.

Elder Kalama spürte, dass ihre gemeinsame Stimmung unterschwellig war, und hob die Hände zum Schweigen. "Erinnern wir uns daran, dass die Geister unserer Vorfahren unsere Wege leiten. Munyazi, der Blitz, wird ihre eigene Reise durch den Himmel unserer Geschichte graben. Heute umarmen wir sie mit unseren Traditionen, mit Geschenken, die unsere Liebe und Hoffnung für ihre Zukunft zum Ausdruck bringen."

Und so entfaltete sich die Zeremonie wie seit Generationen, nur mit einem Hauch von Veränderung, der vom Wind getragen wurde. Die Dorfbewohner kamen, einer nach dem anderen, um Munyazi ihre Opfergaben zu überreichen. Sie brachten Kleidung mit, die aus den weichsten Fasern des Baobab-Baumes gewebt war, jedes Stück, in leuchtenden Farben gefärbt, erzählte Geschichten über die Verbindung der Mijikenda mit dem Land. Geflügel, Symbole der Nahrung und der Gemeinschaft, gackerte und flatterte, und ihre Anwesenheit versprach Nahrung und Leben. Brennholz, das in den bekanntesten Hainen gesammelt wurde, sprach von Wärme und der Flamme des Geistes, die Munyazi in ihrem Herzen tragen würde. Perlen, die jeweils die Schönheit und Handwerkskunst der Mijikenda repräsentierten, schimmerten im Morgenlicht und umgaben Munyazi mit dem Reichtum der Liebe und der Hoffnungen ihres Volkes.

Als sich die Zeremonie dem Ende zuneigte, sprach Elder Kalama noch einmal, und seine Worte trugen die Weisheit von Jahrhunderten in sich. "Heute haben wir Munyazi in unserer Mitte willkommen geheißen, nicht als den Krieger, den wir erwartet haben, sondern als Symbol des Wandels. Lassen wir uns nicht von unseren Erwartungen blenden, denn die Geister erinnern uns daran, dass Kraft viele Formen hat. Munyazis Weg muss noch enthüllt werden, und es ist unsere Pflicht, sie zu unterstützen und ihr Licht zu nähren, damit es uns durch die kommenden Herausforderungen führen kann."

Das Dorf hallte von Gesängen und Liedern wider, die das Leben und die unzerbrechlichen Bande der Gemeinschaft feierten. Munyazi, die in den Armen ihrer Mutter Me-Nzai lag, blickte mit weit aufgerissenen Augen und neugierig hinaus, ohne sich der Rolle bewusst zu sein, die das Schicksal für sie vorgesehen hatte.

Obwohl sie mit dem Unerwarteten konfrontiert wurden, fanden die Mijikenda Kraft in ihren Traditionen und der Verheißung von morgen.

Das Dankbarkeitsritual

Menza, Munyazis Vater, stand am Ufer des Sabaki-Flusses im fahlen Licht der Morgendämmerung, zusammen mit drei der angesehensten Ältesten des Dorfes. Ihre Aufgabe war von großer Bedeutung - eine Pilgerfahrt zum heiligen *Kaya* Fungo, um für die Segnungen zu danken, die ihrem Dorf zuteilwurden, zuletzt für die Geburt von Munyazi. Die Luft war dick vom

Duft des Morgentaus und der unausgesprochenen Ehrfurcht vor der bevorstehenden Reise.

Jeder trug ein Stück seiner Dankbarkeit bei sich: eine weiße Ziege, die Reinheit und Unschuld symbolisierte; Keramik, die mit der von Generation zu Generation weitergegebenen Kunst hergestellt wird, um das Wasser des Lebens zu halten; und wertvolle Steine, die in der frühen Sonne glitzern und die bleibende Stärke ihres Volkes repräsentieren.

Sie stießen ihr Kanu in den Sabaki, und das Wasser flüsterte uralte Geheimnisse, während sie harmonisch paddelten. Der Fluss, eine Lebensader für ihre Gemeinschaft, trug sie mit sanfter Sicherheit und schlängelte sich in Richtung des heiligen Waldes. Die Sonne stieg höher und warf ein Kaleidoskop von Licht durch die Baumkronen, die die Flussufer säumten.

Nach einer Zeit, die sowohl flüchtig als auch ewig schien, kamen sie dort an, wo der Fluss den Rand des Waldes küsste. Hier stiegen sie hinab, ihre Füße sanken sanft in die Erde, die von vergangenen Zeiten flüsterte. Vor ihnen ragte der Wald von *Kaya* Fungo auf, einem Hüter von Geschichte und Tradition, dessen Bäume in den Himmel ragten und deren Wurzeln mit der Seele der Erde verwoben waren.

Als sie sich in den Wald wagten, veränderte sich die Atmosphäre. Die Luft war erfüllt von der Symphonie des Dschungels – dem fernen Ruf der Vögel, die im Laub verborgen waren, dem Rascheln der Blätter, die von unsichtbaren Kreaturen aufgewirbelt wurden, und dem sanften Rauschen des Windes, der durch die Bäume tanzte.

Das Licht hier war getupft, ein Spiel aus Schatten und Erleuchtung, das den Waldboden in mystischen und wundervollen Mustern färbte.

Die Ältesten bewegten sich zielstrebig, aber mit der Vorsicht derer, die heiligen Boden betreten. Mit weit aufgerissenen Augen sahen sie Bäume, die in unvorstellbare Höhen emporragten, deren Stämme so breit waren, dass es mehrerer Männer bedurfte, um sie zu umkreisen. Der Wald schien um sie herum zu atmen; jeder atmet ein Flüstern der Alten aus, die einst diese Pfade gegangen waren.

Je tiefer sie vordrangen, desto mehr schien sich der Wald um sie herum zu schließen, ein grüner Kokon, der sie in seiner Umarmung hielt. Die Luft wurde dicker, aufgeladen von einem spürbaren Gefühl der Vorfreude. Und dann sahen sie die Grenze von *Kaya* Fungo, die von Bäumen markiert war, die mit roter und weißer Kleidung geschmückt waren und wie stumme Wächter an der unsichtbaren Schwelle flatterten.

Menza und die Ältesten blieben stehen, ihre Herzen schlugen in einem Rhythmus des Respekts und der Ehrfurcht. Sie riefen die traditionellen Worte der Vorankündigung und des Friedens: "*Similani azhere, similani atumia*", ihre Stimmen hallten durch die Bäume und boten ihre Absichten den Geistern an, die über diesen heiligen Ort wachten.

Der Wald hielt den Atem an, die Stille war eine Leinwand für den Augenblick, der sich entfaltete. Und dann, aus dem Schatten der Bäume, tauchte eine Gestalt auf. Ein Mann mittleren Alters, seine Präsenz gebieterisch und doch gelassen, geschmückt mit tiefblauem Tuch, das um seine Taille gewickelt war, und einem anderen, das über seinen Hals drapiert war und eine Brust enthüllte, die die Spuren seines Lebensweges trug.

In seiner Hand hielt er eine Muschel, deren Spiralen die Geheimnisse des Meeres und die Zyklen des Daseins verbargen. Mit bedächtiger Anmut hob er die Muschel an die Lippen und blies dreimal, der Klang hallte durch den Wald, ein Ruf an die Geister, eine Anerkennung der Männer, die in Frieden und Ehrfurcht gekommen waren.

Er bewegte seine rechte Hand in einer Willkommensgeste, einer Einladung, in das Herz von *Kaya* Fungo einzutreten. Menza und die Ältesten, die die Bedeutung dieses Augenblicks erkannten, traten mit ihren Opfergaben in der Hand vor und überquerten die Grenze in ein Reich, in dem das Alltägliche und das Göttliche miteinander verflochten waren. Mit einer abrupten Geste befahl er ihnen, aufzuhören. Erschrocken sahen sie sich an, nicht sicher, was von ihnen erwartet wurde. Er forderte sie auf, ihre Schuhe auszuziehen.

Der Mann in dem tiefblauen Tuch führte sie tiefer in den Wald hinein, wo sich die Bäume vor ihnen zu teilen schienen und eine Lichtung enthüllten, die in ein Licht getaucht war, das nicht von dieser Welt zu sein schien. Hier, im Zentrum von *Kaya* Fungo, sollten sie ihre Opfergaben darbringen, die Symbole ihrer Dankbarkeit und Hoffnung vor den unsichtbaren Kräften niederlegen, die ihr Schicksal lenkten. Vor uns lag ein Boden, der mit Matten bedeckt war, die aus getrockneten Kokospalmenblättern geflochten waren und unter einem Baum mit langen, ausladenden Ästen ausgebreitet waren. Am Fuße dieses Baumes befand sich ein Heiligtum; Zwei weitere spirituelle Führer saßen auf den traditionellen *Chigoda*-Hockern.

"*Similani*" – der Wahrsager verkündete seinen Gruß und durchbrach die Stille in der Luft. Es war üblich, diese Grüße nicht nur an diejenigen zu richten, die physisch anwesend waren, sondern auch an die Ahnen und an die guten Geister.

Mit "*Haaiii*" antworteten Menza, seine Gefährten und die anderen geistlichen Führer.

Der Wahrsager wiederholte die Begrüßung mehrmals, als ob er von jedem Wesen, ob physisch oder anderweitig, die volle Aufmerksamkeit erhalten wollte. Er fuhr fort, Worte des Lobes und der Dankbarkeit an *Mulungu*, den höchsten Gott, den Schöpfer aller Wesen, zu richten.

"Wir haben Gäste hier, die gekommen sind, um mit uns zu sprechen. Sie haben wertvolle Geschenke und Wertschätzung mitgebracht."

Der Wahrsager stellte sich zwischen die beiden spirituellen Führer und bot ihnen Stühle an. Er streckte die Hand neben seinem Sitz aus, zog einen weißen Schal hervor und warf ihn um seinen Nacken, wobei er den weißen Stoff auf seiner Vorderseite hängen ließ und seine nackte Brust mit einem auffälligen Kontrast bedeckte.

Als sie sich darauf vorbereiteten, ihre Geschenke zu überreichen, bewegte sich die Luft um sie herum, eine sanfte Brise trug das Flüstern derer, die im Laufe der Jahrhunderte an genau diesem Ort gestanden hatten. Die weiße Ziege blökte leise, ein Geräusch, welches das Gewicht des Augenblicks trug und von den uralten Bäumen widerhallte, die als stumme Zeugen der Zeremonie dastanden.

Die Keramik war mit Wasser aus der heiligen Quelle gefüllt, die am Rand der Lichtung sprudelte und deren Inhalt vom Widerschein des Himmels über ihr schimmerte. Die kostbaren Steine wurden mit Ehrfurcht auf einen Altar aus Erde und Wurzeln gelegt, ihre Oberflächen fingen das Licht ein und warfen Farbprismen auf die Gesichter der Männer, die sie gebracht hatten. Der Wahrsager überreichte dem Wächter mit feierlicher Anmut Palmwein, dessen reiches Aroma sich mit der Atmosphäre der Erwartung mischte. Dann goss er vorsichtig ein Trankopfer auf die heilige Erde der *Kaya*, den heiligen Boden, der vom Echo der Geister der Ahnen vibrierte. Während er Anrufungen flüsterte, die Namen ihrer Vorfahren rief, seine Stimme ein sanftes Murmeln war, das sich mit dem Wind vermischte, herrschte eine heilige Gemeinschaft zwischen dem gegenwärtigen und dem ätherischen Reich. Der Wein sickerte in die Erde, eine stille Hommage an die Akzeptanz der Vorfahren. Als der Wahrsager diese heilige Vertiefung betrachtete, verkündete er mit einer widerhallenden Autorität, in deren Augen sich die Tiefe jahrhundertealter Weisheit widerspiegelte: "Unsere Vorfahren freuen sich, wir dürfen weitermachen." Diese traditionsreiche Aussage hallte um sie herum wider, ein klares Zeichen dafür, dass sie unter dem wachsamen Blick und Schutz ihrer Vorfahren standen.

Als die Zeremonie ihren Höhepunkt erreichte, sprach der Wahrsager Segensworte, wobei seine Stimme von der Kraft des Landes und des Meeres widerhallte und den Schutz und das Wohlergehen des Dorfes und seines neuesten Mitglieds, Munyazi, von den Göttern erflehte. Wieder ertönte die Muschel, ein letztes Siegel auf den Opfern und Gebeten, die auf den Flügeln des Windes zu den Ohren der Ahnen gesandt wurden.

Die Rückkehr durch den Wald und den Sabaki-Fluss hinunter war eine Reise der Besinnung. Die Ältesten trugen die physischen Überreste ihrer Pilgerreise und eine vertiefte Verbindung zu den Kräften mit sich, die ihre Welt formten. Sie kehrten in das Dorf zurück, als Überbringer einer Geschichte, welche die Kraft des Glaubens, der Tradition und die unzerbrechliche Bindung zwischen den Menschen und dem heiligen Land, das sie ihre Heimat nannten, darstellte.

In den folgenden Tagen sprachen die Dorfbewohner mit einem Gefühl des Staunens über die Zeremonie von Munyazi. Im Angesicht ihrer anfänglichen Enttäuschung entdeckten sie ein tieferes Verständnis für ihre eigene Resilienz und Stärke. Sie erkannten, dass der wahre Krieger, den sie suchten, nicht von physischer Stärke war, sondern von Geist und Einheit.

Hafen von London, Großbritannien, N 19. Jahrhunderts

In derselben Epoche, in der Munyazi in die Welt eintrat, wenn auch über die Weiten der Erde; In Großbritannien war die Atmosphäre im Hafen von London von einem spürbaren Gefühl der Vorfreude und dem schweren Geruch von Salz und Teer geprägt. Es war eine Szene des orchestrierten Chaos, in der sich britische Händler und Seeleute zielstrebig bewegten, ihre Handlungen wurden von der jahrelangen Seefahrertradition diktiert. Das Schiff, die „Queen's Endeavour", legte majestätisch im Hafen an und streckte seine Masten in den grauen, frühen Morgenhimmel. Familien und Freunde der Besatzung säumten den Kai, ihre Gesichter waren eine Mischung aus Stolz, Aufregung und unterschwelliger Besorgnis.

Kapitän Theodore, ein erfahrener Seemann mit einem Blick so scharf wie der Nordwind, beaufsichtigte die letzten Vorbereitungen. Seine Besatzung, einschließlich William, Arthur, Oliver und Barney, eilte über das Deck und sicherte Kisten und Fässer mit Proviant und Handelsgütern für ihre ehrgeizige Reise an die Ostküste Afrikas. Ihr Ziel war klar: Sie wollten unerforschte Gebiete erkunden und mit Gold, Elfenbein, Gewürzen und einer Vielzahl anderer lukrativer Güter zurückkehren.

Sir Herbert, der führende Entdecker und Händler unter ihnen, stand in der Nähe des Ruders, und seine Augen suchten den Horizont ab. Er besaß beträchtliche Erfahrung sowohl in der Navigation als auch im Handel, da er mehrere Reisen in ferne Länder unternommen hatte. Seine Anwesenheit auf dieser Expedition verlieh dem Unterfangen einen Hauch von Autorität und Vertrauen.

..ie Zeit der Abfahrt näher rückte, kletterte Kapitän ..1eodore auf ein Fass, um sich an seine Mannschaft und die kleine Menschenmenge zu wenden, die sich versammelt hatte.

"Männer", begann er, und seine Stimme übertönte das Gemurmel der Menge, "heute begeben wir uns auf eine Reise, die uns an den äußersten Rand der bekannten Welt führen wird. Unsere Mission ist nicht ohne Risiken, aber ich habe Vertrauen in jeden Einzelnen von Ihnen. Gemeinsam werden wir durch die tückischen Gewässer navigieren, uns dem Unbekannten stellen und mit Reichtümern zurückkehren, die unser Vermögen und unsere Ehre für kommende Generationen sichern werden."

Ein Jubel brach in die Besatzung aus, der von den unterstützenden Schreien ihrer Lieben widerhallte. Dann wandte sich der Kapitän an Sir Herbert und nickte respektvoll.

»Sir Herbert, möchten Sie uns ein paar Worte über unseren Kurs und die Winde sagen, die wir einspannen werden, um uns fortzutragen?« Fragte Kapitän Theodore.

Sir Herbert trat vor, und seine Augen glänzten von der Aufregung des bevorstehenden Abenteuers.

"Meine Herren, unsere Route führt uns um das Kap der Guten Hoffnung herum und nutzt die Passatwinde, um unsere Reise zu beschleunigen. Die Meere können unberechenbar sein, aber wir werden mit sorgfältiger Navigation und einem scharfen Blick auf den Himmel gut vorankommen. Unser Reiseziel verspricht unermesslichen Reichtum. Es ist jedoch nicht ohne Gefahren. Wir müssen wachsam bleiben, als geschlossene Mannschaft arbeiten und der Führung von Kapitän Theodore vertrauen." Dann blickte er in die Menge, seine Stimme war fest und doch beruhigend.

"Unseren Familien und Freunden sage ich: Euer Glaube an uns stärkt unseren Mut. Wir tragen Ihre Hoffnungen genauso mit uns wie unsere Träume von Entdeckung und Wohlstand. Wir werden zurückkehren und die Früchte unserer Arbeit und

Geschichten von wundersamen fernen Ländern hierher-bringen."

Nach Beendigung der Reden trat die Mannschaft in Aktion. "Masten setzen! Hisst die Segel!" befahlt Kapitän Theodore mit lauter Stimme. Die Matrosen eilten die Takelage hinauf, entfalteten die Segel, als der Wind sie zu fangen begann, und sie verheißungsvoll nach außen aufblähte. Oliver nahm seine Position am Ruder ein, die Hände fest am Steuerrad, während William und Arthur die Mannschaft an Deck koordinierten und jede Leine mit geübter Effizienz sicherten.

Der Jubel und das Winken der Menge wurden zu einer vibrierenden Kulisse, als das Schiff begann, sich vom Dock zu lösen.

Taschentücher flatterten im Wind, und Rufe wie »Godease!« und »Kehren Sie heil zurück!« erfüllten die Luft.

Barney, der jüngste Matrose, stand am Bug des Schiffes und blickte zurück auf die zurückweichenden Gestalten. Er verspürte eine Mischung aus Aufregung und Heimweh, aber das Abenteuer, das vor ihm lag, war der Traum seines Lebens. Er wandte seinen Blick nach vorne und flüsterte vor sich hin: "Nach Afrika und darüber hinaus."

Unter Deck, im Quartier des Kapitäns, wälzten Theodore und Sir Herbert Land- und Seekarten, diskutierten ihre Strategie für die Navigation an der afrikanischen Küste und identifizierten potenzielle Handelsposten.

»Unser erster Halt wird an der Goldküste sein«, schlug Sir Herbert vor und deutete auf einen Ausschnitt der Karte. "Die Einheimischen sind bereit zu handeln, und wenn wir ein gutes Verhältnis aufbauen, können wir uns eine stetige Versorgung mit Gold und Elfenbein sichern."

Kapitän Theodore nickte zustimmend. »Und die Gewürze,« fügte er hinzu, »wir dürfen die Gewürze nicht vergessen. Die Nachfrage in London ist groß, und eine gute Ladung kann das königlich Erträge einbringen.«

Ihr Gespräch ging weiter und kombinierte Strategie, Spekulationen und gemeinsame Erfahrungen aus vergangenen Reisen. Sie sprachen von den Winden, den Strömungen und den besten Zeiten zum Segeln. Sie diskutierten über die Stärken der Crew und darüber, wie man die Fähigkeiten jedes Mannes am besten einsetzt. Der Weg vorwärts war von Hindernissen gespickt, aber ihre Entschlossenheit war unerschütterlich.

Als das Schiff lossegelte und mit Anmut und Entschlossenheit durch die Wellen schnitt, transportierte sie mehr als nur Menschen und Güter. Sie trug die Hoffnungen einer expansionswilligen Nation, die Träume von Entdeckern, die das Unbekannte suchten, und das Versprechen des Abenteuers, das Seeleute im Laufe der Geschichte gerufen hat. Die Reise an die Ostküste Afrikas war erst der Anfang, aber es war ein Kapitel, an das sich jeder Mann an Bord für den Rest seiner Tage erinnern sollte.

Ankunft im Hafen von Mombasa

Die Besatzung der „Queen's Endeavour" versammelte sich auf dem Deck, als das Schiff im Hafen von Mombasa vor Anker ging, während das goldene Licht der späten Nachmittagssonne lange Schatten auf die Holzplanken warf. Es war ein Augenblick lebhafter Reflexion, eine Pause im Wirbelsturm ihrer Ankunft, um diejenigen zu ehren, die die Reise nicht überlebt hatten.

Kapitän Theodore, dessen sonst so gebieterische Erscheinung durch Trauer gemildert worden war, wandte sich mit einer Feierlichkeit an seine Mannschaft, die dem Anlass angemessen war. "Wir stehen hier, an der Schwelle zu neuen Horizonten, nicht als Eroberer. Wir sind demütige Gäste dieses riesigen

Kontinents. Unsere Herzen sind schwer, denn nicht alle, die sich mit uns auf diese Reise begeben haben, sind hier, um ihren Höhepunkt zu erleben." Er hielt inne und ließ seinen Blick über seine Mannschaft schweifen, wobei jeder auf seine Weise die Last des Verlustes zu tragen hatte. "Wir gedenken unserer gefallenen Kameraden - tapfere Seelen, die Abenteuer und Sinn suchten, deren Wege leider abgebrochen wurden. Lassen Sie sich von unseren Erinnerungen an sie leiten, wenn wir dieses unbekannte Land betreten. Lasst uns sie in Wort und Tat ehren."

Sir Herbert, immer der wortgewandte Diplomat, trat vor. "In den Annalen der Geschichte", begann er mit fester und klarer Stimme, "ist es oft das Ziel, an das man sich erinnert, aber der Weg mit all seinen Irrungen und Wirrungen prägt uns wirklich. Unsere gefallenen Brüder haben den höchsten Preis bezahlt, um die edle Entdeckungsreise durchzuführen. Unsere Pflicht ist es, dafür zu sorgen, dass ihr Opfer nicht umsonst war."

Ein Schweigen legte sich über die Besatzung, ein kollektiver Moment des Gedenkens an diejenigen, die Krankheiten und Not erlegen waren. William, der erfahrene Seemann, nahm seinen Hut ab, und sein wettergegerbtes Gesicht war von Falten des Kummers und des Respekts gezeichnet. »Zu unseren Kameraden«, sagte er, und seine Stimme war ein Flüstern, das von der Meeresbrise fortgetragen wurde.

Arthur und Oliver, die Seite an Seite standen, sahen sich verständnisvoll an. Wie die anderen hatten sie den Stachel des Verlustes gespürt, den Schmerz, sich von denen zu verabschieden, die sie als Familie betrachtet hatten. Oliver, der nachdenklichere unter ihnen, fühlte einen Kloß in seiner Kehle. »Mögen sie ruhige See und günstige Winde finden,« fügte er mit kaum hörbarer Stimme hinzu.

Sie beendeten die Gedenkfeier mit einer Schweigeminute, wobei das Geräusch der Wellen gegen den Rumpf als sanfte

Erinnerung an das Ende der Reise und den Beginn ihres Unterfangens in Mombasa diente.

Als die Sonne hinter dem Horizont versank und den Himmel in eine spektakuläre Leinwand aus Orange und Rot hüllte, erfasste die Besatzung an Bord der „Queen's Endeavour" ein wiederbelebtes Sendungsbewusstsein. Kapitän Theodore wandte sich mit entschlossener Miene an seine Leute. "Lasst uns ihre Träume bei jedem Schritt, den wir tun, bei jeder Verhandlung, die wir eingehen, und bei jedem neuen Freundschaftsschlag, den wir schmieden, weitertragen. Wir sind nicht nur hier, um Handel zu treiben oder zu erkunden, sondern auch, um Brücken zwischen den Welten zu bauen. Wir werden uns heute Abend früh zurückziehen und bei Sonnenaufgang von Bord gehen, um unsere Mission hier zu beginnen. Haben Sie Fragen?"

Mehrere Besatzungsmitglieder wollten mehr wissen über das bevorstehende Treffen mit dem Scheich und äußerten sich besorgt über die Haltung der lokalen Bevölkerung gegenüber Außenstehenden und baten um Rat bezüglich Vorsichtsmaßnahmen, die zu beachten sind. Sir Herbert und Kapitän Theodore teilten Einblicke in ihre vergangenen Reisen. "Die Ostküste des Kontinents empfängt Neuankömmlinge im Allgemeinen mit offenen Armen und fördert ein harmonisches Zusammenleben unter den meisten", erklärte Sir Herbert. "Nichtsdestotrotz ist es klug, bei jedem Schritt wachsam und vorsichtig zu bleiben", fügte er hinzu.

Am Ende ihrer Versammlung einigten sich die Besatzungsmitglieder darauf, sich am nächsten Morgen auf dem Deck zu treffen.

"Gute Nacht, tapfere Herzen. Mögen die Sterne euch zu eueren Kojen führen, mit sanften Winden im Rücken. Ruht euch gut aus, denn morgen werden wir bei Sonnenaufgang an Land gehen. Gute Fahrt und bewacht uns alle", befahl Kapitän Theodore den Besatzungsmitgliedern.

Damit zerstreute sich die Besatzung, jeder Mann trug die Erinnerung an die Verlorenen und die Entschlossenheit mit sich, ihrer Reise einen Sinn zu geben.

Im Morgengrauen pulsierte das dynamische Herz von Mombasa vor Leben, eine Kakophonie von Klängen und ein Kaleidoskop von Farben, welche die Besatzung begrüßten, als sie ihre ersten Schritte in den geschäftigen Hafen machte. Die Luft war dick vom Duft von Gewürzen - Zimt, Kardamom und Nelken - jeder Hauch trug Geschichten aus fernen Ländern in sich. Die Sonne tauchte die Stadt in goldenes Licht und warf lange Schatten, die auf den Kopfsteinpflasterstraßen tanzten. Ihre Reise, die voller Gefahren und Verheißungen war, veränderte bereits ihr Verständnis der Welt und ihres Platzes in ihr. Mit seinen belebten Straßen und seinem pulsierenden Geist hatte Mombasa ihnen einen Einblick in die Weiten des menschlichen Daseins geboten - so vielschichtig wie schön. Als sich die Besatzung der „Queen's Endeavour" auf ein Treffen mit den Abgesandten von Scheich Mubarak bin Rashid al-Mazrui, dem omanischen Gouverneur von Mombasa, vorbereitete, tauchte die Sonne die Umgebung der Docks in warme Töne. Die Luft, welche die Hitze des Tages zu laden begann, trug die Vorfreude auf die bevorstehende Begegnung in sich.

Die Interaktion der Crew mit den Einheimischen bot einen Einblick in das tägliche Leben von Mombasa. Trotz der Sprachbarriere überbrückten Lächeln und Gesten die Lücke und schufen Momente der Verbundenheit, die über Worte hinausgingen. Ein örtlicher Händler, der von ihrem Interesse fasziniert war, bot ihnen Kostproben von frischen tropischen Früchten und Nüssen an, wobei jede Geschmacksrichtung den Reichtum des Landes repräsentierte.

Als Kapitän Theodore sah, wie seine Crew in die lokale Kultur eintauchte, fühlte er eine Welle des Stolzes. "Das", dachte er, "ist das Wesen der Erkundung. Nicht nur die Entdeckung neuer Länder, sondern auch die Begegnung von Köpfen und Herzen."

Sir Herbert, der stets der Diplomat war, unterhielt sich mit einer Gruppe von Ältesten. Seine Absicht war klar - die Nuancen der Gesellschaft, der Regierungsführung und der Menschen in Mombasa zu verstehen. Der Austausch war geprägt von gegenseitigem Respekt und dem gemeinsamen Wunsch nach Verständigung, welche die Kluft zwischen ihren Welten überbrückte.

Als der Tag seinen Höhepunkt erreichte, bahnte sich die Crew ihren Weg durch das Labyrinth der Straßen, wobei jede Kurve neue Wunder offenbarte. Die Swahili-Architektur, eine Mischung aus arabischen, einheimischen und portugiesischen Einflüssen, erzählte in ihren Mauern die Geschichte der Stadt. Der Ruf zum islamischen Gebet hallte durch die Luft und erinnerte an das spirituelle Gewebe, das die Gemeinschaft zusammenschweißte. Schließlich erreichten sie die Vorderseite der Vorburg der Residenz von Scheich Mubarak bin Rashid.

Aufrecht und gelassen rückte Kapitän Theodore seine Jacke zurecht, das Symbol seines Befehls und seiner Verantwortung. Neben ihm trug Sir Herbert, der das Wesen der britischen Diplomatie verkörperte, einen Ausdruck lebhaften Interesses und Bereitschaft. Die Besatzung stellte sich mit einem Sinn für Anstand auf, ihre Gesichter waren eine Mischung aus Neugier und Entschlossenheit.

Die Abgesandten, ein Trio würdevoller Gestalten in traditionellen Gewändern in satten Farben und komplizierten Mustern, näherten sich mit gemessenen Schritten. Ihr Anführer, ein Mann von bemerkenswerter Statur mit einem Hauch von Autorität, reichte ihm zur Begrüßung die Hand. "Kapitän Theodore, Sir Herbert, wir heißen Sie im Namen von Scheich Mubarak bin Rashid in Mombasa willkommen", verkündete er mit einer ernsten Stimme, die ein warmes Timbre hatte.

Kapitän Theodore antwortete mit einem festen Händedruck und fester Stimme. "Wir fühlen uns geehrt durch Ihren Empfang. Unsere Reise war lang, aber der Anblick Eurer Stadt hat unsere

Stimmung gehoben. Wir freuen uns auf fruchtbare Gespräche mit Scheich Mubarak."

Sir Herbert trat vor und fügte hinzu:»In der Tat, der Ruf der Gastfreundschaft von Mombasa eilt ihm voraus. Wir sind gespannt darauf, mehr über Ihre Kultur zu erfahren und die Möglichkeiten des gegenseitigen Nutzens zu erkunden."

Die Abgesandten, erfreut über den respektvollen Ton der Begrüßung, deuteten auf die Stadt. "Scheich Mubarak bin Rashid hat einen Empfang vorbereitet, der unseren geschätzten Gästen angemessen ist. Wenn du uns folgst, werden wir dich zu seiner königlichen Residenz begleiten."

Kapitän Theodore, der seine Mannschaft mit einer Mischung von Neugierde und Vorsicht führte, beobachtete die Stadt mit den scharfen Augen eines Seefahrers, der gewohnt ist, unbekannte Gewässer zu entziffern.»Hinter jeder Ecke steckt eine Geschichte«, bemerkte er leise zu Sir Herbert, der an seiner Seite ging und dessen Blick die Einzelheiten der umgebenden Architektur und der Menschen, die diese Stadt ihr Zuhause nannten, in sich aufnahm. Die Abgesandten, kenntnisreich und stolz auf ihre Traditionen, teilten Einblicke und Anekdoten und zeichneten ein lebendiges Bild von Mombasas reichem kulturellem Teppich.

Als sie sich der Residenz näherten, wurden die Straßen ruhiger, die Luft kühler, da die Schatten der hohen Gebäude eine Pause vom Blick der Sonne boten. Die Abgesandten spürten die wachsende Vorfreude der Besucher und begannen, Geschichten über die Herrschaft von Scheich Mubarak zu erzählen - wie er Führungsherausforderungen meisterte und Frieden und Wohlstand in einer Zeit des Wandels förderte.

Der große Eingang zur Residenz war eine Pracht der Swahili-Architektur, die in vollem Umfang zur Schau gestellt wurde. Aufwendige Holzschnitzereien schmückten die Türen, und die aus Korallenstein gebauten und mit Kreide bemalten Wände zeugten vom Einfallsreichtum und Geschick der Handwerker. Die Vorburg wurde von hoch aufragenden Palmen flankiert, die sich in einen Innenhof öffneten, in dem die Luft vom Duft blühenden Jasmins parfümiert war. Wasser, die Quelle des Lebens, floss sanft in einem zentralen Brunnen, dessen Klang eine beruhigende Kulisse für das Summen geflüsterter Gespräche und das Rascheln seidener Gewänder bildete. Die Opulenz und Pracht der Umgebung umhüllten die britische Delegation, als die Wache sie durch die Korridore des großen Gebäudes führte. Wandteppiche in leuchtenden Farben schmückten die Wände und erzählten von gewonnenen Schlachten, geschmiedeten Allianzen und dem Wohlstand, den diese Siege dem Land gebracht hatten.

Der Gesandte trifft Scheich Mubarak bin Rashid

Der Kapitän und seine britische Delegation wurden durch die kunstvoll geschmückten Säle der Residenz geführt, von denen einer beeindruckender war als der andere. Die Luft war von Weihrauch durchdrungen und vermittelte das Gefühl, in eine andere Welt einzutreten, in der Geschichte, Kultur und Diplomatie miteinander verflochten waren. Während sie auf ihre Audienz bei Scheich Mubarak bin Rashid warteten, tauschten die Besatzungsmitglieder Blicke aus und reflektierten über die Reise, die sie hierhergeführt hatte.

Die erste Begegnung mit den Abgesandten hatte den Ton für ein Treffen gesetzt, das nicht nur für die Besatzung der „Queen's Endeavour", sondern auch für die zukünftigen Beziehungen zwischen Großbritannien und der pulsierenden Stadt Mombasa - einschließlich der Ostküste Afrikas - von großer Bedeutung zu werden versprach.

Sir Herbert, sein Kopf raste vor Fragen und Beobachtungen, beugte sich zu Kapitän Theodore und flüsterte:»Dieses Treffen, dieser Augenblick, es ist mehr als ein bloßer Austausch von

Höflichkeiten und Gütern. Wir treten in eine Geschichte ein, die sich seit Jahrhunderten entfaltet. Ich wage zu behaupten, dass unsere Rolle in dieser Geschichte die Zukunft unserer Beziehungen zu diesem bemerkenswerten Land prägen könnte."

Kapitän Theodore nickte mit einem Ausdruck feierlicher Zustimmung. "Lasst uns mit dem Respekt und der Würde vorgehen, die dieser Anlass erfordert. Heute könnte unser Handeln ein Wendepunkt sein, für uns und für die kommenden Generationen."

Als sie schließlich in die königliche Residenz von Scheich Mubarak bin Rashid geführt wurden, schien die Luft still zu sein, und die Vorfreude war groß.

Das Treffen, das vor dem Hintergrund der antiken Pracht Mombasas stattfand, war nicht nur ein diplomatisches Treffen, sondern ein Zusammentreffen von Kulturen, jede mit ihren Träumen, Sehnsüchten und vielleicht auch Befürchtungen über die unbekannte Zukunft.

Die Abendsonne verschwand hinter dem Horizont und warf ein sanftes, goldenes Licht durch die vergitterten Fenster der Residenz von Scheich Mubarak bin Rashid.

Die britische Delegation wurde in einen großen Speisesaal geführt. Der Raum war ein Spektakel von Opulenz und Pracht, mit hohen Decken, die von kunstvoll geschnitzten Säulen getragen wurden, und Wänden, die mit Wandteppichen geschmückt waren, welche die reiche Geschichte von Mombasa und seinen Menschen darstellten.

Die Diener des Palastes stellten einen langen Tisch in die Mitte des Raumes. Die mit feiner Baumwolle gedeckte und mit verschiedenen Speisen beladene Tafel versprach eine kulinarische Reise, wie sie Sir Herbert und seine Gefährten noch nie erlebt hatten.

Scheich Mubarak bin Rashid, der in seinen Gewändern aus feinstem Leinen glänzte, die mit Goldstickereien verziert waren, begrüßte jeden seiner Gäste mit einer Wärme, die den formellen Rahmen Lügen strafte. »Willkommen, Freunde aus der Ferne«, begann er, und seine Stimme klang wie ein in der Diplomatie bewanderter Führer. "Heute Abend feiern wir nicht nur zu Ehren Ihrer sicheren Ankunft, sondern auch im Geist der Freundschaft und des gegenseitigen Respekts, den wir zwischen unseren Völkern aufzubauen hoffen."

Sir Herbert folgte dem freundlichen Empfang des Gouverneurs und antwortete: "Eure Hoheit, wir sind demütig über Ihre Gastfreundschaft und die Möglichkeit, an den reichen Traditionen Ihrer Kultur teilzuhaben. Wir wünschen uns von Herzen, dass dieser Abend den Beginn einer fruchtbaren und dauerhaften Partnerschaft markiert."

Als sie ihre Plätze einnahmen, wurden Captain Theodore, William, Arthur und Oliver in eine kulinarische Landschaft eingeführt, die ebenso vielfältig wie schmackhaft war. Die servierten Gerichte zeigten den Reichtum der Region und ihre zentrale Rolle im Gewürzhandel. Platten mit saftigem Fleisch, verfeinert mit Gewürzen, die Sir Herbert nur erahnen konnte, wurden von einer Auswahl an Obst und Gemüse begleitet, die eine lebendige Palette auf die Keramikteller malten. Während des Essens erzählte der Gouverneur Geschichten über die Geschichte von Mombasa, seine Triumphe und Herausforderungen und gab Einblicke in die Komplexität von Handel, Politik und Kultur, welche die Region ausmachten. Sein Wissen und seine Weisheit erregten Aufmerksamkeit; selbst Kapitän Theodore, ein Mann der wenigen Worte, war in das Gespräch vertieft.

Mit seiner angeborenen Neugier verwickelte Sir Herbert den Scheich in Gespräche über die lokale Küche und bewunderte die Aromen und Techniken, die ihren Gaumen erfreuten. "Die Art und Weise, wie Essen Menschen vereinen, Grenzen überwinden und eine gemeinsame Basis schaffen kann, ist wirklich außergewöhnlich", bemerkte er.

Der anschließende Dialog ging über Höflichkeiten und kulinarischen Austausch hinaus. Er wagte sich in die Diplomatie und gemeinsame Interessen, wobei Kapitän Theodore das Potenzial für Handel und Zusammenarbeit skizzierte. Scheich Mubarak anerkannte die Vorteile eines solchen Bündnisses und betonte, wie wichtig es sei, Traditionen zu respektieren und gegenseitigen Nutzen zu gewährleisten.

Im Laufe des Abends vertiefte sich das Gespräch in die Bestrebungen und Herausforderungen, mit denen beide Parteien konfrontiert sind. Das umstrittene Thema des Sklavenhandels wurde mit Sensibilität und dem gemeinsamen Wunsch nach Fortschritt angegangen.

Scheich Mubarak drückte seine Vision für eine Zukunft aus, in der Wohlstand durch Handel und Innovation erreicht werden kann, anstatt Menschenleben auszubeuten.

Das Abendessen, das von einer Mischung aus Respekt, Einsicht und dem zugrunde liegenden Drang, eine bedeutungsvolle Beziehung aufzubauen, geprägt war, endete mit einem Gefühl der Erfüllung und Vorfreude. Sir Herbert und Kapitän Theodore tauschten Blicke aus, als sie sich vom Tisch erhoben und die Bedeutung der abendlichen Gespräche erkannten.

Als sie das Treffen beendet hatten, war es zu spät, um zu ihrem Schiff zurückzukehren. Ihnen wurde ein Gästequartier angeboten. Als sie sich in ihre Quartiere zurückzogen, die Luft nach Weihrauch duftete und die nächtlichen Klänge von Mombasa durch die Fenster drangen, dachten die Mitglieder der „Queen's Endeavour" über die Reise nach, die sie hierhergebracht hatte. Der Abend hatte ihren Appetit gestillt, ihren Mut genährt und ihren Geist für die Möglichkeiten geöffnet, die in diesem Land der Kontraste und Konvergenzen vor ihnen liegen.

Am nächsten Morgen setzten Kapitän Theodore, Sir Herbert und Scheich Mubarak bin Rashid unter dem strahlend blauen Himmel von Mombasa ihre formellen Gespräche fort. Diesmal war der opulente Empfangsraum der Residenz Schauplatz, in dem das Sonnenlicht durch ein kompliziertes Gitterwerk gefiltert wurde und Licht- und Schattenmuster auf die reich verzierten Teppiche warf.

Kapitän Theodore initiierte den Dialog und demonstrierte die Autorität seiner Position und die Ernsthaftigkeit der Mission, die er vertrat. "Gouverneur, wir kommen mit größtem Respekt für Ihre Führung und den Wohlstand von Mombasa zu Ihnen. Unsere Reise hierher, die voller Herausforderungen war, wurde unternommen, um eine vorteilhafte Handelsroute für unsere Völker zu schaffen."

Mit seiner diplomatischen Finesse ergänzte Sir Herbert Theodores Punkte, indem er das Potenzial für kulturellen und technologischen Austausch hervorhob. "Über den Austausch von Gütern hinaus glauben wir, dass der Austausch von Wissen, von Navigationstechniken bis hin zu landwirtschaftlichen Praktiken, von immensem Wert ist. Wir hoffen, dass ein solcher Austausch nicht nur das Wirtschaftswachstum, sondern auch das gegenseitige Verständnis und den gegenseitigen Respekt fördern wird."

Scheich Mubarak bin Rashid, der aufmerksam zuhörte, drückte seine Wertschätzung für ihre Ehrlichkeit aus. "Ihr Weg hierher spricht Bände über Ihr Engagement. Außerdem steht Mombasa an einem Scheideweg und blickt auf eine kommende Zeit, in der Wohlstand nicht auf Kosten unserer Werte oder unserer Freiheit geht. Wir suchen Partner, die diese Vision verstehen."

Anschließend ging es um die Einzelheiten der vorgeschlagenen Handelsabkommen. Kapitän Theodore skizzierte die Waren der „Queen's Endeavour" - Baumwolle, Seide, Perlen, Schieß-pulver und Waffen - und hob ihre Qualität und die Vorteile hervor, die sie dem lokalen Markt bieten könnten. Im Gegenzug verlangten sie Gold, Elfenbein, Kaffee, Tee und Gewürze, die in Großbritannien einen hohen Stellenwert hatten.

Sir Herbert nutzte die Gelegenheit, um das umstrittene Thema des Sklavenhandels anzusprechen, das schwer auf seinem Gewissen lastete. "Wir sind uns der Komplexität bewusst, die dieser Handel umgibt. Wir hoffen, dass wir gemeinsam einen Weg finden können, der die Würde aller Menschen respektiert und mit unseren gemeinsamen Idealen von Fortschritt und Menschlichkeit übereinstimmt."

Scheich Mubarak bin Rashid erkannte mit nachdenklichem Gesichtsausdruck die Schwere des Themas. "Der Sklavenhandel war lange Zeit eine Geißel für dieses Land, angetrieben von äußeren Anforderungen. Wir hoffen, eine Wirtschaft aufzubauen, die sich auf den Reichtum der Ressourcen und den Einfallsreichtum unserer Bevölkerung stützt. Allerdings gibt es hier in letzter Zeit eine hohe Nachfrage, da an den Westküsten des Kontinents die Vorräte ausgegangen zu sein scheinen."

"Wir haben verstanden, dass Seine Hoheit Scheich Sayyid Majid bin Said al Busaidi von Sansibar sich in einer schwierigen Lage befindet, da er sich mit den Anforderungen der Umsetzung der Anti-Sklaverei-Gesetzgebung auseinandersetzen muss. Könnten wir Ihre geschätzte Perspektive auf diese herausfordernde Situation haben, verstehen Sie?" fragte Sir Herbert und achtete darauf, dass seine Worte das heikle Thema, um das es ging, ankratzten.

Die Verhandlungen waren zwar herausfordernd, aber sie wurden im Geiste der Offenheit und des gemeinsamen Wunsches nach einer fairen und dauerhaften Partnerschaft geführt. Streitpunkten wurde mit der Bereitschaft begegnet, die Perspektive des anderen zu verstehen, und es wurden Kompromisse geschlossen, welche die Vorteile für beide Seiten im Visier hatten.

Zum Abschluss des Treffens lud Scheich Mubarak die britische Delegation ein, mehr von Mombasa und seiner Umgebung zu erkunden, um das Land und seine Menschen besser zu verstehen. "Mombasa mit eigenen Augen zu sehen", sagte er, "wird mehr enthüllen, als jede Verhandlung könnte. Wir heißen Sie als potenzielle Handelspartner, Gäste und Freunde willkommen."

Kapitän Theodore und Sir Herbert nahmen die Einladung dankend an und würdigten die Gelegenheit, die Kultur und das tägliche Leben von Mombasa aus erster Hand zu erleben.

Das Treffen markierte den Beginn einer komplexen, aber lohnenden Beziehung; eine, die auf gegenseitigem Respekt und der Anerkennung der Menschlichkeit des anderen aufbaut.

Als sie den Empfangsraum verließen, erfüllte sich die Luft mit den Klängen von Mombasa, das am Morgen zum Leben erwachte, und der Duft von Nelken, Ingwer und Zimt lag in der Luft. Die britische Delegation zeigte sich optimistisch, glaubte aber auch, dass viele Herausforderungen vor ihr liegen. Sie waren überzeugt, dass die in diesen Gesprächen gelegten Grundlagen Hoffnung auf eine Partnerschaft geben, die Veränderung, Fortschritt und eine bessere Zukunft für ihre beiden Völker herbeiführen kann.

Als sie sich auf den Rückweg durch die belebten Straßen machten, beobachtete Sir Herbert aufmerksam und war fasziniert von den komplizierten Designs der Swahili-Türen, die jeweils mit Motiven versehen waren, die von Handel, Reisen und der kosmopolitischen Essenz von Mombasa erzählten. "Bemerkenswert", sinnierte er laut, "wie diese Türen nicht nur Barrieren sind, sondern auch Einladungen, das reiche Erbe dieses Ortes zu verstehen."

Oliver konnte seine Begeisterung kaum zurückhalten, als die Kinder seine Gruppe begleiteten. Ihr Lachen war eine universelle Sprache, die keiner Übersetzung bedurfte. Er tauschte ein Lächeln und spielerische Gesten mit ihnen aus und fühlte eine Verbindung, die über die weiten Entfernungen hinausging, die er von seiner Heimat zurückgelegt hatte.

William und Arthur, gestählt von ihren Erfahrungen, aber offen für die Neuheit dieses Abenteuers, setzten sich mit den örtlichen Händlern in Verbindung, an denen sie vorbeikamen. Williams Interesse an den ausgestellten Waren - eine Mischung aus lokalem Kunsthandwerk, Gewürzen und Textilien - löste Gespräche aus, die von gegenseitigem Respekt und der unausgesprochenen Anerkennung ihrer gemeinsamen Menschlichkeit geprägt waren - obwohl sie oft durch die Sprachbarriere behindert wurden.

KAPITEL 4

Munyazi wa Menza (die junge Me-Katilili)

Im Norden, zwei Tagesreisen zu Fuß vom pulsierenden Hafen von Mombasa entfernt, liegt Bamba. Ein üppiges Dorf, in dem die Luft vom Flüstern der Ahnen dröhnt. Munyazi wa Menza blühte auf und verkörperte den Geist und die Widerstandsfähigkeit ihres Volkes. Ihre Anwesenheit war ein lebendiger Pinselstrich auf der Leinwand ihrer Welt, welche die tief verwurzelte Kraft und Schönheit der Mijikenda darstellte. Ein lebendiges Zeugnis von Gnade, Macht und tiefer Weisheit, das mit der Seele der Erde selbst in Resonanz steht.

Ihre Haut, ein leuchtender Schokoladenton, strahlte die Wärme und Vitalität des Landes aus, das unzählige Generationen vor ihr in den Arm genommen hatte. Dieser strahlende Teint sprach Bände über die Stärke ihrer Abstammung und spiegelte die anhaltende Schönheit des Landes, das ihr Volk ernährte. Munyazis kräftiges schwarzes Haar war mit komplizierten Zöpfen geschmückt und floss wie die Flüsse ihrer Heimat - jeder Zopf ein Symbol für die reiche Kultur, die sie mit Stolz trägt. Kunstvoll komponierte Zöpfe sind nicht nur eine Frisur, sondern eine Identitätserklärung, die sie mit der gleichen Präzision und Sorgfalt gewebt hat, die sie in jede Facette ihres Lebens einbrachte.

Munyazis Gesichtszüge fangen die Essenz ihres Geistes ein: Ihr Gesicht, markant und unvergesslich, war ein offenes Buch ihrer innersten Gefühle. Ihre Augen, dunkle braune Lachen, funkelnd vor Intelligenz und tiefem Verständnis, konnten andere in die Weite ihres Blickfeldes ziehen. Diese Augen erhellten ihr ausdrucksstarkes Gesicht und erzählten Geschichten von Freude, Widerstandsfähigkeit, Hoffnung und dem Gewicht der Weisheit, die sie aus einem Leben gewonnen hat, das tief mit ihrer Gemeinschaft und der Natur verbunden ist. Der stolze

Bogen ihrer spitzen Nase, ein Markenzeichen ihrer afrikanischen Herkunft, und ihr länglicher Hals, geprägt von der Eleganz der anmutigsten Mijikenda-Geschöpfe, betonten ihre markante Erscheinung zusätzlich.

Als Munyazi lächelte, erhellte sich die Welt um sie herum. Ihr breites und einladendes Lächeln enthüllte ein Paar perfekt angeordneter Zähne, deren Glanz es mit der Morgensonne aufnehmen kann, die sich im taubedeckten Laub spiegelt. Dieses Lächeln, so echt und rein, hatte die Kraft, die müden Herzen zu entwaffnen, Wärme auszustrahlen und Verwandtschaft einzuladen. Sie bewegte sich mit einer angeborenen und hypnotisierenden Anmut. Ihr selbstbewusstes, aber bescheidenes Tempo deutete bei jedem Schritt, den sie tat, auf eine tief verwurzelte Verbindung zur Erde hin. In Bewegung, ob im Gehen oder Laufen, verkörperte sie die ungezähmte Schönheit ihrer Umgebung - ihre Bewegungen waren fließend wie der Wind, vermittelten Kraft, Freiheit und die pure Freude am Dasein.

Ihre Stimme, ein präzises und charismatisches Instrument, trug die Bedeutung ihrer Geschichten, Überzeugungen und Träume. Mit jedem Wort, das sie sprach, fesselte Munyazi ihr Publikum und zog es in eine Welt, in der Weisheit auf der Zunge tanzt und ihre Botschaft mit der Klarheit einer Glocke widerhallt. Ob sie mit ihren Freunden interagierte oder uralte Weisheiten verbreitete, ihre Sprache war eine Melodie, die verbindet, erhebt und inspiriert.

Einer von zahlreichen arabischen Angriffen

An der zarten Schwelle der Munyazis Pubertät kam es zu einer Reihe von Überfällen auf mehrere Mijikenda-Dörfer. Die Ruhe der Dörfer von Mijikenda wurde erschüttert. An diesem Nachmittag erlebte ein Dorf in Rabai das unheilvolle Donnern von Hufen und das eisige Klirren von Waffen. Die omanischen

Araber, auf ihren furchterregenden Pferden, fielen wie ein Sturm aus Wut und Stahl über das Dorf Rabai her.

In ihren traditionellen Gewändern waren sie ein furchterregender Anblick, ihre gefährlichen Waffen glitzerten unter der afrikanischen Sonne - ein starker Kontrast zu den einfachen Werkzeugen und selbstgemachten Waffen der Mijikenda.

Die Schwerter der Araber waren gebogen und scharf und für schnelle, tödliche Schläge ausgelegt, während ihre Gewehre, eine Technologie, die den Mijikenda fremd war, den Tod aus der Ferne versprachen.

Die Dorfbewohner, die nur mit Speeren, Pfeil und Bogen bewaffnet waren und den Mut im Herzen hatten, sahen sich in diesem plötzlichen, brutalen Kampf unterlegen.

Als die Eindringlinge durch das Dorf stürmten, brach Chaos aus. Männer, Frauen und Kinder suchten sich in Sicherheit zu bringen, ihre Schreie durchdrangen die Luft, eine Kakophonie aus Verzweiflung und Schrecken. Die omanischen Araber, getrieben von ihrem unerbittlichen Streben nach Gefangenen und Plünderungen, verschonten niemanden, der es wagte, Widerstand zu leisten. Ihre Schwerter durchschnitten die Luft und schlugen die Verteidiger des Dorfes nieder, während diejenigen, die nicht schnell genug fliehen konnten, ergriffen wurden, um ihr Schicksal in den Ketten der Sklaverei zu verdammen.

Die Luft war dick vom Geruch der Angst und dem grausamen Geruch von Schießpulver, als Schüsse ertönten, die mit rücksichtsloser Effizienz Menschenleben forderten. Der Boden, einst ein Ort der Gemeinschaft und des Feierns, war nun von Blutflecken verunstaltet und mit den Leichen der Gefallenen übersät.

Inmitten dieses Aufruhrs kümmerte sich Karisa, ein junger, heiterer junger Mann, um das Vieh seiner Familie auf den

Feldern. Diese Felder, eine sanfte Anhöhe am Rande des Dorfes in Rabai, dienten ihm als Einsatzort. Karisa war Munyazis Brüdern nicht fremd; ihre Bande wurden in der Unschuld der Kindheit geschmiedet und durch die gemeinsamen Prüfungen der Mijikenda-Übergangsriten gestärkt. Mit Nzai und Harre verband ihn eine Brüderlichkeit, die tiefer war als Blut, und ihre Kameradschaft entwickelte sich zu einer unzerbrechlichen Allianz. Karisa wurde für seine natürliche Affinität zu den ihm anvertrauten Tieren gefeiert, aber auch für seine unübertroffene Präzision im Umgang mit Pfeil und Bogen, eine Fähigkeit, die ihm überall Bewunderung einbrachte.

Die Herde, die unter seinem wachsamen Auge weidete, verkörperte den Reichtum seiner Familie an Vieh, ein Stolz, der in der Ebene von Rabai widerhallte. Sein Zuhause war eine Oase der Energie und Wärme, durchzogen von der Gegenwart seiner Mutter - einer Überlebenden eines Überfalls in ihrer Jugend, ein Beweis für ihre Stärke - und einem Stiefvater, dessen Freundlichkeit die Räume ihres Hauses erfüllte. Zusammen mit seinen Geschwistern war Karisas Leben in dem Dorf in der Nähe von Rabai eine harmonische Mischung aus Tradition, Liebe und den Echos einer Vergangenheit, die ihre Gegenwart prägte.

An seinem Hüteplatz erreichten ihn die fernen Geräusche des Angriffs, ein unheilvolles Echo, das seinen Puls beschleunigte. Vorsichtig rückte er näher heran und bewegte sich mit der Verstohlenheit eines Schattens durch das Unterholz, bis die schreckliche Szenerie der Invasion vor ihm lag.

Aus seiner Sicht wurde Karisa Zeuge der Grausamkeit der omanischen Araber, und sein Herz klopfte mit einer Mischung aus Angst und Wut. Als er mit ansehen musste, wie seine Leute zusammengetrieben, angekettet und abgeführt wurden, ergriff ihn ein wilder Entschluss. Zusammen mit Nzai und Harre hatten sie kurz zuvor ihren Übergangsritus in die Männlichkeit abgeschlossen. Karisa, der für seine unübertroffenen

Fähigkeiten im Umgang mit Pfeil und Bogen bekannt war, wusste, dass dieser Moment zum Handeln aufrief, so rücksichtslos er auch erscheinen mochte.

Mit ruhiger Hand und einem stillen Gebet an seine Ahnen legte Karisa einen Pfeil an seinen Bogen und zielte mit einer Präzision, die er sich durch jahrelanges Üben angeeignet hatte. Der Moment dehnte sich in die Länge, verzögerte sich in der Zeit, bevor er den Pfeil abfeuerte und beobachtete, wie er genau auf sein Ziel zuflog - einen omanischen Araber, welcher die Operation leitete. Der Eindringling fiel vom Pferd, ein stummer Beweis für Karisas tödliche Genauigkeit.

Der Einschlag des Pfeils löste eine kurzzeitige Verwirrung unter den Arabern aus, deren Formation durch den unerwarteten Angriff gestört wurde. Panik und Wut zeichneten sich auf ihren Gesichtern ab, als sie die Büsche absuchten, auf der Suche nach der Quelle dieses Trotzes. Die Gefangenen, die eine kurze Chance zur Flucht witterten, zogen an ihren Ketten und machten verzweifelte, chaotische Fluchtversuche. Tragischerweise reagierten die Araber mit rascher Gewalt, ihre Gewehre sprachen in tödlichem Flüstern, das diejenigen niedermähte, die es wagten, die Freiheit zu suchen.

Als Karisa erkannte, dass seine Position gefährdet war, entschied er sich im Bruchteil einer Sekunde zur Flucht.

Als die drei verbliebenen Araber ihre Pferde in Richtung seines Verstecks trieben, sprang er aus dem Gebüsch, und sein Herz raste, als er sich in den Wald in Sicherheit brachte. Die Geräusche der Verfolgung erfüllten die Luft, eine furchterregende Symphonie, die ihn dazu drängte, seinen Körper über seine Grenzen hinaus zu treiben.

Karisas Flucht durch das Unterholz war ein verzweifelter Versuch ums Überleben, Äste schlugen auf sein Gesicht, Dornen rissen an seiner Kleidung. Seine Lungen brannten vor Anstrengung. Die Angst vor der Gefangennahme - oder schlimmer noch, vor dem Tod - trieb ihn vorwärts, ein Gespenst, das durch die Schatten der Bäume flüchtete.

Die omanischen Araber, wütend über die Dreistigkeit des Angriffs und den Verlust eines der ihren, verfolgten Karisa mit unerbittlicher Entschlossenheit. Ihre Schreie erfüllten den Wald, ein bedrohliches Versprechen der Vergeltung, das von den Bäumen widerhallte und sich mit den Geräuschen der Natur vermischte, die nun durch dieses Eindringen von Gewalt gestört wurde.

Angetrieben von einem Urinstinkt, zu überleben und sein Volk zu beschützen, wusste Karisa, dass die Chancen gegen ihn standen. Die Erkenntnis, dass er den berittenen Eindringlingen nicht lange entkommen konnte, lastete schwer auf seinem Gemüt. Aber der Geist des Mijikenda-Kriegers in ihm weigerte sich, der Verzweiflung zu erliegen, und trieb seine Beine mit einer Kraft an, von der er kaum wusste, dass er sie besaß.

Während er rannte, rasten Karisas Gedanken zurück in sein Dorf, zu den Gesichtern seiner Familie und Freunde, die nun in den Fängen der Eindringlinge gefangen waren. Sein Herz schmerzte bei dem Wissen um ihr Leiden und bei der Ungewissheit, welches Schicksal sie in den grausamen Fängen der Sklaverei erwartete.

Die Verfolgungsjagd ging weiter, ein tödliches Katz-und-Maus-Spiel durch das dichte Laub des Waldes, bis Karisa, der erkannte, dass er seinen Verfolgern nicht unbegrenzt entkommen konnte, begann, nach einem Ort zu suchen, an dem er sich behaupten konnte.

Sein Verstand arbeitete fieberhaft und schmiedete aus Verzweiflung und der geringen Hoffnung, dass er das Blatt in dieser schicksalhaften Begegnung wenden könnte, einen Plan.

Im unerbittlichen Griff der omanischen Araber fand sich Karisa in einem Albtraum gefangen, aus dem es kein Erwachen gab. Die Grausamkeit seiner Verfolger kannte keine Grenzen; sie entfesselten einen Strom der Brutalität auf ihn und ihre Peitschen schnitten Geschichten von Qualen auf seine nackte Brust und seinen Rücken. Als die Peitschenhiebe niedergingen, war jeder Schlag eine donnernde Erklärung ihrer Verachtung und hinterließ ein Mosaik aus offenen Wunden, die Bände über seine Qualen sprachen.

In diesem Strudel des Schmerzes dringen ihre Stimmen durch und verhöhnen ihn in einer fremden und rauen Sprache. "Wo ist dein Gott? Zeig uns, wo dein Gott ist!", forderten sie auf Arabisch und ihre Worte waren voller Hass. Karisa, zitternd von dem Angriff, konnte nur eine schwache Geste in Richtung seines Dorfes aufbringen, das nun von Flammen verzehrt wurde, ein Zeugnis der Verzweiflung im sterbenden Licht.

"Idiot, Narr!", brüllte einer der Araber, und seine Hand berührte Karisas Gesicht mit einer ohrenbetäubenden Ohrfeige, die ihn in die Dunkelheit stürzte. Als das Bewusstsein gnädigerweise zurückkehrte, brachte es keine Pause von seiner Not mit sich. Ein anderer Entführer, dessen Beherrschung des Kisuaheli gebrochen und kaum verständlich war, bedrängte ihn weiter. "*Mungu, api Mungu wako?*" Die Verwirrung, die Karisas Verstand vernebelte, vertiefte sich bei dieser Frage. "*Mungu Kaya apiiii?*", schrie der Araber und verlangte preiszugeben, wo sich der heilige *Kaya*-Wald befinde, was nun den Nebel von Karisas Qualen durchdrang.

Während jede Faser seines Wesens vor Protest schrie, stieß Karisa ein trotziges "Nein" aus. Doch der Widerstand wurde mit weiterer Grausamkeit beantwortet, und die Araber folterten ihn bis an den Rand der Geduld. Gebrochen an Geist und Körper, deutete Karisa auf einen Pfad, der sich hinter dem Busch verbarg, verriet das Heilige an seine Peiniger.

Gefesselt, eine Kette um Hals und Hände, war er gezwungen, sie in den heiligen *Kaya*-Wald zu führen, ein Heiligtum seines Volkes, das nun von der eindringenden Dunkelheit der Invasion bedroht war.

Bei ihrer Ankunft trafen sie auf drei Älteste - zwei Männer und eine Frau -, die als Wächter des heiligen Hains fungierten. Einer der Männer, getrieben von einem Urinstinkt ums Überleben, verschwand in den tieferen Winkeln des Waldes und überließ seine Gefährten dem Zorn der Eindringlinge. Die Araber stiegen mit räuberischer Anmut von ihren Pferden, packten die übrigen Ältesten an den Haarlocken und zwangen sie mit verächtlicher Leichtigkeit auf die Knie.

"Wo ist dein Gott?", fragten sie, und ihre Stimmen hallten blasphemisch in der Heiligkeit des geweihten *Kaya*-Waldes wider. Karisa, besiegt und kniend, konnte sich nur abwenden, als die Eindringlinge ihre grausame Tat ausführten und den beiden Kaya-Ältesten die Kehle durchschnitten. Blut, warm und vernichtend, spritzte auf ihn, ein instinktiver Beweis für das Sakrileg, das auf heiligem Boden begangen wurde.

In diesem Moment zerbrach etwas in Karisa irreparabel. Der körperliche Schmerz, der seinen Körper zerfleischte, verblasste im Vergleich zu der Trostlosigkeit, die seine Seele verschlang. Als er Zeuge der Befleckung des Heiligen und des erbarmungslosen Gemetzels der Ältesten wurde, fühlte er eine Leere, die so tief war, dass sie ihn zu verzehren drohte. Der Wald, einst eine Bastion des Friedens und ein geistliches Heiligtum, war durch die Gewalt der Eindringlinge verunreinigt worden, seine Heiligkeit war durch die Schreie der Sterbenden und das Schweigen der Toten erschüttert worden.

Die Araber, ermutigt durch ihre niederträchtige Tat, richteten ihre Blicke auf Karisa, ihre Augen leuchteten von der Inbrunst der Eroberung und der Genugtuung, den Geist eines weiteren Verteidigers des Landes zerschmettert zu haben. In ihrer Arroganz haben sie die Widerstandsfähigkeit des menschlichen Geistes nicht erkannt, den unbeugsamen Willen, der sich auch in den dunkelsten Zeiten an den schwächsten Hoffnungsschimmer klammert.

Obwohl Karisa gebrochen war, wurde er nicht besiegt. Das Blut der Ältesten, vermischt mit seinem eigenen, wurde zu einem feierlichen Pakt - ein Gelübde, dass ihr Opfer nicht vergeblich sein würde, dass ihr Tod gerächt werden würde. In der Tiefe seiner Verzweiflung fasste er einen Entschluss, der so unnachgiebig war wie die uralten Bäume, die Zeugen der Gräueltat waren.

Die Rückfahrt aus dem heiligen Kaya-Wald, wo ihn die Araber in Ketten wegführten, war ein Schleier aus Schmerz und Trauer. Doch in Karisa nahm ein Plan Gestalt an, der aus der Not geboren und von dem Wunsch nach Vergeltung angetrieben wurde. Er verstand die monumentale Aufgabe, die vor ihm lag, die Notwendigkeit, sein Volk zu sammeln, die schlummernde Wut der Mijikenda zu wecken und die Eindringlinge zu vertreiben, die ihr Land entweihen und ihr Volk versklaven wollten.

Als sich die Küste näherte, wo die Araber ihn in ein unbekanntes Schicksal verschiffen würden, rasten Karisas Gedanken mit den Möglichkeiten der Flucht, des Widerstands und der Wiederherstellung der Freiheit und Würde seines Volkes. Die Erinnerung an das Opfer der Ältesten, der Anblick seines brennenden Dorfes und der Schmerz seiner Wunden gruben sich in sein Kriegerherz. Eine Erinnerung, die nicht ruhen würde, bis der Gerechtigkeit Genüge getan wird.

Trauer mit Rabai

Als das erste Licht der Morgendämmerung den Horizont durchdrang, begannen die Frauen von Bamba, Ganze und den umliegenden Dörfern ihre feierliche Pilgerfahrt zu einem Dorf im Herzen von Rabai. Schwer vom Duft des bevorstehenden Regens, war die Luft von spürbarer Trauer durchtränkt und hüllte sie wie ein dichter Nebel ein. Sie zogen in einer Prozession vor, in Stille gehüllt, ihre Schritte hallten von der Trauer wider, die ihre Herzen ergriffen hatte, ihre Stimmen waren traurige Melodien, die durch den Morgenwind flatterten. Einige ließen ihre Tränen frei fließen, die sich Schneisen über die Wangen bahnten und mit der Erde unter ihren Füßen verschmolzen. Andere murmelten Flüche, deren Worte von Wut und Verzweiflung durchzogen waren und sich an die Plünderer richteten, die einen Schatten der Zerstörung über ihre Sippe in Rabai geworfen hatten.

Die Nacht zuvor war von einer dringenden Aufforderung geprägt gewesen, als Megafone, Muscheln und Trommeln durch das Land der Mijikenda hallten und die erschütternde Nachricht von einem brutalen Angriff auf einen der ihren überbrachten - ein Dorf in der Rabai-Enklave, einem Teil der Mijikenda-Gemeinschaft. Die Räuber hinterließen eine verheerende Spur - Häuser wurden in Schutt und Asche gelegt, unschuldige Leben wurden ausgelöscht, zwei Hüter des Glaubens wurden direkt vor der Heiligkeit des Altars des *Kaya*-Waldes rücksichtslos getötet, und inmitten des Chaos wurden der junge Karisa, ein Hirte, zusammen mit vielen anderen gefangen genommen, ihre Freiheit gestohlen und für ein Leben in Knechtschaft bestimmt. Die Luft war dick von Trauer, und die Frauen unter der Leitung von Me-Nzai, einer verehrten Figur innerhalb des *Chifudu*-Tanzensembles, verspürten einen überwältigenden Drang, sich zu vereinen und ihre Solidarität mit den gebeutelten Seelen von Rabai auszudrücken. *Chifudu*, ein spiritueller Tanz, der in Zeiten der Trauer aufgeführt wird, brachte die religiösen Frauen der *Mikushekushe*-Organisation - eine Säule der Stärke für die Mijikenda-Frauen - und andere Trauernde zusammen, als sie sich auf ihre Reise im Schleier der Dämmerung begaben. Me-Nzai, das Herz der *Chifudu* und Mutter von Munyazi, machte sich auf diese beängstigende Wanderung nach Rabai, unbeirrt von der unerbittlichen Glut der tropischen Sonne.

Als die Sonne ihren Zenit erreichte, erreichten sie ihr Ziel und warfen grelle Schatten auf die Ruinen. Die Überreste einst lebendiger Häuser standen als stumme Denkmäler der Gräueltat, die Luft war noch reif vom beißenden Duft von verkohltem Stroh und Holz. Die rauen Schreie der Hinterbliebenen durchbrachen die schwere Stille, ein düsterer Empfang für die Trauernden. Ihre Ankunft war ein bittersüßer Anblick, ihre Anwesenheit ein Symbol der Einheit und der gemeinsamen Trauer. Die Frauen, deren Geist mit dem von Rabai verflochten war, begannen ihr heiliges *Chifudu*, ihre Bewegungen ein ergreifender Ausdruck von Empathie, ihre Lieder eine Katharsis für die kollektive Trauer, die sie umgab.

Während sie tanzten, verschwamm die Grenze zwischen ihnen und den Dorfbewohnern, ihr gemeinsamer Verlust schmiedete sie zu Widerstandsfähigkeit, ihre Trauer war nicht nur ein Akt des Gedenkens, sondern ein trotziger Widerstand gegen die Dunkelheit, die sie zu trennen versuchte.

Me-Nzai und ihre Gruppe, deren Gesichter von Tränen überströmt waren, begannen zu summen und zu singen, während sie sich rhythmisch bewegten, und boten ihren Tanz als Tribut an die verlorenen Leben und als Balsam für die trauernden Seelen an. Am Nachmittag fand ein Massenbegräbnis statt. Die Gemeinde kam zusammen, um ihre Toten - Männer, Frauen und Kinder - nicht weit von den Ruinen ihres Dorfes entfernt zu begraben. In der Folge wurde ein weiteres Dorf verlassen und wurde zu einer Geisterstadt, in der sich die Schrecken des Überfalls manifestierten.

Ein Treffen im heiligen *Kaya* Mudzi Muvya

Der Ernst der Umstände erforderte schnelles Handeln, was dazu führte, dass am selben Tag ein Treffen innerhalb der heiligen Grenzen des heiligen *Kaya*-Waldes von Mudzi Muvya organisiert wurde. An dieser Versammlung nahm die gesamte Hierarchie der Mijikenda-Regierung teil, die vom einfachen Volk über angesehene Älteste bis hin zu Häuptlingen und Königen reichte. In traditionelle Gewänder gehüllt, die sowohl ihren Rang symbolisierten als auch ihrer kulturellen Herkunft huldigten, flößten diese ehrwürdigen Figuren Respekt ein. Trotz ihres hohen Alters strahlten sie ein Gefühl von Elan und Können aus und zogen mit ihrer autoritären Präsenz alle Blicke auf sich.

Das Treffen begann mit traditionellen Ritualen, die am Schrein durchgeführt wurden und darauf abzielten, die Angreifer mit einem Fluch zu belegen, Schutz vor weiterem Schaden zu suchen und *Mulungu*, den höchsten Gott, um Frieden zu bitten. Die Wahrsager riefen die Ahnen an und riefen ihre Geister in einer Zeremonie an, welche die Kluft zwischen den Lebenden und den Toten überbrückte - das Ritual erzeugte ein intensives Gefühl der Einheit und des gemeinsamen Ziels.

Als die Sonne tiefer sank und langgezogene Schatten durch den heiligen *Kaya*-Wald von Mudzi Muvya warf, vertiefte der Kreis der Ältesten seine Diskussion, und ihre Stimmen waren eine Mischung aus Besorgnis und Entschlossenheit. Die Ältesten tauschten ihre Weisheit aus und schlugen Strategien vor, wie sie ihre Verteidigung stärken, die Fähigkeiten ihrer Krieger verbessern, ihre Waffen und Taktiken verfeinern und die Eindringlinge schließlich dauerhaft aus ihrem Land vertreiben könnten.

Die Luft war dick von dem Ernst ihrer Lage, aber auch von einer einheitlichen Absicht erfüllt. "In der Vergangenheit sind wir als Einheit gewachsen, ungeteilt. Wir müssen die Linien unserer Unterstämme auflösen und als eine einzigartige, beeindruckende Gemeinschaft zusammenkommen, wie es unsere Vorfahren getan haben", sagte ein Ältester mit fester Stimme und sein Blick schweifte über die aufmerksamen Gesichter.

Ein anderer erhob sich mit autoritärer Stimme: "Von zentraler Bedeutung für unsere Einheit ist Führung. Wir müssen uns unter einem König versammeln, einem Führer für alle Mijikenda, der uns durch diese Zerrüttung führt."

Ein dritter Ältester fügte eincn pragmatischen Hauch hinzu: "Unsere Stärke liegt in unseren Kriegern. Es ist unerlässlich, dass wir unsere Armee verstärken und sicherstellen, dass sie in Bezug auf Geschicklichkeit und Entschlossenheit unübertroffen ist."

Das Gespräch nahm eine strategische Wendung, als ein anderer Ältester vorschlug: "Wir sollten unsere Reichweite auf das Swahili-Volk ausdehnen, um Waffen zu erhalten. Ihre Nähe und ihr Umgang mit den Arabern könnten sich als vorteilhaft erweisen, um das zu sichern, was wir brauchen."

Dieser Vorschlag stieß jedoch sofort auf Widerstände. »Nein, ich bin anderer Meinung«, warf ein anderer Ältester streng ein und unterdrückte das zustimmende Gemurmel. "Eine offene Auseinandersetzung mit dem Swahili-Volk könnte den Arabern unbeabsichtigt unsere Absichten offenbaren. Unsere Bewegungen, unsere Pläne müssen in Diskretion gehüllt sein. Wir können es uns nicht leisten, unsere Gegner direkt vor unsere Haustür zu führen."

Die Luft war voller Vorfreude, als Chirau, der König des Digo-Unterstamms der Mijikenda, sich räusperte und damit den Beginn seiner Ansprache signalisierte. Er sprach in einem bestimmten, aber traurigen Ton und beklagte den Verlust von Menschenleben und die wiederholten Angriffe auf ihre Dörfer. Seine Worte, einfach und ebenso tiefgründig, fanden bei allen Anwesenden Anklang.

"Schlangen werden aufgrund ihrer Uneinigkeit leicht getötet", begann er und sein Blick schweifte über die Menge, so dass sich jeder Einzelne persönlich angesprochen fühlte. Er betonte die Notwendigkeit von Einheit und Stärke im Angesicht der Widrigkeiten und forderte sein Volk auf, zusammenzustehen, um ihre Gemeinden zu schützen und den Invasionen ein Ende zu setzen. "Meine Brüder, meine Schwestern, die Zahl der angegriffenen Dörfer und sicherlich auch die Zahl der

Todesopfer sind unzählbar! Unser Stamm verschwindet vor unseren Augen!" Die Versammlung murmelte zustimmend.

Die Diskussion ging weiter, wobei jeder Beitrag auf dem anderen aufbaute und einen Teppich aus Strategie und Solidarität wob. Durch ihren Dialog entstand die Vision einer vereinten, unbezwingbaren Mijikenda, die bereit ist, sich den bevorstehenden Herausforderungen mit Weisheit, Mut und einem unerschütterlichen Engagement für die Freiheit und Lebensweise ihres Volkes zu stellen. Sie waren sich einig, dass die Mijikenda vereint seien und in Zeiten der Not als Einheit zusammenstehen würden. Gemeinsam erinnerten sie sich daran, dass die Mijikenda vor ihrer Aufteilung in neun Stämme eins waren: *Aadamu,* das Volk eines Blutes.

Als sich die Versammlung dem Ende zuneigte, verließen die Anwesenden die heilige *Kaya*, ihre Stimmung wurde durch die Worte der Könige, Häuptlinge und Ältesten gestärkt. Sie murmelten liturgische Worte und spuckten in einen großen Topf, als sie den heiligen Wald verließen, ein symbolischer Akt, der ihre Gelübde und Verpflichtungen, die sie während des Treffens eingegangen waren, besiegeln sollte. Die Gemeinschaft, vereint in ihrer Trauer und Entschlossenheit, verließ den heiligen *Kaya*-Wald mit einem neuen Gefühl der Zielstrebigkeit. Sie waren entschlossen, die Herausforderungen, vor denen sie standen, zu meistern und ihr Volk vor weiterem Schaden zu schützen.

Munyazis früher Fleiß

Zurück in Bamba, auf Menzas Gehöft, begrüßt die Morgendämmerung Munyazi mit einem Hof, der flüsternd um Aufmerksamkeit bittet. Sie beginnt damit, das Gelände mit einem Palmblattbesen zu fegen, wobei ihre Bewegungen so rhythmisch und geübt sind wie ein Tanz, der über Generationen weitergegeben wird. Der Staub und die Blätter, die sich über

Nacht angesammelt hatten, wurden weggewischt, so dass die Erde erfrischt und einladend war.

Dann wandte sie sich den Töpfen zu, deren Lehmoberflächen mit den Überresten der gestrigen Mahlzeiten und Beruhigungsmittel befleckt waren. Mit Sorgfalt und Fleiß reinigte sie diese, bis sie glänzten und bereit waren, wieder mit der Nahrung des Tages gefüllt zu werden.

In einem Mijikenda-Haushalt leistet jedes Familienmitglied einen wichtigen Beitrag, und ihre Aufgaben fügen sich nahtlos ineinander, um ein starkes Band der Einheit und Stärke zu schmieden. Munyazi ist zwar die älteste Tochter, aber sie ist jünger als ihre fünf Brüder. Es liegt auf ihren Schultern, sich in Abwesenheit ihrer Mutter um das Wohlergehen ihrer Familie zu kümmern. Ihr unerschütterliches Engagement und ihre Zuneigung machen sie zum Dreh- und Angelpunkt der Familienharmonie, ihr Handeln dient als Säule der Stärke und Fürsorge.

Ihre Arbeit geht weiter mit einer Reise zum Waldrand, wo sie Brennholz sammelt und ihre Arme um die Bündel legt, die ihr Zuhause wärmen und ihr Essen kochen werden. Der Ndzovuni-Bach, der neben ihr floss, sein Wasser ruhig und klar, war ein natürlicher Spiegel, in dem sich der Himmel spiegelte. Hier wäscht sie, wie andere Frauen und Mädchen des Dorfes Bamba, die Wäsche, das rhythmische Geräusch von Kleidern auf Steinen vermischt sich mit dem sanften Plätschern des Baches. Ihre Hände bewegen sich zielstrebig, waschen den Schmutz und Dreck weg und bereiten die Kleidungsstücke vor, um ihre Familie wieder zu umarmen.

Als die Sonne untergeht, kehrt Munyazi nach Hause zurück und ihre Gedanken wenden sich dem Abendessen zu. Sie bereitet eine Mahlzeit zu, bei der sie ihr Können und ihre Abstammung unter Beweis stellt - Kochbananen, grünes Gemüse und getrockneter Fisch, alles in einer reichhaltigen Kokosnuss-creme gekocht.

Das Aroma erfüllt das Gehöft, ein Duft, der so beruhigend ist wie eine Umarmung oder Nahrung und Freude verspricht.

Munyazis kleine Stiefschwester, zu jung, um die schwereren Lasten zu schultern, huscht auf dem Gelände umher, während sie eine Mahlzeit zubereitet. Ihr Lachen, eine Melodie inmitten der Arbeit des Tages, vermischt sich mit dem Geschrei und Gekicher der Nachbarskinder.

Munyazi wacht über sie, ein Beschützer und Mentor, ruft sie gelegentlich zu sich, um ihr bei einfacheren Aufgaben zu helfen, und vermittelt ihr die Werte ihrer Vorfahren, eine kleine Aufgabe nach der anderen.

Die Brüder, jeder mit seiner eigenen Rolle, tragen zum Wohlergehen der Familie bei. Mwarandu pflügt mit der Kraft und Entschlossenheit seiner Vorfahren die Farm und dreht die Erde, um ihr fruchtbares Herz zu enthüllen. Kithi bekämpft geduldig und akribisch das Unkraut, das ihre Ernten bedroht, und sorgt dafür, dass ihre Felder ein Beweis für ihre harte Arbeit bleiben. Nzai, abenteuerlustig und mutig, wagt sich mit seinen Altersgenossen in die Wildnis, um Wild zu jagen, das ihre Mahlzeiten ergänzt und sie kleidet. Mit dem Mut eines Löwen absolviert Harre eine Kriegerausbildung und bereitet sich darauf vor, ihre Heimat und Ehre zu verteidigen.

Ihre Mutter Me-Nzai kam erschöpft und verzweifelt nach Hause. Ihre schmerzenden Füße trugen eine Ansammlung von staubigen Wegen, auf denen sie und andere Frauen den ganzen Tag über *Chifudu*, den Trauertanz, getanzt hatten. Me-Nzai war dankbar für Munyazi, den ältesten weiblichen Sprössling, dessen Rolle über die bloße Verantwortung hinausgeht. Da ihre Mutter abwesend ist, lastet das Gewicht des Wohlergehens des Gehöfts auf ihren fähigen Schultern. Ihre Tage sind eine Symphonie von Hausarbeiten, jede Aufgabe ein Vers in dem Lied vom Überleben und ein Trost für ihre Familie.

Als die Dämmerung ihr Gehöft einhüllte, ließ sich die Familie auf einer Bambusmatte nieder und ihre Körper bildeten einen Kreis, der ihre Einheit und dauerhafte Bindungen symbolisierte. An diesem Abend jedoch war die Luft von einer uncharakteristischen Stille erfüllt, einer spürbaren Spannung, die das übliche Geschwätz und Lachen bei den Mahlzeiten zu dämpfen schien. Die Razzien in Rabai, ein Gespenst der Gewalt und Angst, das über der Gemeinde schwebte, warfen einen langen Schatten auf das Zusammensein. Inmitten dieser düsteren Kulisse gab es dennoch ein Aufflackern der Dankbarkeit - eine gemeinsame Erleichterung darüber, dass sie trotz der Unruhen, die außerhalb ihres Dorfes tobten, zusammen waren, sicher im Heiligtum ihres Hauses. Dieses Gefühl der Sicherheit war ein Luxus, das wussten sie, in diesen turbulenten Zeiten, in denen der Friede so flüchtig war wie die untergehende Sonne.

Das Abendessen verlief mit ungewöhnlicher Feierlichkeit. Das Ritual des Austauschs der Ereignisse des Tages, normalerweise eine Zeit lebhafter Gespräche und gemeinschaftlicher Reflexion, war gedämpft. In den Augen blitzten unausgesprochene Fragen und die Herzen pochten schwer vor Vorfreude. Alle warteten auf die Stimme von Me-Nzai, ihrer Matriarchin, deren Erfahrung an diesem Tag das Gewicht unerzählter Geschichten trug. Munyazis Brüder waren zutiefst erschüttert und von Trauer umhüllt über den Weggang ihres Freundes, eine Bindung, die so tief war, dass sie die einer Familie widerspiegelte. Obwohl Munyazi Karisa noch nie persönlich getroffen hatte, fühlte sie sich ihm vertraut, genährt durch die lebendigen und leidenschaftlichen Geschichten, die ihre Brüder über ihre Abenteuer erzählten.

Menza, ihr Vater, brach das Schweigen mit Worten der Anerkennung, seine Stimme war eine warme Umarmung in der kühlen Abendluft. "Du hast sehr gut gekocht, meine Tochter", lobte er und richtete seine Worte an Munyazi, deren Kochkünste ihnen diesen Moment des Trostes verschafft hatten. »Ja, sie ist eine ausgezeichnete Köchin. Mein Mann, was erwartest du, wenn sie von den Besten gelernt hat?" Antwortete Me-Nzai mit stolzer Stimme. Ihre Worte waren nicht nur ein Lob für Munyazis Fähigkeiten, sondern auch ein Spiegelbild des Erbes von Wissen und Tradition, das über Generationen weitergegeben wurde. Sie waren ein Zeugnis ihrer Widerstandsfähigkeit und der Fähigkeit, selbst in den dunkelsten Zeiten Momente der Freude und des Stolzes zu finden.

Nach dem Abendessen war es an der Zeit, dass Me-Nzai von ihrem Leidensweg erzählte, die Geschichte von einem Tag, der von Schrecken und Mut geprägt war. Die Razzia in Rabai war ein Ereignis, das die Grundfesten ihrer Gemeinde erschüttert hatte. Sie erzählte die Geschichte von Karisa, einem jungen Mann, dessen Mut das Blatt kurzzeitig gewendet hatte und dessen Taten eine Demonstration des Widerstands im Angesicht der überwältigenden Dunkelheit waren. Alle waren beeindruckt von dem Symbol jugendlicher Tapferkeit, dessen Trotz im Angesicht der Widrigkeiten die Dunkelheit erhellte.

Seine anschließende Gefangennahme und der Verrat, zu dem er gewaltsam gezwungen wurde und der die Invasoren zu ihrem heiligen *Kaya* führte, waren ein Schlag für ihn und ganz Mijikenda. Die Brutalität, die darauffolgte, die Schändung der heiligen *Kaya*, war ein Affront gegen die Geister ihrer Ahnen, eine Wunde, die lange nicht heilen sollte - eine Geschichte von Tapferkeit, die von Verrat überschattet wurde und eine Narbe in der kollektiven Seele der Mijikenda hinterließ.

Durch Me-Nzais Erzählung wurde die Familie in das Herz des Konflikts transportiert und fühlte jeden Moment der Angst und jeden Akt des Mutes, als wäre sie selbst dort gewesen. Es war eine Geschichte von Verwüstung und Terror und auch ein Beweis für die Macht und den Mut, die ihr Volk ausmachten. In ihren Erzählungen vermittelte Me-Nzai die Ereignisse des Tages und vermittelte ihren Kindern ein Gefühl für ihre Tradition, die Stärke und Einheit, die immer ihre wichtigste Verteidigung gegen die Stürme gewesen waren, die sie brechen wollten.

Nachdem sich ihre Eltern und jüngsten Geschwister ins Bett zurückgezogen hatten, sprachen Munyazi und ihre älteren Brüder über das schicksalhafte Ereignis der Überfälle auf Rabai. Es wurde zu einem Teil ihres kollektiven Gedächtnisses, zu einer Erinnerung an die Zerbrechlichkeit des Friedens und die bleibende Stärke der Familie. Es war ein feierlicher Ausdruck, dass in einer Welt, in der die Dunkelheit groß war, ihr Licht - das Licht der Einheit, der Liebe und der Widerstandsfähigkeit - immer heller leuchten würde.

Munyazi stand vor ihren Brüdern, ihre Stimme hatte Gewicht und Überzeugung, die durch das Herz der Erde unter ihnen widerhallte. »Hört, meine Brüder,« begann sie, jedes Wort bedächtig, von einer Entschlossenheit durchdrungen, die den Schleier des Schweigens durchbrach, der sich über sie gelegt hatte. Die Brüder, gefangen in einem Netz aus Unbehagen und Erwartung, tauschten Blicke aus, ihre Gedanken waren ein Wirbelsturm von Fragen und Unsicherheit. Munyazi ließ das Schweigen verweilen, ihre Botschaft war eine langsame, durchdringende Kraft, die in die Tiefen ihres Wesens vorzudringen suchte. Sie blieben draußen in der Wärme des tropischen Abends sitzen, einem symbolischen Kreis der Einheit und Kontemplation.

Als sie vor ihnen auf und ab ging, waren ihre Bewegungen gemessen, ihr Blick intensiv und unerschütterlich und forderte jeden Bruder heraus, die Schwere ihrer Worte zu erfassen. Eine spürbare Anspannung lag in der Luft, ein Ausdruck von Munyazis Frustration und der brodelnden Wut, die ihr Plädoyer für Veränderung unterstrich.

"Das ist unsere Heimat, und das hätten wir sein können! Die Invasoren haben uns in ständiger Angst leben lassen!", erklärte sie mit eskalierender Inbrunst. "Uns bleibt nur eine Wahl: zu kämpfen."

Kithi, der in einem Moment der Selbstbeobachtung vom schummrigen Licht des Kamins gefangen war, sprach die Verzweiflung aus, die sie alle heimsuchte. "Die Eindringlinge schwingen Waffen der Geschwindigkeit und des Todes", sagte er, und seine Stimme spiegelte ihre kollektive Verzweiflung wider.

"In der Tat, sie besitzen gewaltige Waffen, aber wir sind mit Stärken ausgestattet, die über das Physische hinausgehen, *Pufya* und *Bundugo*", entgegnete Munyazi, und ihre Versicherung war ein Leuchtturm im Nebel ihrer Zweifel.

"Unsere Krieger stellen eine monumentale Waffe her, die in der Lage ist, eine Salve von Pfeilen in einem einzigen Atemzug abzufeuern. Sie perfektionieren auch die Kunst des brennenden Speers", verkündete Harre mit dem Stolz eines angehenden Kriegers.

"Das klingt vielversprechend; Wir müssen schnell handeln!" warf Kithi ein, und sein Geist wurde von der Aussicht auf Widerstand beflügelt.

Ihr Gespräch entwickelte sich zu einem strategischen Diskurs über mögliche Waffen und Taktiken, zu einer Brainstorming-Sitzung der Hoffnung und Entschlossenheit. Munyazi bemerkte treffend: "Wir müssen eine endgültige Antwort finden. Wir können nicht immer auf der Flucht sein und uns in den Büschen verstecken, ohne eine feste Unterkunft zu haben. Es ist frustrierend! Wie können wir verhindern, dass diese Eindringlinge in unser Land einfallen?"

Ein schweres Schweigen trat ein, und das Gewicht ihrer Frage begründete sie in einem feierlichen Augenblick der Erkenntnis. Ihr geliebtes Mijikenda-Land wurde belagert, ihre heiligen

Kayas durch die unaufhörliche Brutalität der Invasoren entweiht.

»Wir müssen als Mijikenda zusammenstehen«, beharrte Munyazi, und ihre Stimme verkörperte jetzt einen ruhigen, aber unbeugsamen Willen. "Allein kann ein einziger Finger keine Läuse zerquetschen, aber gemeinsam ist unsere Kraft unangreifbar. Unsere Vorfahren haben uns die Verwaltung dieses Landes übertragen. Es liegt an uns, an jedem einzelnen, seine Heiligkeit zu verteidigen, die zerbrochene Harmonie wiederherzustellen."

Inspiriert von Munyazis unerschütterlichem Geist spürten ihre Brüder, wie eine Welle der Entschlossenheit in ihnen erwachte. Ihre Vision der Einheit und des Trotzes entzündete eine Flamme der Hoffnung, ein leitendes Licht inmitten der Schatten ihrer Prüfungen.

"Wir werden als eine Familie dastehen: eine Familie, ein Dorf, eine Gemeinschaft, vereint in ihrem Ziel", verkündete Munyazi und ihr Blick wanderte über ihre Brüder, die sie nun mit einem neuen Sinn für Zielstrebigkeit und Entschlossenheit betrachteten. In einem Moment feierlicher Besinnung fasste sie sich an die Stirn und fügte hinzu: "Die Invasoren mögen sich ihrer Waffen und ihrer Legionen rühmen, aber wir erben die Stärke und Weisheit unserer Vorfahren, und wir müssen für die Gerechtigkeit kämpfen."

Nzai, der Älteste unter den Geschwistern, war der erste, der sich erhob, und seine Statur war eine physische Manifestation der Entschlossenheit, die in ihm brannte. "Munyazi hat recht", erklärte er mit tiefer und hallender Stimme, welche die Tiefe seiner Überzeugung widerspiegelte. "Wir dürfen nicht zulassen, dass Angst unsere Existenz bestimmt. Der Moment ist gekommen, dass wir die Kontrolle über unser Schicksal übernehmen und zeigen, dass wir nicht nur Zuschauer in der Saga unseres Landes sind." Die Intensität in seinen tiefbraunen Augen flackerte mit einer verhaltenen und mächtigen Wut, eine sichtbare Manifestation seiner inneren Zerrissenheit und seiner unerschütterlichen Entschlossenheit.

Inspiriert von Munyazis Haltung standen ihrer Brüder einer nach dem anderen auf und jeder verstärkte die Gefühle, die er geäußert hatte. Ihre Stimmen verschmolzen zu einem mächtigen Versprechen des Trotzes und der Hoffnung, das von der Stärke ihrer gemeinsamen Entschlossenheit widerhallte. Munyazi, umringt von dieser Bruderschaft von Kriegern, spürte eine tiefgreifende Veränderung in der Luft. Es fühlte sich an, als würden die Strömungen der Geschichte umgelenkt und für sie eine neue Ära eingeläutet.

Während sie sich mit der strategischen Planung beschäftigten, schien die Essenz ihrer Mijikenda-Vorfahren den Raum zu durchdringen, eine spürbare Präsenz, die ihrem Entschluss eine heilige Sanktion und Führung verlieh.

Es war ein Moment tiefer Verbundenheit, der die Vergangenheit mit der Gegenwart überbrückte und sie mit der Weisheit und dem Mut von Generationen befähigte, die vor ihnen das Mutterland durchschritten hatten.

Munyazi und ihre Brüder waren sich des beängstigenden Weges bewusst. Sie wussten, dass die Reise mit Hindernissen und Prüfungen übersät sein würde. Trotzdem nahmen sie, gestärkt durch das bleibende Erbe ihrer Vorfahren und das unzerbrechliche Band ihrer Einheit, die kommende Zeit mit einem unerschütterlichen Geist an. Sie waren nicht nur auf die bevorstehenden Herausforderungen vorbereitet; Sie waren entschlossen, sie zu besiegen, indem sie die Fackel ihres Erbes weitertrugen und die Heiligkeit ihrer Heimat mit jeder Faser ihres Seins verteidigten.

Die Rückkehr ohne Kithi

In der folgenden Saison führte Nzai, der Älteste, die düstere Prozession an, und seine sonst so hellen Augen waren dumpf von den Szenen, die er nicht übersehen konnte. Harre ging dicht hinter ihm her, Wut brodelte unter seinem ruhigen Äußeren, die Fäuste an den Seiten geballt. Mwarandu, der jüngste Bruder, folgte mit unsicheren Schritten, die Augen auf den Boden gerichtet, verloren in einem Nebel aus Verwirrung und Angst. Munyazi ging an der Seite ihrer Geschwister, ihr Herz war ein Strudel aus Trauer und Entschlossenheit.

Als sie sich ihrer Heimat näherten, trug der Duft der umliegenden heiligen Kaya-Wälder wenig dazu bei, die Schwere in ihren Herzen zu lindern. Ihre Mutter, Me-Nzai, trat aus dem Gehöft hervor, und ihr Gesichtsausdruck wechselte von Vorfreude zu Angst, als sie die stumme Angst in den Augen ihrer Kinder las.

"Was ist passiert? Wo ist Kithi?" Me-Nzais Stimme zitterte und durchdrang die tiefe Stille, die sie umgab.

Nzai trat vor, seine Stimme war kaum mehr als ein Flüstern: "Mutter, Kithi... Er wurde gefangen genommen. Die Sklavenhändler..." Er konnte nicht zu Ende sprechen, die Worte würgten ihn, als die Realität dessen, was er teilte, in ihn einsank.

Me-Nzais Knie knickten ein, ihr Wehklagen durchdrang die stille Luft und streckte sich in einem rohen, eindringlichen Schrei zum Himmel aus. Menza, ihr Vater, eilte an ihre Seite, seine Trauer war tief in die Falten seines Gesichts eingebrannt, aber er schwieg, den Arm um Me-Nzai gelegt, ein magerer Trost gegen die Flutwelle der Verzweiflung, die sie getroffen hatte.

In den folgenden Tagen schien das Gehöft in ewige Dämmerung gehüllt zu sein, und das Lachen und die Wärme, die einst ihr Zuhause erfüllten, waren ferne Erinnerungen. Getrieben von einem verzweifelten Bedürfnis nach Hoffnung suchte Me-Nzai die Wahrsager in der heiligen Enge des Kaya-

Waldes auf, ihr Herz klammerte sich an jeden Faden der Möglichkeit, dass Kithi noch am Leben sein könnte.

In Geheimnis und Ehrfurcht gehüllt, empfingen die Wahrsager sie mit ernsten Gesichtern. "Kithi lebt", bestätigten sie nach einer Reihe von Ritualen, "aber sein Weg ist von großem Leid und großer Gefahr geprägt."

Me-Nzais Herz, das für einen Moment von dem Wissen um Kithis Überleben erhoben wurde, sank wieder in Verzweiflung. "Was können wir tun? Wie können wir ihn zu uns zurückbringen?", flehte sie mit einer Mischung aus Hoffnung und Qual.

"Der bevorstehende Ausflug ist voller Gefahren", warnten die Wahrsager. "Es wird eine Stärke und Einheit erfordern, wie es sie noch nie gegeben hat."

Mit diesem Wissen kehrte Me-Nzai zu ihrer Familie zurück, und ihre Entschlossenheit verhärtete sich. Die Nachricht von Kithis Überleben löste in der Familie Menza einen Hoffnungsschimmer aus, ein Licht in der überwältigenden Dunkelheit.

Menza, der mit seinen Herausforderungen kämpfte, fand Trost in der Entschlossenheit seiner Frau und seiner Kinder. "Wir müssen zusammenstehen", erklärte er eines Abends mit ruhiger Stimme, zum ersten Mal seit Kithis Gefangennahme. "Für Kithi, füreinander. Wir werden uns dieser Dunkelheit stellen und unseren Sohn nach Hause bringen."

Und so nahm inmitten ihrer Trauer ein Plan Gestalt an. Munyazi, ihre Brüder und ihre Eltern, die alle ihren Schmerz trugen, fanden Kraft in ihrer Einheit.

Das Dorf sammelte sich um sie und bot ihnen Unterstützung in vielfältiger Form an. Die einst gedämpften Gemeinschaftsfeuer begannen mit einem neuen Gefühl der Zielstrebigkeit zu flackern, als sich die Geschichten über Kithis Mut und die Entschlossenheit der Familie wie ein Lauffeuer verbreiteten.

Im Giriama *Kaya*-Wald versammelte sich im Schutz der Nacht die Familie Munyazi zusammen mit einigen mutigen Seelen aus dem Dorf, um sich auf die Suche zu machen. Die Luft war von einem spürbaren Gefühl der Entschlossenheit und Hoffnung erfüllt.

"Wir tun das für Kithi, für alle, die uns genommen wurden", sprach Munyazi mit einer Stimme, die in der stillen Nacht widerhallte. "Mögen die Geister unserer Vorfahren uns leiten und beschützen."

Ihre Brüder nickten - ihre Gesichter waren von grimmiger Entschlossenheit verzerrt. Menza legte eine Hand auf Me-Nzais Schulter, und ihr gemeinsamer Blick war von unausgesprochenem Verständnis und Liebe geprägt.

Auf der Suche nach Kithi

Als sich die Familie Menza in die umhüllende Dunkelheit des Waldes wagte, waren ihre Herzen von einem gemeinsamen Ziel beladen. Dieser Entschluss band sie fester als die Schatten, die sich um sie herum abzeichneten. Sie wussten, dass diese Reise der Schmelztiegel sein würde, durch den ihr Mut, ihr unerschütterlicher Glaube aneinander und ihre Entschlossenheit, sich der heranbrechenden Dunkelheit zu stellen, auf ihre Grundfesten getestet werden würden.

Der Weg nach vorn war von Ungewissheit umhüllt, ein Weg voller sichtbarer und unvorhergesehener Gefahren. Trotz alledem diente ihnen die Bindung, die sie teilten und die sie im Feuer der Widrigkeiten und der Liebe zu Kithi - und zueinander - geschmiedet hatten, als Leuchtfeuer.

Sie waren eine Familie, vom Sturm gepeitscht und doch unbezwingbar, die in die Nacht trat, mit einem kollektiven

Blick, der auf das schwache, hoffnungsvolle Leuchten gerichtet war, das am fernen Horizont tanzte.

Als das erste Licht der Morgendämmerung den heiligen *Kaya-Wald* in Goldtöne tauchte, erreichte die Familie Munyazi die Lichtung des Wahrsagers.

Das feierliche Geräusch einer Muschel, die zweimal durch die Morgenluft geblasen wurde, war ein Signal, das sowohl Ankündigung als auch Einladung war. Der Wahrsager, eine rätselhafte und imposante Gestalt, begrüßte sie mit den Worten: "Similani, similani tsona", die Grüße an die Lebenden, die Ahnen und die Geister.

"Haai", antworteten sie unisono, ein Chor von Stimmen, die von Hoffnung und Verzweiflung durchdrungen waren.

Sie sprachen ein Gebet zu *Mulungu,* dem höchsten Gott.

»Wir suchen deine Weisheit«, flehte Menza an, und sein Flehen war schwer von der Last der Qual eines Vaters.

Mit ritueller Feierlichkeit bereitete der Wahrsager seine heiligen Werkzeuge vor - eine Kokosnussschale, gefüllt mit Kaurimuscheln und winzigen Knochen. Er warf diese Artefakte auf die Erde, sein Gemurmel durchdrang die Stille, eine Litanei uralter Gesänge. "Der Weg, den du betrittst, ist voller Gefahren", intonierte er, und sein Blick drang in Menzas Seele. "Aber die Stärke eurer Bindung leuchtet hell. Vertraut auf dieses Licht." Er beriet sich noch einmal mit den Muscheln und Knochen und suchte nach Zeichen und Vorzeichen. "Gute Nachricht - Kithi lebt", verriet er und entfachte einen Funken der Erleichterung, der jeden von ihnen durchströmte.

"Wo ist er?", brach die Frage aus ihrem gemeinsamen Atem hervor.

Der Wahrsager, der mit dem Unsichtbaren kommunizierte, richtete seinen Blick gen Himmel, sein Atem trug seine Worte zum Himmel, bevor er die Muscheln erneut beriet. Die Familie beobachtete jede Bewegung, jede bedeutungsvolle Stille.

Schließlich sprach er, seine Stimme war kaum mehr als ein Flüstern: "Er treibt auf einem der drei großen Ozeane, weit entfernt von der Umarmung des Landes."

Munyazis Entschlossenheit verhärtete sich, und ihre Erklärung klang von einer stählernen Entschlossenheit. "Wir werden Kithi nach Hause bringen", schwor sie, und ihre Stimme drückte die Kraft aus, die das Unglück in ihr hervorgerufen hatte.

Die Eltern, vereint in ihrer Entschlossenheit, bekräftigten: "Wir rufen die Hilfe unserer Vorfahren und Gott, *Mulungu*, auf unserer Suche an." Mit dem Plan, mit einer Kuh und drei Flaschen Meerwasser als Opfergabe zurückzukehren, verließen sie die heilige *Kaya*, ein Symbol ihres Engagements und ihres Glaubens.

Als sie ihre Schritte durch den Wald zurückverfolgten, äußerte Munyazi einen neu entdeckten Wunsch: "Wenn ich älter bin, möchte ich ein Wahrsager werden. Ich werde meine Gaben einsetzen, um die Eindringlinge zu bekämpfen und unser Volk nach Hause zu bringen." Es war ein Versprechen, nicht nur an ihre Familie, sondern an alle, die unter der Unterdrückung litten - ein Gelübde, ihre zukünftigen Kräfte für Befreiung und Heilung einzusetzen.

Unter dem Schleier einer neuen Morgendämmerung war das Gehöft der Munyazi ein Bienenstock düsterer Betriebsamkeit. Die Familie traf sich mit den Dorfältesten zu einer Versammlung, die von Verzweiflung und unerschütterlicher Entschlossenheit durchdrungen war. Im Mittelpunkt dieser feierlichen Versammlung stand Me-Nzai, eine Mutter, die in untröstliche Trauer um ihren Sohn Kithi verwickelt ist, der von unbekannten Händen entführt wurde. Ihre Klage war eine herzzerreißende Arie, ein Echo der Verzweiflung einer Mutter, das durch die Seele der Gemeinschaft hallte. Jeder Schrei, jede

Träne, die fiel, unterstrich die Tiefe ihres Todeskampfes, ihre Stimme ein unaufhörliches Gebet, das mit den Fäden der Hoffnung auf die sichere Rückkehr ihres Sohnes verwoben war. Verzweiflung haftete an ihr, ein Schatten, der den Aufruhr in ihrem Herzen widerspiegelte.

In dieser Stunde tiefer Trauer umarmten die Frauen der *Chifudu*-Organisation zusammen mit anderen Dorfbewohnern Me-Nzai mit einer Wärme, die von gemeinschaftlicher Stärke und Empathie zeugte.

Ihre Anwesenheit war ein Zeichen der Solidarität, ihre gemeinsame Trauer ein stilles Versprechen der Unterstützung. In diesem Ausbruch des gemeinsamen Kummers schmiedete die Familie Menza, verbunden durch einen unzerbrechlichen Willen, einen Plan, der aus Verzweiflung und einem Funken Hoffnung geboren wurde. Sie beschlossen, sich in den Hafen von Malindi zu wagen, eine Entscheidung, die von der – wenn auch schwachen – Möglichkeit angetrieben wurde, dass das Swahili-Volk mit seinen komplizierten Verbindungen zu den arabischen Händlern den Schlüssel zur Enträtselung von Kithis Schicksal in der Hand halten könnte.

Menza, der Patriarch, machte sich zusammen mit einem Kader der beeindruckendsten Krieger des Dorfes, angeführt von Nzai, dem ältesten Sohn, auf diese gewaltige Suche. Ihre Reise war nicht nur eine physische Wanderung, es war eine Pilgerreise, die von Angst, Hoffnung und unbezwingbarem Geist angetrieben wurde. Jeder Schritt, der auf Malindi zukam, war mit dem Gewicht der Vorfreude beladen, mit der gemeinsamen Entschlossenheit, die Schatten zu durchbrechen, die Kithi von ihnen genommen hatten. Nichtsdestotrotz machte ihre Suche nicht vor den Küsten Malindis halt; sie erstreckte sich weiter bis zum geschäftigen Hafen von Mombasa, der berüchtigt ist für seine abschreckende Rolle als Bindeglied im schändlichen Netz des Sklavenhandels.

Sie navigierten durch die labyrinthischen Gassen, die mit Lärm erfüllten Docks dieser Küstenstädte. Die Gruppe wurde von einer einzigen, unnachgiebigen Mission angetrieben: die Wahrheit ans Licht zu bringen, die unter der Fassade des Handels und der Verschwörung verborgen war, die den Sklavenhandel verhüllten. Menza, ein Vater, der von einem Sturm der Angst und Hoffnung heimgesucht wurde, führte diese Odyssee mit einem Stoizismus an, der den Aufruhr, der in ihm tobte, Lügen strafte. Nzai, dessen Gegenwart die Kraft und Widerstandsfähigkeit der Jugend repräsentierte, stand als Säule der Stärke an der Seite seines Vaters, und ihre Geister waren in ihrem Streben nach Gerechtigkeit und Wiedervereinigung miteinander verflochten.

Diese Reise war mehr als eine Suche; sie veranschaulichte die Macht familiärer Bindungen, eine Herausforderung, die angesichts von Widrigkeiten gestellt wird. Jedes Hindernis, auf das sie stießen, war eine Feuerprobe, die ihre Entschlossenheit, ihren Mut und die Tiefe ihres Engagements füreinander auf die Probe stellte. Im Angesicht der Ungewissheit und der Gefahren wurden die Bande, die sie verbanden, noch einmal geschmiedet, robuster und dauerhafter. Ihr Weg war voller Gefahren, aber sie machten weiter, getrieben von der unauslöschlichen Flamme der Hoffnung, dass Kithi, ihr Sohn, ihr Bruder, wieder unter ihnen stehen würde, eine Familie, die allen Widrigkeiten zum Trotz wieder vereint war.

Die Tage wurden für den Rest der Familie Menza und ihr Dorf zu einem qualvollen Warten, und jeder Moment erstreckte sich zu einer Ewigkeit der Hoffnung und Verzweiflung. Als Menza, Nzai und die Bande der Krieger schließlich am Horizont auftauchten, waren ihre Silhouetten die von Männern, die durch die Tiefen der Hoffnung gereist und in den Schatten der Niederlage getreten waren. Sie kehrten zurück, nicht mit der triumphierenden Miene von Siegern, sondern mit den schweren, niedergeschlagenen Schritten derer, die sich ihren Grenzen gestellt und sie für unüberwindlich gehalten hatten. Ihre Mission, das Schicksal von Kithi aufzudecken und ihn wieder in die Arme seiner Familie und seiner Gemeinschaft zu bringen, endete mit Herzschmerz.

Die einst entschlossenen Gesichter der Krieger waren von den Linien der Erschöpfung gezeichnet, und ihre Augen spiegelten die gespenstische Leere unerfüllter Missionen wider. Die Lebendigkeit, die ihren Abschied befeuert hatte, eine Myriade von Entschlossenheit und Hoffnung, schien nun eine verblasste Erinnerung zu sein, die durch die düsteren Farbtöne der Realität ersetzt wurde. Sie hatten die geschäftigen Häfen von Malindi und Mombasa durchquert, waren durch die komplizierten Netzwerke von Swahili- und arabischen Händlern navigiert und sahen sich der erschreckenden Stille von Hinweisen gegenüber, die kalt wurden, sobald sie von ihnen ergriffen wurden.

Trotz ihrer tapferen Bemühungen blieb Kithi außerhalb ihrer Reichweite, ein geliebter Sohn und Bruder, der immer noch in den Schatten verloren war.

Menza, eine Gestalt von stoischer Kraft, trug nun die Last ihrer kollektiven Trauer, seine Schultern hingen unter der Last der Verzweiflung eines Vaters. Seine Rückkehr war nicht das triumphale Wiedersehen, das er sich vorgestellt hatte, es war ein Beweis für die grausame Unberechenbarkeit ihrer Welt. Neben ihm wurde Nzais jugendliche Kraft durch die harten Lektionen ihrer Reise gemildert, seine Entschlossenheit wurde durch das Feuer der Widrigkeiten und den eisigen Griff der Niederlage auf die Probe gestellt.

Als sie das Herz ihres Dorfes betraten, wurde ihre Rückkehr nicht mit Feierlichkeiten, sondern mit einer düsteren Versammlung von Seelen begrüßt, einer Gemeinschaft, die in ihrer gemeinsamen Trauer vereint war. Der Anblick dieser erschöpften Reisenden, deren Mission nicht erfüllt war, war eine eindringliche Erinnerung an die Zerbrechlichkeit der

Hoffnung angesichts der großen, gleichgültigen Machenschaften des Schicksals.

Auch in diesem Moment der Verzweiflung standen die Familie Menza und ihr Dorf zusammen, eine Bestätigung für die unzerbrechlichen Bindungen der Gemeinschaft und die anhaltende Kraft des menschlichen Geistes. Ihre Reise hatte nicht das Ergebnis gebracht, das sie so verzweifelt gesucht hatten. Es hatte die Tiefe ihrer Liebe zu Kithi und zueinander erneut bestätigt. Im Angesicht der Niederlage fanden sie nicht das Ende ihrer Geschichte, sondern den Mut, sie weiterzuschreiben, jeden Tag ein neues Kapitel in ihrem unnachgiebigen Streben nach Wiedervereinigung und Heilung.

Das ganze Dorf, verbunden durch Verwandtschaftsbande und gemeinsame Geschichte, trauerte an der Seite der Familie Menza. Ihre kollektive Trauer, wobei jeder Ausdruck die Liebe und Wertschätzung zeigte, die Kithi entgegengebracht wurde. Die gemeinschaftlichen Feuer, einst Zentren der Freude und des Lachens, flackerten nun traurig, ihr Licht wurde vom Schatten des Verlustes getrübt.

Menza ertrug seinen Kummer schweigend, eine stoische Fassade verdeckte den Sturm in seinem Inneren. Doch die Fassade bröckelte mit jedem Tag, der verging, und seine Trauer fand Trost in der bittersüßen Süße des Palmweins. Seine einst gemessenen Schlucke wurden zu tiefen, traurigen Zügen, zu einem vergeblichen Versuch, die Angst zu ertränken, die an seinem Wesen nagte. Obwohl er mit guten Absichten behaftet war, diente sein Weg in die Vergessenheit nur dazu, die Familie weiter zu spalten und sie in einem Meer der Verzweiflung zu verankern.

In diesem Schmelztiegel des Leidens stand die Menza-Familie als ergreifendes Symbol der Widerstandsfähigkeit. Obwohl sie von den Flammen des Unglücks auf die Probe gestellt wurden, wurde ihre Einheit zu ihrem Leuchtfeuer der Hoffnung. Inmitten des Aufruhrs ihrer Verzweiflung fanden sie Kraft ineinander, und ihre Bande wurden durch die Prüfungen, denen sie sich stellen mussten, gefestigt.

Die Reise, die vor ihnen lag, war voller Ungewissheit, aber ihre Entschlossenheit, ihren verlorenen Sohn aus den Fängen des Schicksals zu befreien, war unerschütterlich.

Und so begaben sie sich auf eine Suche, die die Grenzen ihres Mutes auf die Probe stellen sollte, eine Reise, die sie ins Herz der Finsternis und zurückführen sollte, in der Hoffnung, ihre zerrüttete Familie wieder zu vereinen.

KAPITEL 5

Das Reiseziel von Karisa

Karisas Entführer hielten seinen geschwächten Körper für unfähig, die Überquerung des Ozeans zu überleben, und setzten ihn kaltschnäuzig in Bwagamoyo (Tansania) aus, da sie ihn bereits für tot verloren hielten. Sein Körperbau trug das brutale Zeugnis von Wunden und Brüchen, eine lebendige Landkarte des erlittenen Leidens. Unter der unerbittlichen Sonne Tansanias strahlte Karisas Geist, obwohl angeschlagen, ein schwaches, aber widerstandsfähiges Leuchten aus.

In den Mangrovenküsten von Bwagamoyo zog sich Karisas Leben durch den Webstuhl des Schicksals und webte eine Geschichte nicht von Verzweiflung, sondern von wiedergeborener Kraft und Hoffnung. Seine Jahre waren mit seinen Prüfungen gewachsen und zeichneten ihn als einen Mann aus, der die Abgründe menschlicher Grausamkeit gesehen hatte. Hier, am Rande der Verzweiflung, wurde Chiku, ein einheimischer Fischer, zum unerwarteten Hoffnungsträger. Als Chiku Karisa an den Ufern des Ozeans entdeckte, verbreitete er die Güte, die zur Salbe für Karisas geschundenes Leben werden sollte. Mit Wasser aus seiner Flasche und dem einfachen Opfern von Brot fragte Chiku in Kisuaheli nach seinem Namen. Karisa nickte als Antwort. Chiku war sich über Karisas Identität nicht sicher. Sein Gesicht, das jetzt von einem dichten Dickicht von Gesichtshaaren verdeckt war, ließ nur einen Teil seiner sonnengegerbten und faltigen Stirn und Augen sichtbar und erzählte Geschichten von den Prüfungen und der Zeit, die vergangen war.

Er versuchte es erneut, mit Handgesten, Mimik und Bewegungen." Ich«, sagte er und deutete auf sich selbst auf die Brust. "Ich, Chiku, du?", fragte er und deutete auf Karisa.

Karisa, dessen Verständnis durch Schmerzen, Sprachbarrieren und Müdigkeit abgestumpft war, schaffte es zu verstehen. Mit einer Stimme, die so zerbrechlich war wie die Morgendämmerung, flüsterte er: "Karisa."

Geboren als Tochter einer Mijikenda-Mutter - einer Frau, die tief in den Traditionen und dem spirituellen Leben ihres Volkes verwurzelt ist - war Karisas Wesen mit den reichen Wurzeln der afrikanischen Kultur verwoben.

Die Abstammung seiner Mutter verleiht ihm eine tiefe Verbindung zu dem Land, seinen Rhythmen und seinen uralten Geschichten. Obwohl seine Erscheinung Geschichten von fernen Küsten flüstert; sein Teint, ein Ton von feinem Karamell, ist eine zarte Mischung aus den satten, erdigen Tönen seiner Mutter und den helleren Farbtönen, die an eine arabische Abstammung erinnern. Dieses vermutete Erbe verbindet ihn mit den arabischen Invasoren jener Zeit, einer turbulenten Zeit, die von Konflikten und kulturellem Austausch entlang der Küste geprägt war.

Karisas Blick, der reich an tiefgründigen Farbtönen des rätselhaften Brauns ist, fängt die Essenz einer Abstammungslinie ein, die aus verschiedenen Fäden gewebt ist. Seine Augen, die von der Widerstandsfähigkeit seiner afrikanischen Wurzeln und der Komplexität seiner breiteren Genealogie durchdrungen sind, dienen als Portale zu einer Seele, die tief in der Konvergenz unterschiedlicher Welten verwurzelt ist. Diese Welten, wenn auch gelegentlich gegensätzlich, sind unauslöschlich mit seinem Wesen verflochten und zeichnen ein Bild der Einheit inmitten der Ungleichheit. In der Wärme seines Dorfes löste sein einzigartiges Antlitz keinen Diskurs aus; Für sie war Karisa einfach eine der ihren - umarmt, gehegt und ohne Vorbehalte geschätzt. Seine Präsenz, die sich durch sein markantes Haar auszeichnet - lockig, üppig und doch subtil anders in der Textur

- erzählt eine Geschichte afrikanischer Abstammung, die sich mit dem sanften Flüstern arabischer Vorfahren vermischt.

Karisa steht mit würdevoller Anmut da, und seine körperliche Statur spiegelt die Stärke und Anpassungsfähigkeit wider, die das Leben an der Schnittstelle gegensätzlicher Kulturen erfordert. Das Mysterium, das seine Vaterschaft umgibt, verleiht seiner Persönlichkeit nur noch mehr Tiefe und stellt seinen Weg als einen Weg der Erkundung und der Auseinandersetzung mit einem Erbe dar, das das Spektrum menschlicher Erfahrung umfasst. Karisas Geschichte zeigt das lebendige Mosaik von Identitäten, das die afrikanische Küste durchzieht, und steht sinnbildlich für eine Geschichte, die zwar einzigartig, aber in ihrer Erzählung nicht völlig einzigartig ist.

Chiku, ein Mann mit Haaren, die von der Sonne gebleicht aussahen, und dessen Haut von den langen Stunden in der Küstensonne zeugte, leuchtete in einem satten dunklen Mahagoni. Er schien viel älter zu sein als Karisa, ein Alter wie das, was sein Vater hätte sein können.

Er humpelte. Das hat ihm aber nicht zum Nachteil gereicht. In seiner mitfühlenden Weisheit führte Chiku Karisa vom Hafen von Bwagamoyo weg. Ein Name für den Hafen, der hauptsächlich versklavte Menschen exportierte. Ein Ort, an dem die Seelen um ihre Freiheit weinten. Ein Kiswahili-Wort, das so viel bedeutet wie "Lass dein Herz/deine Seele fallen" oder "lass es": Als versklavte Menschen dorthin gebracht wurden, gab es keinen Ort der Rückkehr. Ein Name, der die Resignation unzähliger Seelen widerspiegelte, die in den Handel mit dem Leben verstrickt waren. Sie verließen ihr Herz und ihre Seele, bevor sie an Bord der Seeschiffe ins Unbekannte gingen.

Unter den schützenden Armen eines dichten Cashewnuss-Baums fanden Chiku und Karisa einen Zufluchtsort, an dem Worte überflüssig waren und Heilung beginnen konnte. Jeden Tag brachte Chiku Nahrung und teilte abends die Früchte seiner Arbeit aus dem Meer.

Die Luft hier war rein, erfüllt vom salzigen Duft des Meeres, der sich harmonisch mit dem erdigen Duft nasser Erde und Pflanzen vermischte. Das Geräusch der Wellen, die sanft gegen das Ufer schlugen, bildete einen ständigen, beruhigenden Hintergrund, der gelegentlich von den fernen Rufen der Seevögel unterbrochen wurde. Das Licht drang durch das Blätterdach und warf gesprenkelte Schatten auf den Boden, wodurch ein Spiel aus Hell und Dunkel entstand, das die Mystik des Ortes noch verstärkte.

"Man muss im Meer schwimmen, damit die Wunden heilen", riet Chiku. Der Rat, seine Wunden im Salz des Ozeans zu baden, markierte für Karisa die Wende des Blattes. Das heilende Wasser, gepaart mit der Nahrung aus Cashew-Früchten und der Bindung, die sich zwischen ihm und Chiku bildete, nähte die Fragmente seines Geistes wieder zusammen. Karisa, einst gefangen, war nun fasziniert von der Weite des Ozeans, dessen Wellen ihm flüsternde Versprechungen von wiedergewonnener Kraft und zurückeroberter Freiheit machten.

Unter Chikus Anleitung erlernte Karisa die Kunst des Fischers. Das Boot wurde sein neues Reich, das Meer sein Lehrer.

In seiner Großzügigkeit teilte Chiku nicht nur Geschäftsgeheimnisse, sondern führte Karisa auch in die Worte von Kiswahili und die Prinzipien des Islam ein. Ihre Freundschaft, die in der Güte wurzelte, die man an den am wenigsten erwarteten Orten findet, wuchs zu einem Band heran, das so beständig war wie die Gezeiten. Gemeinsam bauten sie eine bescheidene Bleibe unter dem Cashewnuss-Baum, ein Beginn von Karisas neu gefundener Entschlossenheit. Die Werkzeuge und Waffen, die er herstellte, trugen die Spuren seiner Abstammung, ein stilles Gelübde, nie zu vergessen, woher er kam. Doch der Ruf der Heimat, die Sehnsucht, zu seinem Volk zurückzukehren, ließ nie nach. Mit jedem gefangenen Fisch, jedem gelernten Wort, jedem Gebet, das unter dem weiten afrikanischen Himmel geflüstert wurde, nährte Karisa die Hoffnung auf ein Wiedersehen. Einst ein Symbol seiner Rettung, wurde das Boot zum Schiff seiner Träume und trug das Versprechen einer Reise zurück in das Land der Mijikenda.

In den Mischungen von Karisas Leben wurde jeder Faden, der durch Mühsal gezogen wurde, durch den Faden der Stärke und Anpassungsfähigkeit konterkariert, jede Nacht durch die Morgendämmerung des Neubeginns erhellt. Seine Geschichte, die mit der von Chiku verwoben ist, stand als Paradigma menschlicher Güte, eine Erinnerung daran, dass es auch inmitten der Verzweiflung Seelen gab, die bereit waren, ihre Hände auszustrecken und ein offenes Herz für die Bedürftigen zu haben.

Und so kehrte Karisas Kraft zurück, während die Jahreszeiten ihren ewigen Tanz fortsetzten, und sein Blick war auf den Horizont gerichtet, wo die Grenze zwischen Meer und Himmel in die unendlichen Möglichkeiten von morgen verschwamm. Mit einem Herzen, das durch Widrigkeiten gestärkt war, und einem Geist, der von Freundschaft getragen wurde, bereitete sich Karisa auf den Tag vor, an dem er seinen Kurs zurück zu den Ufern seiner Vorfahren nehmen würde, in die Umarmung seines Volkes und in das Land, in dem sich das Echo seiner Vergangenheit und das Flüstern seiner Zukunft befand.

Unter der Anleitung von Chiku fand Karisa Trost im Rhythmus des Meeres und lernte die Kunst des Fischens und die Feinheiten der Navigation, die für das Leben seines Freundes so wichtig schienen. Die Sprache der Wellen wurde ihm so vertraut wie die Konturen seines Herzschmerzes, eine bittersüße Symphonie, die sowohl von Verlust als auch von Entdeckung handelte.

Chiku, immer geduldig, führte Karisa in die Feinheiten des Kisuaheli und die Lehren des Islam ein, wobei jede Lektion in das Gewebe von Karisas neuem Leben einfloss und ihm eine

Vielfalt an Wissen und Glauben bot, die sowohl fremd als auch tröstlich war.

Ihre Tage waren erfüllt von der stillen Kameradschaft der gemeinsamen Einsamkeit und den ernsthaften Bemühungen, durch Sprache und Glauben eine Brücke zwischen den Welten zu schlagen. Chikus Beharren auf diesen Lehren war nicht aus einer Laune geboren. Doch mit dem tief verwurzelten Glauben, dass Verständnis und Integration der Schlüssel zu einer harmonischen Existenz in diesem neuen Reich sind, fand Karisa zu sich selbst. Und so lernte Karisa inmitten der Weite des Ozeans und der Umarmung des Himmels, seinen Platz in einer Welt zu finden, die einst unmöglich fremd schien.

Ihr Erfolg auf See brachte sie eines Tages mit einer Fülle von Fischen an Land, und die untergehende Sonne warf lange Schatten, als sie sich auf den Weg machten, um den Handel des Tages zu erledigen. Chiku, der immer der Mentor war, schlug Karisa vor, ihm bei der Lieferung des Fangs an seine Käufer zu helfen, ein Vorschlag, der von Vertrauen und Partnerschaft geprägt war.

Die Residenz, der sie sich näherten, stand wie ein Monument omanischer architektonischer Pracht, eingebettet im Herzen Ostafrikas. Die Steinmauern erhoben sich mit strenger Eleganz, imposant, aber einladend, gekrönt von großen Holztüren, die die komplizierten Gravuren einer Kultur trugen, die reich an Kunst und Tradition war. Die in das Holz geritzten Muster erzählten Geschichten von fernen Ländern, von Meeren, die man befuhr, und von Wüsten, eine stille Hommage an die Wurzeln seiner Bewohner. Diese Residenz, ein Mikrokosmos des omanischen Einflusses in Ostafrika, war eine Brücke zwischen den Welten, sie besteht aus Steinen, die Geschichten von Handel, Eroberung und Koexistenz flüstern.

Die Ehrfurcht, die eine solche Pracht auslöste, wurde jedoch schnell von einer Wendung der Ereignisse in den Schatten gestellt, die weder Karisa noch Chiku vorhersehen konnten. Als sie sich zum Gehen anschickten, versperrten die Wachen mit plötzlicher und unerklärlicher Absicht Karisa den Weg, und ihr Handeln warf einen Schatten der Angst auf den Augenblick.

Chiku, gefangen an der Schwelle zu Freiheit und Gefangenschaft, fand sich vor die Tür gestoßen: "Lass ihn gehen, lass ihn frei; Er ist kein Sklave!« Seine Proteste und Bitten wurden durch das Schließen der großen Türen zum Schweigen gebracht.

Karisa, abermals vom Gespenst der Gefangenschaft gefangen genommen, wurde in eine Kammer geführt, in der Autorität und Erwartung schwer in der Luft hingen. Am anderen Ende des Raumes saß ein hochgewachsener Araber, dessen Präsenz Schweigen und Unterwürfigkeit mit einer Miene ausstrahlte, die von unbestrittener Führung sprach. Seine Stimme, als sie die Stille durchbrach, war ein Donner, dessen Kraft Karisas müde Seele erzittern ließ.

Während Karisa zitternd dastand, begannen die Wachen mit einer entmenschlichenden Inspektion; Sie inspizierten Karisas Ohren, Zähne, Zunge, Augen und Hinken. Und weiter, mit einem weiteren ohrenbetäubenden Befehl ihres Anführers, griffen die Wärter nach seinen Leisten, maßen sie, dann entblößten sie seine Leiste unter seinem Tuch und inspizierten. Die Wachen antworteten ihrem Anführer und nickten zustimmend.

Schließlich markierte das zustimmende Nicken der Wärter mit ihrem Anführer das Ende der invasiven Inspektion, ein Moment, der für Karisa mit Ungewissheit behaftet war. Ob ihr Urteil nun eine weitere Knechtschaft oder eine unerwartete Begnadigung bedeutete, die Implikationen ihres Urteils blieben in der Zweideutigkeit von Macht und Besitz verborgen.

Karisa fand sich wieder gefesselt, nicht durch Ketten, sondern durch Umstände, die weit jenseits des Verständnisses einer nach Freiheit strebenden Seele lagen. Die Kammer, in der er eingesperrt war, war ein Ort der Isolation, ihre Existenz offenbarte die dunkleren Facetten der Residenz. Ein einziges Fenster, das so hoch an der Decke angebracht war, dass der Himmel wie eine ferne Erinnerung wirkte, ließ nur die hartnäckigsten Lichtstrahlen durch die Dunkelheit dringen. Der Raum war kahl, die Steinwände kalt und unnachgiebig und flüsterten jedem, der es wagte, zuzuhören, Geheimnisse der Verzweiflung zu.

Die Zeit wurde zu einem fließenden Konzept, das nur durch den Übergang vom Licht zur Dunkelheit gekennzeichnet war, da die Reise der Sonne über den Himmel von allen außer dem aufmerksamsten Gefangenen unbemerkt blieb.

Die Ankunft der Speisen, ohne Umschweife und ohne Mitgefühl, war die einzige Unterbrechung der eintönigen Angst, die das Zimmer erfüllte. Karisa, von einem Hunger getrieben, der seine Sinne auf die grundlegendsten Bedürfnisse abstumpfte, verzehrte das, was ihm gegeben wurde, ohne nachzudenken oder sich um seine Herkunft zu kümmern. Die anschließende Waschung, eine erzwungene Reinigung, war ein weiteres Ritual in dem entmenschlichenden Prozess, dem er unterworfen war, wobei jeder Schritt Schichten seiner Identität abzog und ihn entblößte und den Launen seiner Entführer aussetzte.

Geleitet in einen Raum, in dem das Licht einen langsamen Walzer mit Schatten tanzte, dank einer einsamen, flackernden Öllampe, trat Karisa in eine Szenerie, die aus den dunkelsten Ecken eines Albtraums heraufbeschworen zu sein schien. Der Raum beherbergte ein einsames Bett, eine Oase in einem Ozean aus Finsternis, in dem eine Figur wiegte, die in Schleier und Geheimnisse gehüllt war - eine Frau, ein Rätsel. Der Befehl der Wachen, sich zu nähern, gespickt mit einer deutlichen Erinnerung an seinen Status, versetzte Karisa in eine verwirrende Rolle, die er weder gesucht noch begriffen hatte. Als die Flamme der Lampe erloschen war, umhüllte die

Dunkelheit den Raum und verwandelte ihn in ein Reich, in dem Gerüche und Berührungen an erster Stelle standen, die einzigen Medien, durch die sich die Existenz behauptete. Während er sich durch die Schwärze navigierte, streiften Karisas Finger die Grenze des Bettes, sein Zögern war spürbar. In diesem Augenblick fand eine suchende Hand die seine, die ihn in der stillen Dunkelheit erschreckte. Dieselbe Hand, sanft und doch fest, ergriff die seinige und führte sie in einer zärtlichen Erkundung von der Wölbung ihrer Brust hinunter zu den Geheimnissen, die die Nacht verhüllte. Inmitten dieser Dunkelheit malte ein zarter Duft, vermischt mit dem Duft von Öl, den Hintergrund für ein düsteres Bild - eine ungebetene Intimität, ein Übertritt von Willen und Geist, gelenkt von unsichtbaren Händen.

Karisa wird Sahel

In den folgenden Tagen wurde Karisa, der nun den Namen Sahel erhielt, an den Rand der Residenz verbannt, ein Geist, der an der Peripherie des Lebens innerhalb ihrer Mauern spukte. Sein Dasein war auf Knechtschaft reduziert, seine Identität wurde durch einen Namen ersetzt, der nicht sein eigener war. Das Zimmer am anderen Ende der Residenz wurde zu seinem Zufluchtsort, zu einem Ort der Einsamkeit, an dem die Last seiner Umstände schwer auf ihm lastete.

Als die Jahreszeiten ineinander übergingen, löste die Erkenntnis, dass die Frau ein Kind geboren hatte, einen Aufruhr der Gefühle in Karisa aus. Das Wissen um seine unwissentliche Mitschuld an der Aufrechterhaltung seiner Gefangenschaft, um ein Leben, das unter solch erschütternden Bedingungen ins Leben gerufen wurde, war eine Last, die das Gewebe seines Wesens zu entwirren drohte.

Die Nacht, in der die Schreie der Wehen die Stille durchbrachen, gefolgt von den ersten Atemzügen eines neuen Lebens, markierte einen Wendepunkt für Karisa. Die Realität seiner Situation, die Komplexität der Emotionen, die in ihm aufstiegen, und das Verständnis, dass seine Handlungen, so erzwungen sie auch sein mochten, Konsequenzen hatten, die über sein Leiden hinausgingen, schmiedeten eine Entschlossenheit in ihm.

Eines Nachts, als die Residenz in der Stille lag, die der Morgendämmerung vorausging, befand sich Karisa an einer Kreuzung des Schicksals. Er erkannte, dass er nicht länger ein passiver Teilnehmer an seinem eigenen Leben bleiben konnte, dass die Existenz dieses Kindes, unschuldig und doch so tief mit seinem eigenen Schicksal verwoben, Handeln und Klarheit in der Absicht erforderte.

In der Stille der Nacht arbeitete Karisa weiter an seinem Fluchtplan, eine Befreiung nicht nur von den greifbaren Barrieren seiner Behausung, sondern auch von den Zwängen, die seine Seele gefangen hielten. Seine Planung war gründlich und wurde von einer Verzweiflung angetrieben, die seinen Intellekt auf die Schärfe einer Klinge schärfte. Jede Bewegung und jeder Atemzug war eine bewusste Strategie auf seiner Suche nach Freiheit.

Die Reise, um seinen Namen, seine Identität und sein Schicksal zurückzugewinnen, war voller Gefahren, ein Weg, der ihm jedes Quäntchen Gerissenheit, Stärke und Widerstandsfähigkeit abverlangte, das er besaß. Doch in Karisa war ein Feuer entfacht worden, ein Licht, das keine Finsternis auslöschen konnte. Die Entschlossenheit, sich allen Herausforderungen zu stellen, die vor ihm lagen, eine Zukunft zu schmieden, in der er nicht als Sahel, der Schatten, sondern als Karisa, der Mensch, dastehen konnte, war der Strahl, der ihn durch die dunkelsten Nächte führte.

In der schattigen Enge dieses dunklen Raumes, in dem Geheimnisse geflüstert und Schicksale miteinander verflochten waren, war Karisa gefangen in dem Netz eines Lebens, das er kaum als sein eigenes erkannte. Obwohl unsicher, waren die nächtlichen Begegnungen zum einzigen Anschein von Verbundenheit in seinem isolierten Dasein geworden. Das Wissen, dass er drei Kinder gezeugt hatte, Samen, die in der Dunkelheit gesät worden waren, war sowohl eine Quelle tiefer, schmerzlicher Trauer als auch ein Aufflackern von Wärme in der kalten Weite seiner Knechtschaft. Ihr Lachen, ein Geräusch, das er sich nur vorstellen konnte, hallte wie ein ferner Traum in den Korridoren der Residenz wider, eine Erinnerung an ein Leben, das sich außerhalb seiner Reichweite entfaltete.

Brechen von heiligen Gelübden

Nach einer kurzen Pause setzte sich die Routine dieser nächtlichen Besuche mit einer beunruhigenden Vertrautheit fort. Nichts hätte Karisa auf den Schock vorbereiten können, der ihn in einer schicksalhaften Nacht erwartete. Als er durch die Dunkelheit zum Bett navigierte, streckten sich seine Hände aus und suchten nach den Umrissen der Gestalt, die auf ihn wartete. Die Enthüllung, dass die Gliedmaßen, auf die seine Finger stießen, unverkennbar männlich waren, versetzte ihm einen Ruck des Entsetzens durch sein Innerstes. Eine Mischung aus Angst und Ekel ließ seine Galle seine Kehle hinaufströmen und verursachte eine starke Welle von Übelkeit. Der vertraute und doch völlig unerwartete Griff, der ihn erfasste, gehörte der Stimme, die ihn bei seiner Ankunft an diesem Ort heimgesucht hatte – der gebieterischen Präsenz, der alle in der Residenz gehorchten.

Diese Begegnung, eine groteske Fata Morgana der Intimität, war ein Affront gegen alles, was Karisa heilig war.

Die Lehren seiner Jugend, die Übergangsriten, die ihn zusammen mit seinen Altersgenossen Nzai und Harre zum Mann geführt hatten, hallten mit einer Klarheit wider, die die Dunkelheit durchbrach. Die Gebote, die sie mit einem Eid gelobt hatten, das Verbot eines solchen Kontakts zwischen Menschen, waren tief in seine Seele eingebrannt. Übertretung bedeutete, ins Exil zu gehen, die Verbindung zu den heiligen Ländern der heiligen *Kaya*-Wälder und der Gemeinschaft, die ihn ernährt hatte, abzubrechen.

Die Erkenntnis, dass er am Abgrund einer Abscheulichkeit stand, gefangen in einer Situation, die dem Wesen seines Glaubens und seiner Werte widersprach, entfachte ein Feuer des Trotzes in Karisa.

"Mach es!" Die Stimme des Mannes auf dem Bett, beladen mit Autorität und Forderungen, stellte nun den ultimativen Verrat dar, eine Verletzung der heiligen Gelübde, die ihn einst an sein Volk und seine Traditionen gebunden hatten.

In diesem Moment tiefer Aufregung begriff Karisa, dass seine Gefangenschaft eine weitere dunkle Wendung genommen und ihn in Tiefen der Erniedrigung gestürzt hatte, welche die Überreste seiner Identität auszulöschen drohten. Die Grenzen seines Daseins, die durch die Prüfungen, die er durchgemacht hatte, bereits verwischt waren, schienen sich nun völlig aufzulösen und ließen ihn in einem Meer aus moralischer Zweideutigkeit und Verzweiflung treiben.

Karisas Entschlossenheit verhärtete sich in diesem Schmelztiegel der Vergewaltigung und des Konflikts. Die Lehren seiner Jugend, die Werte, die ihm seine Gemeinschaft vermittelte, und die Riten, die seinen Übergang zum Mann markiert hatten, prägten seinen Glauben. Der Imperativ, seine Autonomie zurückzufordern, den Kräften zu widerstehen, die ihn herabsetzen wollten, wurde zur treibenden Kraft hinter jedem seiner Gedanken und Handlungen.

Als die Tage in die Nacht übergingen und der Kreislauf der Begegnungen weiterging, weigerte sich Karisas Geist, obwohl angeschlagen, zu brechen. Jeder Besuch in dem abgedunkelten Raum, jede erzwungene Interaktion forderte seine anhaltende Stärke und die Entschlossenheit heraus, den Umständen zu trotzen, die ihn zu definieren suchten.

In den stillen Stunden der Kontemplation begann Karisa seine Flucht zu planen, nicht nur aus der physischen Enge der Residenz, sondern auch aus den Ketten, die seinen Geist fesselten. Die Sehnsucht nach Freiheit, nach einer Rückkehr in das Land seiner Vorfahren und in die heiligen *Kaya*-Wälder, welche die Essenz seiner Identität enthielten, wuchs mit jedem Tag, der verging.

Die Reise, die vor uns lag, war voller Ungewissheit und Gefahren, ein Weg, der in die Schatten der Angst und das Echo des Verrats gehüllt war. Doch Karisa wusste, dass die Hingabe an die Verzweiflung bedeutete, die Gelübde seiner Jugend aufzugeben, die Hoffnung auf Erlösung und Wiedervereinigung mit dem Land und den Menschen aufzugeben, die den Kern seines Wesens geformt hatten. Im Schmelztiegel seiner Prüfungen schmiedete Karisa einen Entschluss, der so unnachgiebig war wie die uralten Bäume, die über die heiligen *Kayas* als Wächter standen. Bewaffnet mit der Kraft seiner Überzeugungen und dem unbändigen Willen, sein Schicksal zurückzuerobern, bereitete sich Karisa darauf vor, sich der Dunkelheit zu stellen, durch die tückischen Gewässer der Gefangenschaft zu navigieren und in das Licht der Freiheit einzutreten.

KAPITEL 6

Die Vereinigung von Munyanzi und Mulewa

Als die Jahreszeiten wechselten und der Sand der Zeit durch die uralten Länder der Mijikenda flüsterte, war Munyazis Weg, verwoben von den Ritualen und Übergangsriten, die das Leben einer Giriama-Frau kennzeichneten, ein Inbegriff der anhaltenden Stärke und des kulturellen Reichtums ihres Volkes.

Ihr Gang durch die Riten der Weiblichkeit war eine Zeit des Feierns und der Ehrfurcht, da sie in die Geheimnisse und Verantwortlichkeiten eingeweiht wurde, die ihre Rolle in der Gesellschaft mit sich brachte. Die jungen Frauen wurden in ein abgelegenes Lager namens Jandoni gebracht. Sie erhielten verschiedene Formen von Wissen, insbesondere über die Führung und Pflege eines Haushalts. Sie lernten auch etwas über Kräuter und Gewürze, die Diagnose und Behandlung von Krankheiten. Ebenso landwirtschaftliche Fähigkeiten und nahrhafte Lebensmittel. Sie wurden über eheliche Intimität, Hygiene, das Leben in Harmonie mit dem Nächsten und die spirituelle Verwurzelung informiert. Im Gegensatz zu vielen anderen afrikanischen Kulturen zu dieser Zeit praktizierte der Giriama-Unterstamm keine Genitalverstümmelung. Nur ihre Männer sollten beschnitten werden. Die Riten, eine Reihe von Zeremonien, die von alten Traditionen durchdrungen sind, waren ein Ergebnis ihrer körperlichen und spirituellen Reife und eine erneute Bestätigung ihrer Verbundenheit mit dem Land und ihren Vorfahren. Jeder Schritt, von den komplizierten Tänzen bis zu den heiligen Liedern, die unter dem mondbeschienenen Himmel gesungen wurden, war eine Erzählung, welche die Legende prägen sollte, zu der sie werden sollte. Nachdem sie die Übergangsriten abgeschlossen hatten, waren die jungen Frauen bereit für die Ehe.

Munyazi war nun eine ausgewachsene junge Frau, eine Figur von Eleganz und Stärke. Sie stand aufrecht, und ihre schlanke Silhouette warf einen anmutigen Schatten auf die sonnenverwöhnte Erde. Ihre Haut ist schokoladenbraun, glatt und strahlend und leuchtet von der Wärme der Sonne und der Tiefe ihres Erbes. Ihr Aussehen erzählt eine Geschichte der Widerstandsfähigkeit und Schönheit des unerschütterlichen Geistes des Mijikenda-Volkes.

Ihr zu Locken gekämmtes Haar fällt wie ein Wasserfall aus dunkler Seide über ihre Schultern, jede Drehung ein Symbol für kulturellen Stolz und persönliche Identität. Diese Locken sind nicht nur eine Frisur, sondern eine Erklärung ihrer Verbundenheit mit ihren Wurzeln, mit den Traditionen, die von Generation zu Generation weitergegeben werden. Sie bewegen sich mit ihr, tanzen im Rhythmus ihrer Schritte und der sanften Brise, verkörpern ihren freien Geist und die natürliche Schönheit ihrer Umgebung.

Ihr bezauberndes und strahlendes Lächeln erhellt ihre Gesichtszüge und verwandelt ihr Gesicht in eine Bastion der Freude und Wärme. Dieses Lächeln, eine Mischung aus Anmut und Anziehungskraft, dient als Leuchtturm, einladend und beruhigend und verkörpert die Essenz von Gastfreundschaft und Freundlichkeit. Es ist ein Lächeln, das Bände spricht, zu Geschichten einlädt, Lachen teilt und eine tiefsitzende Freundlichkeit ausdrückt, die ihrem Wesen innewohnt. Ihre Augen funkeln vor Intelligenz und Mitgefühl und spiegeln die Schönheit der Welt um sie herum und die Tiefe ihrer Seele wider.

In ihrer Kleidung verkörpert sie den Reichtum der Mijikenda-Kultur. Sie trägt ein *Kisuthu*, ein breites rechteckiges Tuch mit einem besonderen Muster, das in Rot, Schwarz und Weiß gefärbt ist. Ihr jugendlicher, weiblicher Körper ist mit *Kisuthu* und *Hando umhüllt, was* ihre schlanke Figur betont und gleichzeitig ihre kulturelle Herkunft ehrt. Die leuchtenden

Farben und komplizierten Muster ihrer Kleidung erzählen Geschichten von ihrer Gemeinschaft, von Festen, vom Alltag und von der Natur, die so wichtig für Mijikendas Identität sind. Schmuck aus Perlen, Muscheln oder Metall schmückt ihren Hals und ihre Handgelenke, jedes Stück ist bedeutungsvoll und verbindet sie mit ihrer Abstammung und der zeitlosen Schönheit afrikanischer Handwerkskunst.

Ihr Reiz liegt in ihrer körperlichen Erscheinung und auch in ihrer Präsenz, in der Art, wie sie sich mit Würde und Anmut auftritt. Sie bewegt sich mit ruhiger Zuversicht, im Bewusstsein ihrer Herkunft und ihrer Rolle als Hüterin ihrer Kultur. Ihre Schönheit wird durch ihre Stärke, Flexibilität und Fähigkeit, eine Brücke zwischen Vergangenheit und Gegenwart zu schlagen, noch verstärkt.

In ihr sieht man eine schöne Mijikenda-Frau, die Verkörperung eines reichen kulturellen Erbes, das über die Jahrhunderte hinweg weiter gedeiht.

Im Laufe der Zeit kreuzte sich Munyazis Weg mit dem von Mulewa wa Duka, einem Mann von Substanz und Ehre innerhalb der Giriama-Gemeinschaft. Mulewa, der aus dem Clan der Mwamkare der Akadzini stammte, lebte in einem nahegelegenen Dorf, Bungale, und hatte Beeindruckendes über Munyazi gehört. Viele lobten sie als fleißige, charmante Dame mit guten Sitten.

Der Auftakt zur Ehe

Kaum brach die Morgendämmerung an, machten sich Duka, ein angesehener Ältester seines Dorfes, und seine Frau auf den Weg nach Bamba. Die Luft war frisch und erfüllt von den Verheißungen des bevorstehenden Tages. Ihre Mission war von größter Wichtigkeit - sie hielten um die Hand von Munyazi an, einer jungen Frau, die für ihre Tugenden berühmt war, um ihren Sohn Mulewa wa Duka zu heiraten.

Die Vorfreude wuchs, als sie die Pfade durchquerten, von den Füßen derer ausgetreten, die vor ihnen gekommen waren. Munyazi war nicht irgendeine zukünftige Braut; ihr Ruf für Freundlichkeit, Weisheit und Charakterstärke war bis in die entlegensten Winkel der Nachbardörfer vorgedrungen, was sie zu einer gefragten Gefährtin im heiligen Bund der Ehe machte.

Als sie Menzas Gehöft erreichten, kündigte Duka-Mulewas Vater traditionell ihre Ankunft an und rief: "*Enyeee, mbari hano Menza!*" Seine Stimme, gewürzt mit Alter und Erfahrung, trug sich über das Gelände.

Menza, ein Mann von Statur und Wärme, antwortete mit offenen Armen: "Willkommen, willkommen, unsere Freunde und Nachbarn!" Seine Stimme spiegelte die Gastfreundschaft wider, die der Mijikenda-Gemeinschaft am Herzen lag, und bekräftigte die Bande, die sie miteinander verbanden.

Der Vorschlag

"Wir sind gekommen, um dich mit unserer Güte zu beeindrucken", sagte Duka mit fester und aufrichtiger Stimme. An seiner Seite nickte seine Frau. Ihr Gesicht war ein Spiegel der Gefühle, die er ausdrückte.»Nehmen Sie unseren Besuch an,« fuhr er fort und legte damit den Grundstein für den Zweck ihrer Reise. Duka und seine Frau trugen ein Geschenk - feinsten Palmwein, ein Zeichen ihrer Absichten und ein Geschenk für einen Heiratsantrag für Munyazis Familie. Der Palmwein, der mit Sorgfalt und Präzision gebraut wurde, war mehr als nur ein Getränk; er war ein Symbol für ihren Wunsch, ihre Familien zu vereinen, und drückte ihren Respekt und die Wertschätzung aus, die sie der Tugend von Munyazi beimaßen.

Menza und seine Frau, welche die Bedeutung des Augenblicks erkannten, riefen die Dorfältesten herbei. Gemeinsam erlebten sie den Heiratsantrag, ein bedeutsames Ereignis, das über das Schicksal ihrer Kinder entscheiden sollte.

Der Palmwein, *uchi wa mnazi*, wurde präsentiert, und sein reiches Aroma erfüllte die Luft. Die Eltern gossen den Palmwein aus dem großen Kürbis in eine neu gebrannte Holztasse mit einem Bambusstrohhalm.

Das Aroma, eine Mischung aus buttriger Kokosmilch, süßsauer, erdig, popcornartig, erfüllte die Luft. Der Wein war nicht irgendein Gebräu; es war das Beste, was Mulewas Eltern zu bieten hatten, ein Symbol für ihr Engagement und den Reichtum ihrer Zuneigung.

Die Ältesten versammelten sich, ihre Gesichter waren von der Weisheit der Jahre gezeichnet. Sie nahmen auf *Chigoda*-Hockern Platz, die Stabilität und Respekt vor der Tradition symbolisierten. Der erste Schluck des Palmweins wurde genommen, ein Moment der Stille umhüllte die Versammlung, während sie seinen Reichtum genossen.

"Ah, dieses Gebräu", rief ein Ältester aus, "ist das Wesen der Erde selbst; seine Süße mischte sich mit der Kraft des Baumes, von dem er stammte. Er trägt die Wärme der Sonne und das Flüstern unserer Vorfahren."

Ein anderer Ältester goss ein großzügiges Trankopfer auf den Boden, eine Geste der Opfergabe, des Respekts und eine Bitte um den Segen der Ahnen. "Vorfahren unseres Landes", sagte er, "wir suchen eure Führung und euren Segen. Möge diese Verbindung fruchtbar sein. Möge es beiden Familien Freude und Wohlstand bringen." Er fuhr fort und erwähnte die Namen prominenter Vorfahren, während der Palmwein in die Erde schlürfte. Nach einem kurzen Schweigen erklärte er schließlich: "Unsere Vorfahren sind zufrieden mit uns." Die kleine Menge explodierte in Jubelrufe.

Der Rest des Weins wurde geteilt, ein gemeinschaftlicher Akt, der ihre Zustimmung besiegelte. Der reiche Geschmack des Palmweins, der die Essenz ihres Landes und ihrer Traditionen verkörpert, war ein Zeichen für das Gute, das kommen sollte.

Zufrieden mit dem Ergebnis formulierte Munyazis Familie ihren Wunsch - eine Herde von zwölf Rindern, acht Ziegen, Schmuck, Teekannen, Tassen, Seide und Regenschirme. Diese Gegenstände waren nicht nur materielle Güter; sie waren Symbole für Reichtum, Stabilität und Vorsorge für zukünftige Bedürfnisse. Nach reiflicher Überlegung wurde eine Einigung erzielt. Die Familien umarmten sich, eine physische Manifestation ihrer neu geknüpften Verbundenheit, ihre Dankbarkeit für dieses verheißungsvolle Spiel war in der Luft spürbar. Mit einem Herzen voller Freude und Vorfreude auf die Zukunft kehrten Duka und seine Frau in ihr Dorf in Bungale zurück. Ihre Schritte waren leicht, ihre Stimmen erhoben sich zum Gesang, ein traditioneller Ausdruck von Freude und Feier. Die hohen, jubelnden Klänge, die ihre Reise begleiteten, unterstrichen den Erfolg ihrer Mission.

Nach ihrer Rückkehr teilten sie die Nachricht ihrem Sohn Mulewa mit, der mit einem vor Stolz und Aufregung anschwellenden Herzen zuhörte. "Du hast mir eine Braut aus einem angesehenen Clan gefunden", sagte er mit dankbarer Stimme. Das Versprechen auf eine Zukunft mit Munyazi, einer Frau mit guten Tugenden, erfüllte ihn mit einem Gefühl von Sinn und Freude. Tradition, Familie und die Bande der Ehe entfalteten sich. Es war eine Zeit, in der die Bande zwischen den Familien nicht nur durch Worte, sondern auch durch die heiligen Rituale und den Austausch von Brautpreisen gestärkt wurden, eine Tradition, die tief im Gefüge der Gemeinschaft verwurzelt war.

Aaroni: Das erste Treffen des Brautpaares

Munyazis Großmutter, Hawe Kache, war die Überbringerin bedeutender Neuigkeiten, eine Rolle, die tief in der Tradition verwurzelt ist und mit der wichtigen Aufgabe verbunden ist, Munyazi in das nächste Kapitel ihres Lebens zu führen. Als die Sonne langsam unterging und den Himmel in Orange- und Rosatöne tauchte, rief Hawe Kache Munyazi an ihre Seite. Die

Luft um sie herum war erfüllt von dem sanften Summen des sich abklingenden Dorflebens, eine passende Kulisse für das bedeutsame Gespräch, das gleich stattfinden sollte.

"Munyazi", begann Hawe Kache mit einer Stimme, die die Weisheit von Jahren in sich trug, "die Zeit ist reif für dich, ein neues Kapitel aufzuschlagen. Der Mwamkare-Clan der Akadzini hat Dir ein Angebot gemacht, das Bände über Deine Tugenden spricht."

Munyazis Herz klopfte mit einer Mischung aus Neugier und Angst. "Was kannst du mir über sie sagen?", fragte sie mit einer Stimme, die kaum mehr als ein Flüstern war, und verriet den Tumult der Gefühle in ihrem Inneren.

Hawe Kache lächelte, ein warmer, beruhigender Gesichtsausdruck, der Munyazis Nerven zu beruhigen schien. "Sie sind ein Clan mit gutem Ruf, stark und gutherzig. Wenn es anders wäre, hätten wir ihren Vorschlag nicht angenommen", erklärte sie, und ihre Worte waren Balsam für Munyazis besorgtes Herz.

Es wurde eine formelle Vereinbarung getroffen, dass Munyazi Mulewa in *Aaroni* treffen sollte. Es war ein traditioneller Ort, an dem sich zukünftige Bräute und Bräutigams sehen, reden und beginnen konnten, die Fäden ihrer Zukunft miteinander zu weben, ohne körperliche Intimität. Das *Aaroni* in der Nähe von Bamba schmiegte sich an die Spitze eines kleinen Hügels, fernab der neugierigen Blicke des Dorfes.

In die exquisiteste traditionelle Kleidung gehüllt, mit Perlen, die in der Sonne glitzerten, verkörperte Munyazi Anmut und Schönheit. Ihre Großmutter, Hawe Kache, stand ihr als Gefährtin des Trostes und des Lachens zur Seite, und ihre Schritte waren synchron, als sie sich auf *Aaroni* hinwagten.

Ihre Reise war mehr als nur ein Spaziergang; es war eine Feier ihrer Verbundenheit, gefüllt mit Neckereien und Gelächter, die durch die Felder und Mango Haine hallten.

Als sie an grünem Ackerland vorbeifuhren und die arbeitenden Arbeiter mit einem warmen Lächeln begrüßten, stießen sie auf einen Weg, der von wilden Mangobäumen gesäumt war, die mit reifen Früchten beladen waren. Die Luft war dick vom Duft von Mangos, einem Duft, der so berauschend war, dass er ihre Sorgen zu unterbrechen und ihre Freuden zu beschleunigen schien.

Hawe Kache bückte sich mit einem jugendlichen Glanz in den Augen, um eine Mango aufzuheben, und wiegte sie, als wäre sie ein kostbares Juwel. "Mmmh, das ist mein bester Typ, was heutzutage selten ist. Es heißt das süße Ohr", murmelte sie mit einer Mischung aus Ehrfurcht und Freude, als sie den Duft der reifen Frucht einatmete.

Munyazi, immer auf ihren Zweck bedacht, tadelte ihn sanft: "Hawe, wir müssen uns beeilen, sonst kommen wir zu spät."

Hawe Kache ließ sich nicht beirren und tönte mit einem schelmischen Ton in der Stimme: "Oohoo, jemand ist begierig darauf, diesen Mann zu treffen, was?" Sie kicherte und fuhr fort: "Denk dran, ich komme heute mit dir zurück."

Munyazis Tonfall war eine Mischung aus Ungeduld und Zuneigung. Sie brachte gerade noch ein "Hawee..." Bevor ihre Großmutter hinzufügte: "*Aaroni* ist nur für eine Begrüßung, bestenfalls aus respektvoller Distanz."

»In der Ferne?« Munyazi hallte wider, und Verwirrung färbte ihre Stimme. Sie half dabei, weitere Mangos in die Umhängetasche zu packen, die ihre Großmutter aus ihrer Verpackung gebastelt hatte, und ihre Handlungen zeugten von tiefer Fürsorge und Respekt.

Hawe Kaches Lachen erfüllte die Luft, als sie neckte: "Ah, jetzt verstehe ich. Meine Geschichten haben dich zu neugierig gemacht. Denk daran, Munyazi, Geduld ist eine Tugend." Ihr gemeinsames Lachen war ein Ausdruck ihrer Verbundenheit und erleichterte ihre Reise.

Das Gespräch nahm eine intimere Wendung, als Hawe Kache mit einem Augenzwinkern fragte: "Aber sag mir die Wahrheit, Munyazi, hat es jemand berührt?" Ihre Frage war zwar direkt, wurde aber durch die Zuneigung in ihrem Blick gemildert.

Munyazi, verärgert und doch amüsiert, schüttelte den Kopf. "Hawee, warum bist du so!"

"Weil, meine liebe Enkelin, es wichtig ist", erwiderte Hawe Kache mit einer Mischung aus Ernsthaftigkeit und Fürsorge. "Wir haben ihnen gesagt, dass ihr unberührt und unschuldig seid." Sie dachte einen Moment nach und fügte hinzu: "Erinnerst du dich an Kasichana? Ihre Großmutter nahm sie für die erste intime Nacht an ihrem Hochzeitstag mit. Was ist passiert? Sie fanden heraus, dass sie sehr an Geschlechtsverkehr gewöhnt war!" Hawe Kache klang entsetzt und sagte: "Kasichanas Großmutter war am nächsten Morgen äußerst verlegen; sie mussten Kahendas Anwesen am nächsten Morgen früh verlassen. Der Kahenda und seine Familie wollten sie nicht mehr!"

"Wo ist sie hin? Ich höre nichts mehr von ihr«, fragte Munyazi.

"Die Familie zog an den Stadtrand von Malindi; Es war ihnen zu peinlich, zu bleiben. Und der dumme Junge, der hinter ihrem Hof auf sie wartete, wurde bestraft", erklärte Hawe Kache. "Siehst du, wie schrecklich es sie alle getroffen hat?"

"Wenn das so ist, sieht es so aus, als würden wir alle sehr lange hierbleiben", stimmte Munyazi fast kichernd ein.

"Ich hoffe so Kind, ... Ich bin zu alt, um irgendwo anders neu anzufangen! Ich möchte dort begraben werden, wo meine Vorfahren waren." Hawe Kache zeigte auf den Punkt.

Munyazi beruhigte ihre Großmutter und bekräftigte: "Ich bin unberührt, Hawe. Mach dir keine Sorgen." Ihre scherzhafte Erwiderung "Aber woher würdest du das wissen?" wurde von Hawe Kaches humorvoller Demonstration beantwortet, bei der sie ihre Beine wie ein Frosch spreizte, ein Bild, das so komisch war, dass beide in Gelächter ausbrachen und ihre Freude eine lebhafte Erinnerung an ihre unzerbrechliche Verbindung war.

Als sie ihre Reise fortsetzten, zeichneten das Lachen und die Neckereien zwischen Munyazi und Hawe Kache das Bild einer Reise, die reich an mehr als nur Traditionen war - sie war erfüllt von Leben, Liebe und der lebendigen Unendlichkeit ihrer Bindung. Jeder Schritt auf Aaroni war voller Vorfreude, nicht nur auf das Treffen, sondern auch auf die gemeinsamen Momente, die ihre Beziehung ausmachten und die Reise zu einer Feier ihres Erbes und der Liebe machten, die sie miteinander verband.

Als sie in *Aaroni* ankamen, fanden sie sich im weiten Schatten eines Baumwollbaums in der Nähe einer ordentlich gebauten Hütte wieder. Die Vorfreude hing schwer in der Luft, als sie draußen auf den Holzbänken saßen. Eine Frau mittleren Alters trat aus der Hütte, und ihre Anwesenheit erschreckte Munyazi, die sich in Gedanken an die Begegnung mit Mulewa verloren hatte. Hawe gab ihr die meisten der Mangos, die sie gepflückt hatten.»Ach, diese! Das süße Ohr! Das Beste", stimmte sie ein. Die Gastfreundschaft der Frau, die Kokoswasser und Nüsse anbot, war eine willkommene Ablenkung, welche die Anspannung des Wartens linderte.

Dann, wie von Munyazis klopfendem Herzen gerufen, erschien Mulewa. Seine Präsenz war gebieterisch, seine große, muskulöse Gestalt in eine üppige Schokoladenhaut gehüllt. Sein Haar, ein perfekt gekämmter Afro mit einem hölzernen Kamm darauf, umrahmte seine markanten Gesichtszüge.

Ihre Blicke trafen sich, und ein Lächeln brach los und erhellte ihre Gesichter mit dem Glanz gegenseitiger Bewunderung. Hawe Kache, die spürte, wie wichtig die Privatsphäre für diesen entscheidenden Moment war, entschuldigte sich in der Hütte. Munyazi, überwältigt von der Intensität des Augenblicks, ertappte sich dabei, wie sie schüchtern nach unten blickte und mit ihrem Fuß ziellose Muster in den Sand zeichnete.

"Meine Güte, Munyazi, ich wusste, dass du schön bist, aber ich hätte mir nie vorstellen können, dass du so schön bist", sagte Mulewa mit einer Mischung aus Ehrfurcht und Aufrichtigkeit.

Unbeschreiblich geschmeichelt, fühlte Munyazi, wie eine Röte ihre Wangen erwärmte, ein stummes Zeugnis für die Wirkung seiner Worte. »Ich fühle mich gedemütigt, Sir«, erwiderte sie, und ihre Stimme war ein leises Flüstern, das von dem ängstlichen Flattern ihres Herzens durchzogen war.

"Sei nicht schüchtern; Schau mich an", neckte Mulewa sie mit sanfter Stimme und ermutigte sie, seinem Blick zu begegnen.

Munyazi hob den Kopf und ließ ihre Augen mit denen von Mulewa kreisen. In diesem Moment umgab sie ein Gefühl von Geborgenheit und Wärme, ein stilles Versprechen auf eine gemeinsame Zukunft und eine Verbundenheit, die sich uralt anfühlte. Sie wussten, ohne ein Wort zu sprechen, dass ihre Herzen eine Heimat ineinander gefunden hatten.

Als die Tage in die Nacht übergingen und die Sonnenaufgänge den Himmel neu färbten, begann sich das Versprechen, das Aaroni gegeben hatte, zu manifestieren. Die Familie von Mulewa hielt ihr Wort und brachte der Braut Reichtum. Es war nicht ein Beitrag zu einer Transaktion, sondern zum Schmieden eines Bandes, einer gegenseitigen Vereinbarung zwischen zwei Familien, die dazu bestimmt waren, sich zu vereinen. Eine Bestätigung für die Wertschätzung, die er ihr entgegenbrachte. Dieser Reichtum der Braut, eine Ansammlung von Gütern und Versprechungen, war kein Preis. Es war ein Symbol der Allianz, des Respekts und der Verflechtung von Leben und Schicksalen; eine Geste, die Bände über den Wert sprach, der Munyazi beigemessen wurde, nicht als Eigentum, sondern als geschätzter Partner auf dem Weg des Lebens, der vor ihm lag.

In diesem Moment wurden Traditionen geehrt, die Zukunft geschmiedet, und die Geschichte von Munyazi und Mulewa wa Duka tat ihren ersten Atemzug, bereit, sich in der Erzählung der reichen Geschichte ihrer Gemeinschaft zu entfalten; von Liebe, Respekt und den unnachgiebigen Banden der Ehe, die den Test der Zeit bestehen würden.

Der Tag, der für die Vereinigung von Munyazi und Mulewa gewählt wurde, war ein Tag, der in das goldene Licht der frühen Morgendämmerung getaucht war, als das Dorf in Bamba zu einem Tag des Jubels und Feierns erwachte.

Munyazis Eltern, deren Herzen von dem glühenden Bericht von Hawe Kache vor Freude überwältigt waren, hatten eine Einladung an Mulewa, seine Familie und ihre engsten Angehörigen ausgesprochen und damit den Beginn eines neuen Kapitels im Leben zweier Familien markiert, die bald eins werden sollten.

Die Hochzeitsfeier

Als die Sonne höher stieg und ihre Wärme über Menzas Gehöft warf, erfüllte sich die Luft mit den vibrierenden Rhythmen und melodischen Melodien der Mijikenda-Tänze. Die "*Mwanzele*" und "*Sengenya*" und andere waren Teil der *Mwaribe*, der Hochzeitstänze. Die Tänze waren lebendig, reich an Farben, kulturellen Traditionen und Ausdrucksformen. Ihre Körper bewegten sich im Einklang im Takt der Trommeln, die den Herzschlag ihres Landes widerhallten, und brachten die Gemeinschaft zusammen. Männer, Frauen und Kinder, geschmückt mit ihren traditionellen Kleidern, tanzten mit Hingabe und erzählten in ihren Bewegungen Geschichten von Freude, Einheit und der Heiligkeit der Ehe.

Während dieser Feier lag der Duft der zubereiteten Speisen in der Luft und vermischte sich mit dem erdigen Aroma von frisch gebrautem Palmwein. Dieses Fest, das mit Sorgfalt und Großzügigkeit gestaltet wurde, zeigte die Gastfreundschaft von

Munyazis Familie, die ihre Schwiegereltern mit offenen Armen und vollem Herzen willkommen hieß.

Munyazi, die zukünftige Braut, war eine Vision von Schönheit und Anmut. Sie trug ein neues *Kisuthu*, das ihre Figur umarmte, und einen *Hando*-Rock, der ihre Hüften betonte. Ihre Haut glühte unter dem sanften Kuss der Sonne, ein natürlicher Glanz, der keiner Verschönerung bedurfte. Ihr Haar, aufwendig gestylt und mit Perlen geschmückt, die bei jeder Drehung ihres Kopfes das Licht einfingen, fiel ihr wie ein Wasserfall aus dunkler, schimmernder Seide über die Schultern.

Mulewa, ihr zukünftiger Ehemann, ergänzte sie perfekt. Er trug ein neues Leinen, das um seine Taille gewickelt war, und ein weiteres, das über seine Brust geschlungen war, um seine Stärke und Bereitschaft zu symbolisieren, seine neue Rolle als Ehemann anzunehmen. Seine Gegenwart, gebieterisch und doch zärtlich, versprach Schutz und Liebe.

Höhepunkt der Feierlichkeiten war die rituelle Segnung des Paares. Munyazi und Mulewa, die auf *Chigoda*-Hockern saßen, die Stabilität und Halt symbolisierten, standen ihren Eltern in einem traditionsreichen Moment gegenüber. Mit feierlicher Anmut vollzogen ihre Eltern das Ritual, indem sie Wasser aus einer Kokosnussschale in ihren Mund schöpften und es sanft auf die Brust der Braut und des Bräutigams sprühten. Dieser Akt, ein Segen für eine fruchtbare und harmonische Verbindung, war eine bewegende Erinnerung an die Heiligkeit der Ehe. Nach dem Ritual erreichte die Feier ihren Höhepunkt. Die Luft war erfüllt von Musik, Lachen und den fröhlichen Stimmen der Menschen, die sangen und tanzten. Das Festmahl, das darauffolgte, war ein üppiger Aufstrich, der die Fülle und Großzügigkeit der Gemeinschaft demonstrierte.

Als die Sonne unterging und den Himmel in Safran- und Fliedertöne tauchte, überreichten Munyazis Familie und Verwandte ihr Geschenke: Öle, die wie flüssiges Gold glänzten, Kleider, die mit den Träumen ihrer Vorfahren gewebt waren,

Perlen, die mit dem Versprechen des Glücks funkelten, und Ornamente, die Geschichten von Liebe und Ausdauer flüsterten. Jedes Geschenk war ein Segen, ein Symbol für die Reise, auf die sie sich begeben würde.

Als die Nacht hereinbrach und ihren Samtmantel über das Land warf, bereitete sich Hawe Kache, Munyazis Großmutter, darauf vor, ihre Enkelin nach Bungale zu begleiten, dem Dorf, das bald ihre neue Heimat sein sollte. Ihre Reise, die sie unter dem wachsamen Blick der Sterne unternahm, war eine Reise der stillen Reflexion und Erwartung. Hawe Kaches Anwesenheit war eine tröstliche Erinnerung an die Stärke und Weisheit, die Munyazi in sich trug.

Als sie sich Bungale näherten, begrüßten sie die Klänge der üblichen Hochzeitslieder, ein melodiöser Empfang, der die Distanz zwischen Vergangenheit und Zukunft überbrückte. Mulewas Familienangehörige traten aus dem Schatten hervor, ihre Stimmen erhoben zum Gesang, die Arme zur Begrüßung geöffnet. Obwohl die Reise von Bamba nach Bungale in der Stille der Nacht stattfand, war sie lebendig von den Anblicken, Geräuschen und dem Duft der Erde, die ihre Schritte wiegte.

Die Luft war kühl und frisch und trug den Duft nachtblühender Blumen und des erdigen Moschus des Waldes mit sich. Das sanfte Zischen der Blätter und die fernen Rufe nachtaktiver Kreaturen waren der Soundtrack ihrer Reise, eine Erinnerung an die Natur, die Zeugnis ihrer Vereinigung ablegte.

Als Munyazi und Hawe Kache am Rande von Bungale Halt machten, erfüllte die Wärme des Empfanges, der sie erwartete, ihre Herzen mit Freude. Dieser Moment, eine Schwelle zwischen zwei Welten, verstärkte die dauerhaften Bande der Familie, der Gemeinschaft und der Liebe. Munyazis Ankunft auf Mulewas Gehöft markierte den Beginn eines neuen Kapitels in ihrem Leben. Die Luft war erfüllt von Vorfreude, als sie in die frisch erbaute Behausung von Mulewa geführt wurden, in der traditionelle Handwerkskunst ausgestellt war. Das Haus,

aus Palmblättern und robusten Holzpfählen gebaut, stand stolz da, sein rustikaler Charme war einladend und warm. Ein handgefertigter Vorhang, der mit dem satten Ocker der Erde gefärbt war, teilte den Raum in zwei intime Bereiche, die jeweils ein Bett beherbergten, das aus den elastischen Fasern von Sisal gewebt war und Komfort und Privatsphäre versprach.

Als der Mond den samtblauen Himmel erleuchtete und ein sanftes silbernes Licht warf, das unter den Horizont tauchte und den Himmel in tiefblauen Farbtönen zeichnete, verstummte die Welt. Munyazi und Mulewa wurden der Heiligkeit ihrer neuen Heimat überlassen. Die Luft im Inneren war kühl und duftete nach der Frische der Palmblätter, aus denen die Wände bestanden. Die Nacht draußen war lebendig von den Klängen der Mijikenda-Nacht – dem fernen Ruf eines Nachtvogels, dem leisen Rascheln der Blätter in der sanften Brise und dem fernen Schlag der Trommeln, welche die Vereinigung feierten.

Hawe Kache, Munyazi's Großmutter, ließ sich auf dem angrenzenden Bett nieder, ihre Anwesenheit war ein beruhigender Schatten im schummrigen Licht. Die Tradition diktierte heute Abend ihre Rolle – Hüterin der Bräuche, die dem zärtlichen Flüstern des Neubeginns und der Bestätigung der Tugend von Munyazi lauschte. Als die Nacht tiefer wurde, füllte sich die Stille zwischen Munyazi und Mulewa mit geflüsterten Worten der Liebe und hoffnungsvollen Träumen.

Als der Moment ihrer Vereinigung gekommen war, war er von einem leisen Seufzer geprägt, ein Beweis für die Reinheit und Unschuld, die Munyazi in diese Ehe einbrachte. Die Luft war aufgeladen mit der Bedeutung des Augenblicks, einem heiligen Band, das in der Stille der Nacht geschmiedet wurde.

Bei Tagesanbruch trat Hawe Kache aus dem Haus, ihr Gesicht strahlte vor Stolz. Die Nachricht, die sie überbrachte, war ein Grund zum Feiern – Munyazi hatte ihre Familie geehrt, ihre Tugend intakt. Mulewas Familie versammelte sich und ihre Gesichter brachen in ein Lächeln aus, als Hawe Kache die freudige Nachricht mitteilte. Die Luft war erfüllt von den Klängen des Jubels, einem vibrierenden Ausdruck von Freude und Zustimmung. Mulewas Großvater, eine ehrwürdige Gestalt in der traditionellen Tracht der Mijikenda-Ältesten, trat mit einer Ziege im Schlepptau vor. Ein Angebot, das kein gewöhnliches Geschenk war; es war ein Symbol der Dankbarkeit, ein Dankeschön an Menzas Familie für die Erziehung von Munyazi mit solcher Sorgfalt und Ehre. Die Ziege, ein wertvoller Besitz, wurde mit einer Zeremonie überreicht, und ihre Bedeutung wurde von allen Anwesenden verstanden.

In den folgenden Tagen beschäftigte sich Mulewas Familie mit den Vorbereitungen für die Hochzeitszeremonie. Im Dorf herrschte reges Treiben, Nachbarn und Verwandte beteiligten sich an den Feierlichkeiten. Die Luft war erfüllt vom Duft des gekochten Essens, dem süßen Aroma des Palmweins und der konstanten Melodie der Mijikenda-Musik und bereitete die Bühne für ein Fest, an das sich Generationen erinnern würden.

Der Haupthochzeitstag

Am Hochzeitstag dämmerte es hell und klar, ein perfektes Spiegelbild der Freude und des Glücks, die in der Luft lagen. Munyazi, geschmückt mit einem *Kisuthu* in leuchtenden Farben, ihre Haut glühte unter der sanften Berührung der Morgensonne, ihr Haar war zu komplizierten Zöpfen geflochten, die wie poliertes Ebenholz glänzten, und war eine Vision von Brautschönheit.

Mulewa, ebenso prächtig in seiner Kleidung, ein neues Tuch um die Hüfte gewickelt und ein anderes über die Brust geschlungen, stand stolz neben ihr, sein Herz voller Liebe und Verheißung.

Munyazi trat in ihr neues Leben mit Mulewa ein, ihr Herz war voller Hoffnung und Liebe. Die Reise, die sie begonnen hatten, war nicht nur ihre eigene, sondern eine Fortsetzung der

Traditionen und Bräuche, die ihr Volk über Generationen hinweg geprägt hatten. Gemeinsam würden sie eine Zukunft aufbauen, ihr Leben ein Unterpfand an die bleibende Kraft der Liebe, der Tradition und der Gemeinschaft.

Der Tag der Hochzeit von Munyazi und Mulewa spielte sich unter einem klaren, strahlenden Himmel ab, eine perfekte Kulisse, um ihre Verbindung zu feiern. Die Luft war erfüllt von den Düften tropisch blühender Blumen, die sich mit den reichen Aromen der Küche und dem süßen Duft des Palmweins vermischten und eine Atmosphäre der Freude und Festlichkeit schufen, die das Dorf Bamba umgab.

Munyazi, geschmückt mit dem *Hando*, einem dicken weißen traditionellen Rock, der von ihrer Großmutter sorgfältig gefertigt wurde, war der Inbegriff von Brautschönheit. Der Rock war in der Taille gerafft und in weichen Falten nach unten gefaltet, wobei seine Reinheit ihren Übergang ins Eheleben symbolisierte. Ihre Haut, die unter der sanften Sonne leuchtete, war mit bunten Perlen verziert, die ihren Scheitel, ihren Hals, ihre Oberarme, ihre Taille und ihre Knöchel schmückten, wobei jede Perle die Liebe und den Segen ihrer Familie und ihrer Vorfahren darstellte. Ihr Parfüm, ein zarter Aufguss, ein Potpourri aus Kokosnuss- und Rizinusöl, umhüllte sie mit einem Duft, der so fesselnd war wie die Aura des Glücks, die sie umgab.

Als die Feierlichkeiten begannen, wurde Munyazi ihren erweiterten Schwiegereltern herzlich vorgestellt, die sie mit offenen Armen und einem warmen Lächeln begrüßten. Ihre Annahme war eine tröstende Umarmung, die von Neuanfängen und gemeinsamer Zeit sprach. Mulewa, groß und stolz, trug ein leuchtendes Stück Stoff um seine Hüfte, dessen Farben eine lebendige Freudenerklärung waren. Ein Pfeil und Bogen, mit Federn geschmückt, hingen anmutig auf seinem Rücken, ein Symbol seiner Stärke und Bereitschaft, seine neue Familie zu beschützen und für sie zu sorgen. Ein Stirnband mit Federn krönte seinen Kopf, vervollständigte seine königliche Erscheinung und kennzeichnete ihn als eine hübsche Gestalt, die bereit war, sich auf die Reise der Ehe zu begeben.

Das Dorf erwachte zum Leben mit den Klängen von Festliedern und Tänzen, einer Symphonie der Freude, die in den Herzen aller Anwesenden widerhallte. Verwandte, Freunde und Nachbarn, jeder in seiner schönsten Kleidung, versammelten sich, um die Verbindung zu feiern, und ihr Lachen und ihre Stimmen trugen zur Fülle des Tages bei. Kinder spielten fröhlich, ihr unschuldiges Lachen mischte sich mit der Musik, während die Frauen mit Anmut und Energie tanzten, ihre Bewegungen waren ein schöner Ausdruck der Kultur und der Traditionen, welche die Gemeinschaft zusammenhielten. Andere beschäftigten sich mit der Zubereitung und dem Servieren der Speisen und sorgten dafür, dass das Festmahl zu einem unvergesslichen Erlebnis wurde.

Die Männer, die nicht am Tanz beteiligt waren, saßen in Halbkreisen, ihre Gespräche waren eine Mischung aus Weisheit und Kameradschaft. Sie teilten den Palmwein, das traditionelle Getränk, das von Hand zu Hand weitergegeben wurde und ein Symbol der Einheit und der gemeinsamen Freude ist. Strahlend vor Freude wachten ihre Augen über die Feierlichkeiten, ein Beweis für den Zusammenhalt und das Feiern in der Gemeinschaft.

Als der Tag voranschritt, die Luft von den Klängen der Heiterkeit erfüllt war, strahlte das Dorf Bungale in Licht und Freude. Die Hochzeit von Munyazi und Mulewa war nicht nur eine Vereinigung zweier Herzen - sie war ein Fest der Gemeinschaft, der Tradition und der dauerhaften Bande der Liebe und Familie.

Die Geburt von Katilili

Die Geburt von Katilili läutete eine neue Morgendämmerung für Munyazi und Mulewa ein und umhüllte ihr Leben mit unvergleichlicher Freude und einem tiefen Gefühl des Stolzes, das nur die Ankunft eines Erstgeborenen mit sich bringen kann. Katilili, ein Name, der vor Kraft und Versprechen mitstrahlte, wurde nicht nur zu einer Fortsetzung ihrer Linie, sondern auch zu einer Metapher für eine greifbare Manifestation ihrer Verbundenheit.

Eine tiefgreifende Verwandlung vollzog sich von dem Moment an, als Munyazi Katilili in ihren Armen hielt.

"Du bist jetzt Me-Katilili", bestätigte Mulewa ihr liebevoll.

Ein Titel, der ihre neue Identität als Mutter verkörperte, eine Rolle, die sie mit all der Liebe und Hingabe in ihrem Herzen annahm. Ihre Tage und Nächte waren nun erfüllt von dem leisen Gurren und sanften Rühren ihres kleinen Jungen, und jeder Augenblick war eine kostbare Erinnerung, die in ihr Wesen eingebrannt war. Katilili, der neugeborene Sohn von Munyazi und Mulewa, war für seine Eltern ein strahlendes Symbol der Freude und des Stolzes. In ihm sahen sie die perfekte Verschmelzung ihrer Gesichtszüge - die auffallend tiefbraunen Augen seiner Mutter, die in einem seltsamen Licht funkelten, und die warme, satte Schokoladenhaut seines Vaters, die selbst im schwächsten Licht zu leuchten schien. Katililis Haar, weich und lockig, lag wie eine Krone auf seinem Kopf und deutete die Stärke und den Charakter an, in die er hineinwachsen würde. Sein Lachen, ein melodischer Klang, der ihr Zuhause erfüllte, erinnerte ihn an die Liebe und Einheit, die ihn geschaffen hatten. Jedes Lächeln, jeder Blick, jede Berührung von Katilili unterstrich die Schönheit ihrer Verbindung und ließ Munyazi und Mulewa ein unvergleichliches Gefühl der Erfüllung und des Glücks verspüren. In Katilili sahen sie nicht nur ihren Sohn, sondern ein Symbol ihrer Liebe und ein Versprechen für die Zukunft.

Auch Mulewa fühlte sich durch Katililis Ankunft verändert. Als er über seinen Sohn wachte, spürte er eine Welle des Beschützergefühls und den überwältigenden Wunsch, für dieses neue Leben, das er mit in die Welt gesetzt hatte, zu sorgen und es zu nähren. Katilili war eine ausgezeichnete Schöpfung, ein perfektes Kunstwerk. Der Anblick von Munyazi, die ihren Sohn wiegte, die sanfte Art, wie sie Schlaflieder in die Nacht flüsterte, erfüllte ihn mit einer unbeschreiblichen Wärme. Katililis Anwesenheit war ein Leuchtfeuer der Hoffnung und symbolisierte die Zukunft, die sie gemeinsam aufbauen würden.

Die Freude, die Katilili in ihr Leben brachte, war ansteckend und verbreitete sich im ganzen Haushalt und darüber hinaus. Sein helles und klares Lachen wurde zur Melodie ihrer Tage, während seine Meilensteine - jedes Lächeln, jeder Schritt - mit Jubel gefeiert wurden, der in den Herzen aller widerhallte, die das Privileg hatten, sie mitzuerleben.

Als Katilili wuchs, wuchs auch die Bindung zwischen Munyazi und Mulewa. Voller Ehrfurcht sahen sie zu, wie ihr Sohn seine ersten zaghaften Schritte machte, seine Augen leuchteten vor Neugier und Staunen. Jedes Wort, das er sprach, war ein Ausdruck der Liebe und Fürsorge, mit der sie ihn erzogen hatten. Katilili war nicht nur ihr Sohn; er war ein wahr gewordener Traum, eine Zukunft, die sich vor ihren Augen entfaltete. Der Stolz, den Munyazi und Mulewa für Katilili empfanden, war unermesslich. Sie sahen in ihm das Beste von sich selbst und ihren Vorfahren, eine perfekte Mischung aus ihren Tugenden und Stärken. Er war ihr Vermächtnis, eine lebendige Brücke in die Zukunft, welche die Traditionen und Werte ihres Volkes weiterführte. In Katilili sahen sie unendliche Möglichkeiten, ein Versprechen von Kontinuität und Erneuerung.

Ihr Zuhause, das einst von der Vorfreude auf Katililis Ankunft erfüllt war, hallte nun von den Klängen seiner Entdeckungen und Abenteuer wider. Jeder Tag brachte neue Freuden, neue Herausforderungen und neue Gründe, dankbar zu sein. Munyazi und Mulewa waren nun nicht nur als Mann und Frau, sondern auch als Eltern vereint und fanden einen tieferen Sinn in ihrem gemeinsamen Weg durch die Elternschaft.

Katililis Anwesenheit in ihrem Leben war eine ständige Erinnerung an die Liebe, die sie zusammenbrachte, eine Liebe, die nun im Leben ihres Sohnes verkörpert war. Er symbolisierte ihre Vereinigung, eine Manifestation der Hoffnung und eine Quelle unendlichen Stolzes. In ihm sahen sie die Zukunft ihrer Abstammung, eine Fortsetzung ihrer Geschichte und das bleibende Vermächtnis ihrer Liebe.

Me-Katililis Erstgeborener, Katilili, war die Verkörperung von Vitalität und Charme. Mit einem scharfen Verstand, einer grenzenlosen Neugier und einer Persönlichkeit, welche die seiner Mutter widerspiegelte, war seine Anwesenheit eine ständige Quelle der Freude und des Vergnügens. In Mulewas Haushalt, in dem Katililis temperamentvolle Possen an der Tagesordnung waren, vibrierte die Luft oft von spielerischen Ermahnungen.

"Katilili, bitte klettere nicht auf das Dach", rief sein Vater, nur um ihn wenige Augenblicke später dabei zu finden, wie er die Hühner mit Kieselsteinen jagte.

"Katilili, hör auf damit! Du wirst sie verletzen!" Nicht lange danach ertönte ein schelmisches Kichern aus dem Getreidespeicher, das zu einem leisen Schimpfen führte: "Katilili, komm da raus. Das ist nicht sicher!" Und in Momenten der Frechheit kicherten sogar die Nachbarn: "Katilili, du bist so eine Nervensäge!"

Als er sieben Jahre alt war und sieben Jahreszeitenzyklen markierte, war Katililis Name jedem Dorfbewohner bekannt, und seine charismatische Art integrierte ihn in das Gefüge der Gemeinschaft. Obwohl seine Eskapaden oft schelmisch waren, wurden sie mit liebevollem Lachen quittiert, und seine Fähigkeit, zu bezaubern, war unverkennbar.

An den Tagen, an denen Katilili die Einsamkeit dem Spiel vorzog, spürte das Dorf seine Abwesenheit. "Wo ist Katilili heute? Ohne ihn ist es zu ruhig", fragten die Kinder, deren Spielen der Funke fehlte, den er mitbrachte. Auch Erwachsene würden bemerken: "Wir haben dich gestern vermisst, Katilili. Das Dorf ist nicht dasselbe ohne dein Lachen."

Trotz seiner gelegentlichen Schwierigkeiten reagierte Katilili auf Zurechtweisungen immer mit einem Grinsen und einem verständnisvollen Nicken. "Das nächste Mal werde ich mich erinnern", sagte er, und seine unbeschwerte Akzeptanz verriet seine wachsende Weisheit.

Die Erziehung eines Kindes war in der Mijikenda-Gemeinschaft, wie in vielen afrikanischen Kulturen, ein kollektives Unterfangen. "Es braucht ein Dorf, um ein Kind großzuziehen", lebten sie und glaubten, dass jedes Kind zur Gemeinschaft gehöre. "Katilili ist genauso mein Sohn wie deiner", sagte eine Mutter, ein Gefühl, das von Vätern geteilt wurde, "und er ist auch in jeder Hinsicht meine Verantwortung."

Katilili blühte unter dieser gemeinschaftlichen Fürsorge auf und zeigte erste Anzeichen von Führungsqualitäten. "Eines Tages wirst du uns führen, Katilili", sagte ein Ältester, wenn er beobachtete, wie er einen Streit unter Spielkameraden schlichtete. "Du bist jedermanns Kind, und das ist deine Stärke."

Spirituelles Wachstum

Munyazi, die nach der Geburt ihres ersten Sohnes den Namen Me-Katilili annahm, fand ihr Leben tief mit der spirituellen Essenz ihrer Umgebung verwoben. Ihre täglichen Ausflüge in das Herz der Natur - die dichten Wälder für Brennholz, die fließenden Flüsse für Wasser und die wilden Büsche auf der Suche nach essbaren Kräutern - wurden zu mehr als Routineaufgaben. Es waren heilige Pilgerfahrten, die ihre Seele mit der Erde und ihrem Schöpfer *Mulungu* verbanden und eine Bindung förderten, die über die physische Welt hinausging.

Ihre Beziehung zur Erde und ihren Elementen wurde tiefgreifend, als sie Wege entlangging, die von hoch aufragenden Bäumen beschattet und vom unaufhörlichen Fließen der Flüsse betreten wurden. In der Einsamkeit der Natur fand Me-Katilili ihren Geist im Einklang mit dem Flüstern der Ahnen und den Geistern, die das Land ihres Volkes durchstreiften. Diese Wesenheiten, verehrt und allgegenwärtig, begannen, ihre uralte und tiefe Weisheit zu vermitteln und Geheimnisse der natürlichen Welt zu enthüllen, die den Augen des Gewöhnlichen verborgen geblieben waren.

Als sich ihr Verständnis vertiefte, wurde Me-Katililis Verbindung zu ihrer Religion und Spiritualität zu einem Kompass, der sie durchs Leben führte. Es dauerte nicht lange, bis sie als Wahrsagerin anerkannt wurde, als ein Kanal, durch den das Göttliche kommunizierte. In der Stille des heiligen *Kaya*-Waldes, an den Flussufern und in der Abgeschiedenheit der Büsche wurden ihr Offenbarungen zuteil - Einblicke in die Heilkräfte der Erde. Sie erfuhr von den einzigartigen Eigenschaften, die in den Baumwurzeln verborgen sind, den heilenden Rinden und den starken Kräutern, die den Waldboden bedeckten.

Me-Katililis neu gewonnenes Wissen wurde nicht zu ihrer eigenen Bereicherung aufbewahrt, es wurde mit ihrer Gemeinde geteilt und bot den Bedürftigen Trost und Heilung. Sie wurde eine Heilerin, verehrt und gesucht, nicht nur wegen ihrer Heilmittel, sondern auch wegen der spirituellen Führung, die sie gab. Ihre Hände, die einst zum Sammeln von Feuerholz und Wasser verwendet worden waren, arbeiteten nun daran, Mixturen zu mischen, welche die Beschwerden des Körpers und des Geistes lindern konnten.

Die Kranken kamen zu ihr, die von unsichtbaren Mächten gequälten suchten sie auf, und selbst diejenigen, die von den

Prüfungen des Lebens belastet waren, fanden in ihrer Gegenwart einen Zufluchtsort.

Sie gebar weitere Kinder, was sie jedoch nicht daran hinderte, ihre Heilkräfte aktiv zu praktizieren. Ihr Haus, einst eine einfache Behausung, verwandelte sich in ein Heiligtum, in dem die Grenze zwischen der physischen und der spirituellen Welt verschwamm. Hier wurden unter der Obhut von Me-Katilili Menschen mit Kräutern behandelt und Gebete und Rituale dargebracht, die den Schutz und Segen der Ahnen und guten Geister erflehten. Jede Behandlung war ein heiliger Akt, eine Mischung aus körperlicher und geistiger Heilung, die Me-Katililis tiefe Ehrfurcht vor der Verbundenheit allen Lebens widerspiegelte. Durch ihre Praktiken lehrte Me-Katilili ihre Gemeinschaft, wie wichtig es ist, eine harmonische Beziehung zur Erde und ihren göttlichen Schöpfern aufrechtzuerhalten. Sie erinnerte sie daran, dass Spiritualität kein abstraktes Konzept ist, das man aus der Ferne beobachten kann, sondern eine gelebte Erfahrung, die tief in den täglichen Interaktionen mit der Welt um sie herum verwurzelt ist. Ihr Leben widmete sie der Kraft des Glaubens, der Bedeutung des Respekts vor der Natur und der tiefgreifenden Wirkung geistiger Heilung.

Als sich ihre Weisheit und Heilung herumsprach, wuchs Me-Katililis Ruf und sie festigte ihren Status als respektierte und einflussreiche Persönlichkeit in ihrer Gemeinschaft. Trotz ihrer Prominenz blieb sie bescheiden und schrieb ihr Wissen und ihre Macht immer *Mulungu*, den Ahnen und den Geistern zu, die sie leiteten. In Me-Katilili sahen die Menschen nicht nur einen Heiler, sondern eine Brücke zwischen den Welten, einen Hüter der Tradition und eine lebendige Verkörperung ihrer tiefsten spirituellen Werte. Ihr Vermächtnis, bereichert durch ihre tiefe Verbindung zur Erde und ihren spirituellen Bereichen, inspirierte und leitete Generationen noch lange nach ihrer Zeit und verewigte sie als Symbol der Weisheit, Heilung und des unzerbrechlichen Versprechens zwischen der Menschheit und dem Göttlichen.

Als sie mittleren Alters war, war Me-Katilili eine Figur von immenser Stärke und Weisheit. Ihr Name hallte durch die Dörfer und in die Seele des Landes. Sie war eine Heilerin, eine Hüterin der Tradition und eine erbitterte Kämpferin im spirituellen und physischen Bereich gegen die Fluten der Unterdrückung, die versuchten, die Grundlagen der Identität ihres Volkes zu untergraben.

Me-Katilili verstand die sozio-religiöse Struktur der Mijikenda, *Chikwehu*, zutiefst. Sie sah darin eine Vielzahl von Bereichen wie Gesundheit, Politik, Entwicklung und Führung, wobei jede Facette zur Weisheit und Widerstandsfähigkeit ihres Volkes beitrug. Ihr Glaube an die Macht *Chikwehus* war unerschütterlich, die Überzeugung, dass sie der Schlüssel zur Befreiung der Mijikenda von den Ketten der Fremdherrschaft war, welche die Araber und Briten ihrem Land auferlegt hatten.

Ihre heilenden Hände waren überall bekannt, denn sie besaß ein unvergleichliches Wissen über die Natur. Die Menschen kamen aus fernen Dörfern, ihre Körper und ihr Geist waren von Krankheiten angeschlagen. Sie suchten Trost in ihren Heilmitteln - Kräutern, Wurzeln, Baumrinden, Blättern, die alle durch ihre Gebete und Opfergaben an die Ahnen und an Gott, *Mulungu*, gesegnet waren. Doch Me-Katililis Gaben gingen über die physische Welt hinaus; sie war ein Kanal für göttliche Offenbarungen und erhielt Anleitung im Kampf gegen die Eindringlinge, die das Licht ihrer Kultur auszulöschen drohten. Me-Katilili verbrachte ihre Tage oft in Meditation, entweder in der tröstenden Umarmung ihres Hauses oder in der heiligen Abgeschiedenheit der *Kaya*-Wälder. Es waren Orte der Macht, an denen sich der Schleier zwischen der sichtbaren und der unsichtbaren Welt lichtete und die Weisheit wie die Flüsse floss, die das Land nährten. Ihre Gemeinschaft mit den Sternen und das übersinnliche Wissen, das sie sich aneignete, waren

Werkzeuge, die ihren Geist stärkten und sie zu einer Figur der Ehrfurcht innerhalb ihres Stammes machten.

Ihre Beredsamkeit in öffentlichen Reden war unübertroffen. Jedes Wort, das sie sprach, war von der Leidenschaft und Überzeugung ihres Glaubens durchdrungen.

Me-Katililis Mut kannte keine Grenzen. Sie war ein Aufruhr der Entschlossenheit, der sich nicht scheute, sich den Stürmen der Kolonialisierung zu widersetzen, die ihre Heimat verwüsten wollten. Ihre Reise von Dorf zu Dorf war nicht nur eine Bewegung durch den Weltraum, sondern ein Schlachtruf, der die Herzen ihrer Leute erweckte. Mit jedem Wort, jeder Begegnung knüpfte sie eine Rebellion, einen vereinten Standpunkt gegen die Eindringlinge, die es wagten, die Herrschaft über ihr heiliges Land zu beanspruchen.

Eines Tages sprach Me-Katilili unter den uralten Ästen eines heiligen *Kaya*-Waldes zu einer Versammlung ihres Volkes, und ihre Stimme trug das Gewicht ihrer kollektiven Geschichte und Hoffnung. »Meine Brüder und Schwestern,« begann sie, und ihr Blick schweifte über die ihr zugewandten Gesichter, »das Land unter unseren Füßen flüstert mit der Kraft unserer Vorfahren. Es sagt uns, dass wir nicht wanken oder unseren Geist von denen brechen lassen sollen, welche die heiligen Bande, die uns an diese Erde binden, nicht verstehen."

Ein junger Krieger, ermutigt durch Me-Katililis Worte, trat vor. "Wie können wir, die Kinder dieses Landes, uns gegen die Macht der Eindringlinge behaupten?", fragte er mit einer Mischung aus Trotz und Verzweiflung.

Me-Katililis Augen trafen die seinen, und ein Funke unnachgiebiger Entschlossenheit loderte in ihnen. "Wir stehen da, wie wir immer gestanden haben - vereint durch die Stärke unseres Glaubens, unserer Traditionen und unserer Liebe zu diesem Land. Wir werden die Weisheit von *Chikwehu* und *Chimila*, die Führung unserer Vorfahren, unseren mächtigen

Gott und die Kraft unseres Geistes nutzen, um das zurückzufordern, was uns rechtmäßig gehört. Unser Widerstand ist nicht nur ein Kampf um Land; Es ist ein Kampf um die Seele unseres Volkes."

Ihre Worte entzündeten ein Feuer in den Herzen der Anwesenden, eine Flamme, die sich zu einer wilden Flamme des Kampfes für die Freiheit wachsen sollte. Me-Katililis Rebellion war mehr als ein körperlicher Kampf; sie war eine Hommage an den unerschütterlichen Geist der Mijikenda, eine Erklärung, dass ihre Körper zwar gefangen genommen werden könnten, ihre Geister aber für immer frei umherstreifen würden, so ungezähmt und majestätisch wie das Land, das sie ihre Heimat nannten.

KAPITEL 7

Von Sklaven-Daus bis zur Stadt Frere

In der kühlen Umarmung der Morgendämmerung murmelte der Indische Ozean uralte Geheimnisse, seine Wellen wiegen *Tahmis Alriyah*. Diese Dhaus trugen Baya, Katembe, Sidi und viele Seelen aus dem grünen Herzen Afrikas. Unter ihnen waren Karisa, Kithi und andere, die von omanischen Arabern aus verschiedenen Mijikenda-Dörfern vertrieben worden waren und deren Leben mit der Fracht verflochten war, die mit jeder Liebkosung des Südwestmonsuns anschwoll. Auf den Weiten des Indischen Ozeans treibend, segelten sie einem von Schrecken umhüllten Schicksal entgegen, einem Weg, aus dem es kein Zurück mehr gab.

Mit der Ankunft des nördlichen Monsuns kam eine Karawane arabischer Dhaus, die durch die Gewässer fuhren, um in Häfen wie Mombasa, Malindi, Sansibar und Kilwa Handel zu treiben. Sie brachten Schätze aus der Ferne mit - Seide, Porzellan und Glasperlen, die im Blick der Sonne schimmerten. Diese Flottille war ein Flüstern im Chor von Hunderten, die den Nordwinden getrotzt und Seide und Porzellan gegen eine Fülle von Gewürzen, Kaffee, Tee, Elfenbein, Nashornhörnern, Schildpatt, Edelsteinen und Eisen eingetauscht hatten. Als sich der südliche Monsun abzeichnete, beeilten sie sich, andere verderbliche Waren auszutauschen, und machten sich auf die erbitterte Jagd, Menschen für die Sklaverei gefangen zu nehmen.

Unter Deck war die Luft dick vom Geruch der Verzweiflung, des Salzes und des Schweißes, ein erstickender Abgrund, der nichts als die stummen Schreie der Verlassenen und die gedämpfte Resignation der Todgeweihten bezeugt hatte. Baya, ein Jüngling, der noch nicht vom vollen Gewicht der Zeit berührt war, drückte sich an den hölzernen Bauch der Dhau und sehnte sich nach der Wärme der Umarmung seiner Mutter - ein

Trost, der in den Schatten seines Geistes verblasste. Neben ihm loderte Katembe's Blick in einem ungetrübten Feuer des Widerstandes, und sein Geist wurde von den Ketten, die ihn fesselten, nicht gebrochen. Eingehüllt in Stille schweifte Sidi ihren Blick zum fernen Horizont, möglicherweise auf der Suche nach einem Funken Barmherzigkeit, einem Opfer, das ihre Entführer schon lange aufgegeben hatten.

Jeder Gefangene, eingehüllt in die Einsamkeit seiner Gebete, suchte Trost in geflüsterten Bitten zum Himmel.

Katembe erhob sich, und seine überragende Gestalt täuschte über die Gebrechlichkeit hinweg, die an seinen Knochen klebte. Sein Blick durchbohrte die Matrosen mit Argwohn und argwöhnischer Hoffnung. "Freiheit?" Seine Stimme mischte sich mit Unglauben und Erleichterung. Er setzte sich mit dem Konzept auseinander, das so fremd war wie die Männer, die jetzt von Befreiung sprachen. Diese Vorstellung von Freiheit, die so lange schwer fassbar war, fühlte sich so fern und fremd an wie die Länder, aus denen diese Seeleute stammten.

Neben ihm streckte Sidi zaghaft ihre Hand aus, ihre Fingerspitzen streiften das Deck, als wollten sie die Realität bestätigen. Ihre Augen, die von einer Mischung aus Angst und Faszination weit aufgerissen waren, spiegelten die vorsichtige Ehrfurcht wider, die ihr Herz erfüllte. Es war, als müsste sie sich selbst davon überzeugen, dass der Boden unter ihr tatsächlich fest war und nicht eine weitere Fata Morgana, die von ihrer Sehnsucht nach Befreiung heraufbeschworen wurde.

Die Luft um sie herum war durchdrungen vom Geschmack von Salz, vermischt mit der süßen, berauschenden Essenz der Freiheit - ein Geschmack, der so exquisit, so unergründlich war, dass keiner von ihnen jemals zu träumen gewagt hatte, dass er eines Tages ihre Lippen streicheln würde. Als die Sonne aufging, waren ihre Strahlen nicht mehr bloße Zuschauer ihres Schicksals, sondern leuchtende Boten der Verheißung der Morgendämmerung. Es warf ein neues Licht auf alles. Die kühne und strahlende Sonne war nicht mehr Zeuge ihres Leidens, sondern schien den Anbruch einer neuen Ära zu verkünden. Unter ihrem wohlwollenden Blick dehnte sich der Horizont in diesem Augenblick aus, nicht als Grenze ihrer Gefangenschaft, sondern als weite Leinwand der Möglichkeiten und Hoffnungen.

Als sie auf das Deck eines britischen Schiffes geführt wurden, funkelte der Ozean um sie herum vor Verheißung, ein starker Kontrast zu dem dunklen Laderaum, den sie gekannt hatten. Baya blickte zurück auf die Dhau, die nun leer von ihrer menschlichen Fracht war, und spürte einen Aufschwung der Hoffnung. Hoffentlich gab es in dieser weiten Welt einen Ort für sie, an dem Ketten ihr Schicksal nicht mehr binden würden. Das Deck des britischen Schiffes war in den goldenen Schimmer des Morgenlichts getaucht und warf lange Schatten auf seine neuesten Insassen.

Befreit von den Ketten kauerte sich die Gruppe zusammen, ihre Augen blinzelten gegen die Helligkeit, ihre Körper waren an die Bewegungsfreiheit nicht gewöhnt.

Baya spürte, wie das Deck unter ihm schwankte, eine sanfte Erinnerung an die Weite des Meeres. Die britischen Matrosen bewegten sich unter ihnen und verteilten Brot und Wasser - einfache Opfergaben, die in einer Welt, die wenig gezeigt hatte, nach Güte schmeckten. Baya beobachtete, wie Katembe das Essen mit einem Nicken entgegennahm. Seine Vorsicht war offensichtlich, aber sein Hunger war größer. Mit einem vorsichtigen Lächeln bedankte sich Sidi "Shurrkan" bei dem Matrosen in gebrochenem Arabisch, einer Sprache, die sie durch das Mithören der omanischen arabischen Entführer aufgeschnappt hatte. Sie dachte naiv, dass alle "bleichen" Menschen die gleiche Sprache sprachen.

Die Seeluft, einst ein Zeichen ihrer Gefangenschaft, trug nun einen anderen Duft in sich - ein Versprechen des Anfangs. Baya konnte das Gemurmel seiner Gefährten hören, ihre Stimmen waren eine Mischung aus Sprachen und Dialekten, die alle Geschichten von verlorenen Häusern und ungewisser Zukunft erzählten. Die Reise nach Mombasa war geprägt von einer Verwandlung, die so sichtbar ist wie die wechselnden Farbtöne des Meeres. Die ehemaligen Gefangenen, jeden Tag einen Schritt weiter von ihren vergangenen Schrecken entfernt, begannen, an Bord des Schiffes einen Anschein von Gemeinschaft zu schmieden.

Sidi fand Trost im endlosen Horizont, eine visuelle Metapher für ihre aufkeimende Hoffnung. Katembe, immer der Beschützer, übernahm die Führung in der Gruppe, seine Stärke und Entschlossenheit, ein Leuchtturm für andere zu werden. Baya verbrachte mit einer unstillbaren Neugierde Stunden mit der Besatzung und lernte die Funktionsweise des Schiffes und die Feinheiten des Meeres kennen. Einst von der Verzweiflung zersplittert, begannen ihre Geschichten sich zusammenzufügen und einen Vorhang der Widerstandsfähigkeit zu schaffen. Die Besatzung des Schiffes, die anfangs distanziert war, respektierte die Stärke der Geretteten und erkannte in ihren Augen eine gemeinsame Menschlichkeit.

Als sich die afrikanische Küste näherte, machte sich eine kollektive Vorfreude breit. Der Anblick von Mombasa mit seinen geschäftigen Docks und dem Versprechen auf festen Boden entfachte Emotionen, die lange unterdrückt wurden.

Die Gruppe stand am Rand des Schiffes, die Blicke auf das nahende Land gerichtet, und jedes Herz schlug im Rhythmus von Hoffnung und Besorgnis.

Zurück auf afrikanischem Boden

Die Landung in Mombasa war eine Kakophonie von Bildern und Geräuschen. Im Hafen wimmelte es nur so von Leben, ein starker Kontrast zur Abgeschiedenheit des Meeres. Als sie von Bord gingen, betraten Baya, Katembe und Sidi afrikanischen

Boden, jeder Schritt eine Erklärung ihrer neu gewonnenen Freiheit.

Sie wurden von Vertretern von Frere Town empfangen, einer Siedlung, die für Gleichgesinnte gegründet wurde. Die gastfreundlichen Gesichter der Einheimischen und Fremden, von denen einige Narben vergangener Knechtschaft trugen, zeigten die Möglichkeit eines Neuanfangs. Frere Town war ein Flickenteppich von Kulturen und Geschichten, seine Bewohner einten ihre gemeinsamen Erfahrungen der Befreiung. Die Stadt mit ihren bescheidenen Hütten und Gemeinschaftsgärten stellte einen Zufluchtsort und ein Versprechen von Gemeinschaft und Selbstbestimmung dar.

Alle spürten eine Welle der Erleichterung, als sie durch die Straßen von Frere Town gingen, die Geräusche spielender Kinder und der Geruch von Kochfeuer weckten Erinnerungen an ihre Heimat. Der Anblick der Einheimischen, die in ungewohnter Kleidung gekleidet waren und eine fremde Sprache sprachen, erschien denen, die gerade von den Rettungsschiffen geschifft waren, als surreal. Nichtsdestotrotz schien diese Kuriosität in Frere Town unbemerkt zu bleiben. Die meisten Einwohner waren in ihren Alltag versunken und betrachteten diese kulturelle Verschmelzung als nichts Außergewöhnliches. Katembe, der sich in der entstehenden Siedlung umsah, erkannte das Potenzial für Wachstum und Empowerment. Sidi, fasziniert vom Gemeinschaftsgeist, stellte sich vor, dass sie durch das Unterrichten einen Beitrag leisten und das Wissen, das sie sich angeeignet hatte, weitergeben könnte.

Die ersten Wochen in Frere Town waren eine Zeit der Eingewöhnung. Die Bewohner, jeder mit dem Gewicht seiner Vergangenheit, arbeiteten zusammen, um eine gemeinsame Zukunft zu gestalten.

Sie lernten den Wert der Arbeit kennen, nicht als Mittel zum Überleben unter der Peitsche, sondern als Weg zum

Wiederaufbau ihres Lebens und ihrer Gemeinschaft. Baya fand Frieden in den Gärten, wo er Samen pflanzte, die seine Hoffnungen für die Zukunft symbolisierten. Katembe beteiligte sich mit seiner angeborenen Führungsstärke an der Organisation der Stadtverteidigung und sorgte dafür, dass die Schrecken ihrer Vergangenheit sie nicht wiederfinden würden. Sidi, welche der Gemeinschaft, die sie aufgenommen hatte, etwas zurückgeben wollte, begann, den Kindern in ihren Klassen eine Mischung aus akademischen und Lebenslektionen beizubringen.

Die Abende in Frere Town waren eine Zeit des gemeinsamen Essens und des Geschichtenerzählens. Die ehemals versklavten Menschen erzählten Geschichten von ihren Heimatländern, ihren Reisen und Träumen. Einst von Trauer erfüllt, trugen diese Geschichten nun einen Ton der Hoffnung in sich. Während die Sterne den Himmel bedeckten, saßen Baya, Katembe und Sidi zusammen mit anderen frisch geretteten Eingeborenen und dachten über die Reise nach, die sie aus den Tiefen der Verzweiflung zu dem Versprechen eines neuen Tages voller Widerstandsfähigkeit und dem anhaltenden Geist der Freiheit geführt hatte. Als Baya, Katembe und Sidi begannen, sich in ihrem neuen Leben in Frere Town einzuleben, führten sie die Anwesenheit britischer Missionare und einheimischer Konvertiten in eine Welt ein, die weit entfernt war von dem Glauben, mit dem sie aufgewachsen waren. Ihre traditionelle Religion, *Chikwehu* und *Chimila*, waren schon immer eine treibende Kraft gewesen und boten Trost und Gemeinschaft innerhalb der Mijikenda. In diesem neuen Umfeld versprach das Christentum jedoch geistlichen Trost und greifbare Vorteile, die schwer zu ignorieren waren.

An einem Sonntagmorgen, als die Sonne ein sanftes Licht über Frere Town warf, stand das Trio an der Schwelle zu einem bescheidenen, aber einladenden Gebäude. Die Markuskirche war ein Meilenstein für die Bemühungen der Missionare, ihren Glauben unter den neuen Siedlern zu verbreiten.

"Ich hätte nie gedacht, dass wir einmal vor einem Haus ihres Gottes stehen würden", flüsterte Baya mit einer von Neugier und Skepsis geprägten Stimme.

Katembe überblickte mit verschränkten Armen die versammelte Menge. »Ich auch nicht. Aber seht", er deutete auf die Versammlung, "sie kleiden sich in interessante Kleider und sprechen selbstbewusst ... "

Sidi ist immer eine wissbegierige Seele und fügt hinzu: "Und sie bieten uns an, uns Lesen und Schreiben beizubringen. Wissen ist Freiheit, sagt man."

Sie wurden mit einem herzlichen Lächeln und Händeschütteln begrüßt, als sie die Kirche betraten. Das Innere war einfach, mit Holzbänken und einer Kanzel, die mit einem Kreuz geschmückt war. Die Luft war erfüllt von Hymnen, die in starkem Kontrast zu den traditionellen Gesängen ihrer Heimat standen. Baya, Katembe und Sidi besuchten in den folgenden Wochen den Unterricht der Missionare. Sie lernten Lesen und Schreiben, eine Fähigkeit, die ihnen neue Welten eröffnete. Mit jedem Wort, das sie lernten, wirkten die Verheißungen der Missionare weniger wie fremde Konzepte, sondern mehr wie Chancen.

"Uns wurde gesagt, dass die Annahme ihres Glaubens uns ihrer Gemeinschaft näherbringen würde", bemerkte Sidi eines Abends, während sie mit den Fingern die Buchstaben in einem Buch nachzeichnete.

"Ja, aber es ist mehr als das", antwortete Baya und blickte von seinem eigenen Buch auf. "Es geht um Verständnis. Wir lernen ihre Art und Weise, und sie beginnen, uns als gleichwertig zu betrachten."

Katembe, der zugehört hatte, fügte langsam hinzu. "Und trotzdem dürfen wir nicht vergessen, wo wir herkommen. Unser

Glaube, unsere Traditionen - sie sind Teil dessen, was wir sind." Er blickte auf und versuchte, die Tränen zurückzuhalten. "Ich will nach Hause", seufzte er.

Ein paar Tage später besuchte das Trio mit anderen Einwohnern von Frere Town den geschäftigen Markt in Kongowea. Der Markt war eine lebendige Mischung aus Farben, Klängen und Gerüchen. Händler verkauften ihre Waren, von leuchtenden Textilien bis hin zu frischen Produkten, während sich Menschen aus allen Gesellschaftsschichten vermischten und handelten.

Plötzlich durchdrang ein lautes Geräusch die Luft und schickte eine Welle der Panik durch die Menge. Erinnerungen an Sklavenüberfälle blitzten in ihren Köpfen auf, und der Markt versank im Chaos.

Frauen und Kinder suchten Zuflucht, während Männer sich darauf vorbereiteten, ihre Familien zu verteidigen.

"Es sind die Sklavenhändler! Sie sind wieder gekommen, um uns zu holen!", schrie eine Frau erschrocken.

Baya, Katembe und Sidi tauschten Blicke aus, ihre Herzen rasten. Doch als sie sich aufrafften, näherte sich ihnen ein örtlicher Händler mit ruhiger Miene.

»Nein, nein, meine Freunde,« sagte er, »es ist nicht das, was ihr denkt. Dieser Klang - es ist die neue Glocke des Markusdoms. Es fordert uns auf, eine Ankündigung zu machen, mehr nicht."

Tage später war die Reaktion deutlich anders, als die Glocke erneut läutete. Die Einwohner von Frere Town, die nun über den Zweck informiert waren, versammelten sich am Markusdom mit einem Gefühl der Gemeinschaft statt mit Angst.

Als sie sich versammelten, stand ein Missionar, Pater Michael, vor ihnen. "Wir läuten diese Glocke als einen Aufruf, uns zu versammeln, Neuigkeiten zu teilen oder zu beten. Es ist ein

Symbol unserer Einheit, kein Grund zur Beunruhigung", erklärte er.

Baya wandte sich an Katembe und Sidi, und in seinem Gesicht spiegelte sich ein neu gewonnenes Verständnis wider. "Vielleicht fühlt sich Zugehörigkeit so an", sinnierte er.

Katembe nickte. "Ein Neuanfang", stimmte er zu.

»Und Wissen«, fügte Sidi hinzu und hielt ein Buch in die Höhe. "Die Macht, über unser eigenes Schicksal zu entscheiden."

Neuer Glaube

In den folgenden Monaten navigierten Baya, Katembe und Sidi ihren Glauben und ihre Identität in der Vielfalt der Gemeinschaft von Frere Town. Sie traten in einen Dialog mit den Missionaren und den Einheimischen und vermischten die Lehren des Christentums mit der Weisheit von *Chikwehu*.

Nach einer Predigt an einem Nachmittag in Anwesenheit von etwa zwanzig einheimischen Anwesenden "ist Ihr Glaube von großem Wert", vermittelte Pater Michael während ihres Gesprächs, "und wir begrüßen die Tiefe und Vielfalt Ihrer Traditionen in unserer Gemeinschaft. Praktiken wie die Ehre der Ahnen, die Beschwörung von Geistern und die Verehrung der Götter sowie andere Aspekte des kulturellen Hintergrunds sind jedoch leider nicht erlaubt."

"Vater", hielt Baya inne, und das Wort "Vater" fühlte sich fremd auf seiner Zunge an, wenn es sich an einen Mann richtete, der von seinem Stamm als Eindringling angesehen wurde. In Frere Town waren solche Titel jedoch die Norm. "In unserem Glauben erkennen die Mijikenda nur einen Gott an, *Mulungu*. Er ist der Architekt der Erde, der Luft und aller himmlischen Wesen, sowohl der sichtbaren als auch der unsichtbaren. Er schuf den ersten Mann, Muyeye, und segnete ihn mit zwei Frauen, Mbodze und Matsezi..."

Ehe er fortfahren konnte, warf Pater Michael, seinen Ärger kaum verbergend, fest ein: "Es gibt nur einen Gott, Jehova, der Adam als ersten Menschen und Eva als seine einzige Partnerin erschaffen hat." Mit einer raschen Bewegung öffnete er die Bibel, die er in der Hand hielt, und seine Finger blätterten zügig durch die Seiten auf der Suche nach den relevanten Schriftstellen.

Ein junger Mann, der nachdenklich neben Katembe saß, stellte eine Frage mit einem Ton aufrichtiger Neugierde: »Sie haben erwähnt, dass Ihr Gott einen Sohn hat. Wie ist es möglich, dass Er einen Sohn hat, wenn Er wirklich Gott ist? Ich meine..."

Bei diesen Worten spürte Pater Michael, wie seine Geduld zerfaserte, eine wachsende Frustration über die Herausforderung, die weite Lücke zwischen ihren Glaubenswelten zu überbrücken.

Während des Gesprächs wurde Katembes Neugier geweckt, was ihn dazu veranlasste, eine Frage zu stellen, die seine Verwirrung widerspiegelte. "Gilt Jesus als dein Vorfahre?", fragte er. Sein Ton war verwirrt. "Euer Glaube scheint sich um einen einzigen Vorfahren zu drehen und nur um einen Geist oder Geist, wie ihr sagt. Unsere Traditionen werden durch zahlreiche Vorfahren und eine Vielzahl von Geistern bereichert. Dieses Konzept Ihrer Religion ist mir völlig fremd. Ich glaube, ich würde lieber den Lehren von *Chikwehu treu bleiben*." Katembes offener Ausdruck seiner spirituellen Vorliebe brachte ihn in eine Reihe mit einer Gruppe von Eingeborenen, die sich in ähnlicher Weise der Verlockung des Christentums widersetzten.

Aufgrund ihrer Weigerung sahen sie sich auf subtile Weise bestraft, indem ihnen unter dem Deckmantel des "Fastens" mehrere Tage lang die Nahrung verweigert wurde.

"Das Fasten dient dazu, den Geist zu reinigen und dem heiligen Geist zu ermöglichen, auf dich herabzukommen", erklärte

Schwester Martha und bot diese Erklärung an, um die Entbehrung zu rechtfertigen und einen geistlichen Nutzen anzudeuten. Nichtsdestotrotz wurde dieses erzwungene Fasten für Katembe und seine Altersgenossen weniger als religiöse Erleuchtung, als vielmehr als versteckte Strafe erlebt.

Mit dem Wachstum von Frere Town wuchsen auch seine Bewohner, und es entstand eine Gemeinschaft, die im Glauben ebenso vielfältig war wie in ihrem Streben nach einer friedlichen Existenz. Die Glocke des Markusdoms signalisierte nicht mehr Angst, sondern einen Aufruf, sich zu versammeln, zu lernen und die vielen Wege zu feiern, die sie zu diesem gemeinsamen Raum der Hoffnung und Erneuerung geführt hatten. Zahlreiche Einheimische nahmen das Christentum an, auch wenn einige unsicher blieben oder sich weigerten, die neue Kultur und den neuen Glauben anzunehmen.

Schwester Martha wandte sich mit einer eindringlichen Warnung an die Gruppe, die sich gegen eine Konversion zum Christentum sträubt: "Wenn unser Glaube und unsere Lebensweise keinen Platz in euren Herzen finden, muss ich leider sagen, dass der einzige Weg, der euch bleibt, eure Rückkehr in die Dörfer ist, die in der Wildnis verborgen sind. Aber seid gewarnt, an solchen Orten zeichnet sich der Schatten der Versklavung ab und droht euch erneut zu umgarnen." Allein die Erwähnung der Gefangenschaft jagte ihnen einen Schauer über den Rücken und weckte Erinnerungen an vergangene Gräueltaten, die sie verzweifelt nie wieder erleben wollten. Die Angst, sich diesen Schrecken noch einmal stellen zu müssen, verunsicherte sie zutiefst.

Sidi, die anfangs skeptisch war, spürte eine neu gewonnene Wertschätzung für die Offenheit der Missionarin, hob die Hand und erklärte: "Wir werden von Ihnen lernen." Innerlich bekräftigte sie: "Ja, wir werden unsere Vorfahren nicht im Stich lassen. Wir werden beide Vermächtnisse weiterführen."

KAPITEL 8

Teilung des Kontinents ohne Zustimmung

Die Berliner Konferenz (auch Kongo-Konferenz genannt) begann am 15. November 1884. Der Konferenzsaal, ein großer Saal, der mit den Emblemen des Imperiums und dem schweren Duft der Vorfreude geschmückt war, stand in starkem Kontrast zum trostlosen Wetter draußen. Die Stadt wurde von einem ungewöhnlich bitteren Regenfall heimgesucht, mit eisigem Regen, der alles in einen silbernen Frostglanz tauchte. Die Bäume, ihrer Blätter beraubt, standen als stumme Wächter des Wechsels der Jahreszeiten, ihre Äste zeichneten sich wie dunkle Adern gegen den schweren, grauen Himmel ab.

In diesem feierlichen Rahmen war die Luft elektrisiert von den Unterströmungen imperialer Ambitionen. Mit Ausnahme der Herrscher des Kontinents, von denen die Rede war, waren alle Führer der großen europäischen und amerikanischen Imperien entweder persönlich anwesend oder durch einen engen Delegierten vertreten. Die Versuche des Sultans von Sansibar, eine Einladung zu erhalten, wurden schnell abgewiesen und von den Briten mit Spott quittiert. Führer aus anderen afrikanischen Ländern wurden völlig übersehen, und ihre Anfragen, wenn überhaupt, stießen auf Gleichgültigkeit.

Die Konferenz gipfelte in einer Einigung mit drei zentralen Ergebnissen. Zum einen erkannte sie die Region an, die König Leopold II. zu seinem Privatbesitz erklärt hatte. Zweitens wurden verschiedene Gebietsansprüche in ganz Afrika validiert, die bereits in Kraft waren. Die wichtigste Konsequenz der Konferenz war jedoch die Schaffung eines Rahmens, der es den europäischen Nationen ermöglichte, afrikanische Gebiete zu beanspruchen und zu annektieren.

König Leopold II. von Belgien stand. Eine Figur der Autorität, sein Blick auf die riesige Karte Afrikas gerichtet, die den Raum dominierte. "Ich werde diesen Teil des Kontinents behalten", erklärte er und sein Finger landete endgültig im Herzen des Kongobeckens.

Seine Stimme, fest und unerschütterlich, erfüllte den Raum mit dem Gewicht seines Anspruchs.

Otto von Bismarck, der Orchestrator dieses diplomatischen Balletts, quittierte die Erklärung König Leopolds mit einem Nicken und musterte die Versammlung. »In der Tat, Eure Majestät,« begann er mit sanfter und diplomatischer Stimme. "Aber denken wir daran, dass nicht überall in Afrika die gleichen Früchte wachsen. Wie Sie richtig erkannt haben, ist das Kongobecken eine Fundgrube - reich an Ressourcen wie Gold, Diamanten und Kautschuk. Unsere Aufteilung muss gerecht sein."

König Leopolds Antwort kam sofort, sein Ton war von einer Mischung aus Stolz und Abwehr durchzogen. "Ich möchte Sie daran erinnern, Herr Bundeskanzler, dass der Kongo bereits unter meinem Schutz steht. Ich habe seinem Volk die Gaben der Zivilisation, des Christentums und der Erziehung geschenkt. Es ist mit Recht mein Land."

Ein Gemurmel der Unruhe regte sich unter den Abgeordneten, und das Gewicht von Leopolds Forderung hing schwer in der Luft. Die Brutalität seiner Herrschaft im Kongo war ein offenes Geheimnis, Geschichten von Amputationen, Versklavung und Mord wurden zwar geflüstert, aber nie offen zugegeben.

In dem Bemühen, den Fokus des Raumes zu sammeln, durchbrach Bismarcks Stimme die Spannung, indem er sich räusperte, bevor er sprach. "Meine Herren, unser Ziel hier ist eine friedliche Teilung Afrikas. Die besetzten Gebiete sollten natürlich unter die Souveränität der Besatzer fallen."

Es folgte zustimmendes Nicken, obwohl die Luft noch immer voll von unausgesprochenen Einwänden war.

Sir Henry Morton Stanley, der neben König Leopold saß, schwieg auffallend, da seine früheren Forschungen den Weg für Leopolds Ansprüche geebnet hatten. Seine Augen verrieten jedoch, dass er um das Leiden des Kongo unter belgischer Herrschaft wusste.

Edward Baldwin Malet aus dem Vereinigten Königreich warf ein und deutete auf die Karte. "Das Britische Empire wird Teile Ost- und Westafrikas behalten", erklärte er mit selbstbewusster Stimme.

"Und lassen wir das südliche Afrika nicht außer Acht, wo wir bereits Fuß gefasst haben", fügte der Amerikaner John A. Kasson hinzu, dessen amerikanischer Akzent sich unter den europäischen Klangfarben ausdrückte.

"Den Norden als unfruchtbar abzutun, bedeutet, potenzielle Reichtümer zu übersehen", entgegnete der Franzose Alphonse de Courcel und fügte der komplexen Vielfalt der Ansprüche eine weitere Ebene hinzu.

Fragen der Klarheit und der Grenzen stellten sich auf, und Phillip van der Hoeven aus den Niederlanden brachte die kollektive Unsicherheit zum Ausdruck. "Über welche Teile diskutieren wir eigentlich?", fragte er und suchte trotz der unersättlichen Aufteilung nach Klarheit.

Clemens Busch, der mit der detaillierten Schilderung des Verfahrens beauftragt war, beruhigte ihn: "Es wird eine Teilungskarte erstellt, auf welcher der Anteil jeder Nation aufgeführt ist." Clemens, der mit der Beschreibung ihrer Eroberungen beauftragt war, versicherte ihm: "Die Teilungskarte ist in Arbeit, eine Blaupause unserer neuen Weltordnung."

Zur gleichen Zeit tauchte Henry Morton Stanley seine Feder in Tinte und notierte Punkte: seine Feder, ein stummer Zeuge der Geschichtsschreibung. Da sich die Sitzung vertagte, wurde eine Schlussfolgerung für das folgende Jahr angesetzt. Allein die Abwesenheit afrikanischer Vertreter im Raum war eine stille Bestätigung der imperialen Missachtung der Stimmen der Kolonisierten. Die Entscheidung, am 26. Februar wieder zusammenzutreten, ließ viele Fragen unbeantwortet, aber der Weg nach vorn war klar - ein geteilter Kontinent, dessen Schicksal von denen besiegelt wurde, die ihn nicht kannten.

Die Entscheidung war charakteristisch für den imperialistischen Eifer dieser Ära, ein Moment, der in der Enge eines Berliner Konferenzsaals festgehalten wurde, der nun still ist und doch von dem Flüstern widerhallt, dass das Schicksal eines Kontinents ohne seine Zustimmung gezogen wird.

Der Konferenzsaal leerte sich und hinterließ das Echo einer Zukunft, die aus Ehrgeiz und Gier geformt war.

Draußen fiel der kalte Regen weiter, gleichgültig gegenüber dem Schicksal, das sich innerhalb dieser Mauern veränderte. Die Repräsentanten zerstreuten sich, die Luft noch schwer von der Schwere ihres Unternehmens.

Am 26. Februar des folgenden Jahres wurde die Teilung Afrikas beschlossen - ohne ihre Stimme.

Auf ihrem Thron sitzend, widmete Königin Victoria zusammen mit ihrem geschätzten britischen Königsrat am folgenden Tag der Proklamation des königlichen Herolds ihre ungeteilte Aufmerksamkeit:

"Die auf der Konferenz versammelten Nationen haben Afrika erfolgreich in fünfzig verschiedene Nationen aufgeteilt.

Die wichtigsten Kolonialgebiete waren wie folgt:

Das Vereinigte Königreich strebte die Schaffung einer kontinuierlichen Ausdehnung von Kolonien vom Kap bis nach

Kairo an, was es fast durch seine Herrschaft über Ägypten, den Sudan (bekannt als anglo-ägyptischer Sudan), Uganda, Kenia (bezeichnet als Britisch-Ostafrika), Südafrika und die heutigen Sambia, Simbabwe und Botswana (ehemals Rhodesien) erreichte. Darüber hinaus herrschte das britische Empire über Nigeria und Ghana (früher bekannt als die Goldküste).

Frankreich etablierte seine Präsenz in einem weiten Gebiet Westafrikas, das sich von Mauretanien bis zum Tschad (zusammen als Französisch-Westafrika bezeichnet) sowie Gabun und der Republik Kongo (Französisch-Äquatorialafrika) erstreckte.

Belgien übernahm unter König Leopold II. die Kontrolle über die heutige Demokratische Republik Kongo (damals Belgisch-Kongo).

Portugal erhob Anspruch auf Mosambik im Osten und Angola im Westen.

Italien gelang es, Somalia (Italienisch Somaliland) und einen Teil Äthiopiens zu sichern.

Deutschland erwarb Namibia (Deutsch-Südwestafrika) und Tansania (Deutsch-Ostafrika).

Spanien sicherte sich das kleinste Stück Land, Äquatorialguinea (Rio Muni), als Territorium."

Zu Beginn der 1890er Jahre machte das britische Protektorat seine Präsenz an der Ostküste Afrikas bekannt, angeblich um die indigenen Völker zu schützen - eine noble Erklärung, so wurde sie zumindest dargestellt. Als die Briten dieses neue Terrain durchquerten, waren sie erstaunt über die weiten Strecken fruchtbaren Landes, die sich vor ihnen ausbreiteten. Fasziniert von dem üppigen Tableau, das in der großzügigen Wärme der Äquatorsonne gewiegt war, fanden sie sich in einem Land wieder, in dem das Klima eine harmonische Mischung aus sanften Brisen und nährendem Sonnenlicht darstellte. Diese idyllische Kulisse bildete die perfekte Leinwand für die großen Pläne, die sie in ihren Herzen trugen.

Es ging das Gerücht um, dass die Briten von Motiven angetrieben wurden, die unter dem Deckmantel von Handel, Erkundung und der Ausbreitung der Zivilisation getarnt waren, behaupteten sie. Für die Ureinwohner war jedoch klar, dass sie die Ressourcen und die Menschen des Landes ausbeuten wollten.

In den letzten Jahren des 19. Jahrhunderts lag ein Schatten über den lebendigen Landschaften und Gemeinden entlang der ostafrikanischen Küste. Die 1890er Jahre markierten einen entscheidenden Moment in der Geschichte der Region, als die Imperial British East Africa Company unter der Schirmherrschaft einer britischen Royal Charter einen entscheidenden Schritt unternahm, der das Leben der indigenen Völker unwiderruflich verändern sollte. Diese Company, angetrieben von den unersättlichen Gelüsten des Handels und des Imperialismus, beanspruchte die Festlandsgebiete des Sultans von Sansibar, die sich von nördlich von Kipini bis Vanga erstreckten. Dieser Küstenstreifen war das Lebenselixier unzähliger Gemeinschaften, so auch der Giriama.

Die Briten versuchten, die Kontrolle durch Verträge und Gewalt zu etablieren, indem sie ihre Herrschaft durchsetzten und die Lebensweise der Ureinwohner störten.

Sie führten neue Gesetze, Steuern und Landaneignungsmaßnahmen ein, welche die sozialen und wirtschaftlichen Strukturen auf den Kopf stellten und zu weit verbreiteter Vertreibung und Unzufriedenheit in der lokalen Bevölkerung führten.

Mit Blick auf den unerschlossenen Reichtum des Landes stellten sich die Briten riesige Plantagen mit Sisal, Baumwolle und Kautschuk vor, die entlang der Ufer des Sabaki-Flusses gedeihen sollten. Dieser Fluss, eine lebenswichtige Schlagader, die das Land und seine Menschen ernährte, sollte nun das Rückgrat ihres Handelsunternehmens bilden. Doch diese Vision der landwirtschaftlichen Ausbeutung hatte einen hohen Preis für die Giriama, deren Leben mit dem Fluss und dem umliegenden Land verflochten war.

Seit Generationen bewirtschafteten die Giriama das fruchtbare Ackerland entlang der Sabaki, und ihre Felder brachten reiche Ernten ab, die ihre Gemeinden durch die Jahreszeiten des Überflusses und des Mangels hindurch ernährten. Die Ufer des Flusses waren heilig, ein Ort der Harmonie zwischen den Menschen und der Erde, die sie nährte. Darüber hinaus war das Anzapfen von Palmwein, eine Praxis, die so alt ist wie die Gemeinschaft selbst, nicht nur eine Einnahmequelle, sondern ein kulturelles Ritual, das die Menschen mit ihren Vorfahren und der Natur verband. Das Dekret der Briten, das diese uralten Traditionen verbot, war ein Schlag ins Herz der Giriama-Gesellschaft.

Die Ausrufung des Protektorats war mehr als ein politisches Manöver; es war eine Behauptung der Kontrolle über eine Region, die sich bis dahin dem vollen Zugriff des europäischen Imperialismus widersetzt hatte. Die Giriama und andere indigene Gemeinschaften standen im Fadenkreuz eines globalen Kampfes um Territorium, Ressourcen und Macht. Das fruchtbare Land entlang der Sabaki, einst die Quelle ihres Lebensunterhalts und Wohlstands, wurde nun von ausländischen Mächten begehrt, deren Pläne weit über die unmittelbaren Bedürfnisse der Menschen hinausgingen, die Sabaki ihre Heimat nannten.

Als die Briten ihr Protektorat errichteten, begann sich die Landschaft Ostafrikas zu verändern.

Die über Generationen geschliffenen und tief im Land verwurzelten traditionellen Lebensweisen wurden durch die Anforderungen der Kolonialverwaltung und der wirtschaftlichen Ausbeutung in Frage gestellt. Doch inmitten dieser Umwälzungen blieb der Geist der Giriama und ihrer Nachbarn ungebrochen. Ihr Widerstand gegen die Übergriffe der Kolonialherrschaft und ihre Entschlossenheit, ihr Land, ihre Traditionen und ihre Lebensweise zu schützen, sollten ein Weg der Hoffnung und des Trotzes im Angesicht der Widrigkeiten sein.

Edward, der Leiter der Expedition, ein Mann von robuster Statur mit durchdringenden blauen Augen, stand aufrecht und autoritär da. Sein Gesicht, gezeichnet von der Sonne und dem Meer, trug einen Ausdruck unerschütterlicher Entschlossenheit. Gekleidet in ein robustes Ensemble aus Khaki sah er ein wenig ungepflegt aus. Trotzdem war seine Präsenz ebenso gebieterisch wie seine Stimme, die das klare, unverwechselbare Timbre britischer Entschlossenheit in sich trug. Er atmete den Duft tief ein, als er sich einem wilden Minzstrauch näherte, dessen Blätter sich von der satten Farbe des Bodens abhoben. Der Duft, eine kraftvolle Mischung aus Erde und Frische, belebte ihn. »O ja! Das ist es, wovon ich spreche!« rief er, indem er durch die Lichtung hallte. Mit einer schnellen Bewegung und der Erinnerung an einen erfahrenen Schwertkämpfer zog er seine Klinge und ritzte ein Kreuz in die Erde. "Das ist ein Schatz, sehr fruchtbar! Wir werden hier unseren Bahnhof bauen", erklärte er, und seine Augen leuchteten von Visionen des Imperiums.

William, ein weiteres Mitglied der Expedition, lehnt sich in seine Kleidung, eine etwas raffiniertere Version von Edwards, obwohl sie den Staub der Reise trägt. Sein blondes Haar war nach hinten gekämmt und enthüllte eine skeptische Stirn. Sein Akzent, der von britischem Slang geprägt war, enthielt einen Hauch von Vorsicht. "Das wird eine ziemliche Arbeit sein; Dieser Ort ist ziemlich buschig", bemerkte er und sein Blick schweifte über das dichte Laub, das das Land zurückzugewinnen drohte.

Edwards Antwort ließ nicht lange auf sich warten, ein Grinsen umspielte seine Lippen und verriet einen Hauch von Arroganz. "Ach, kein Problem. Wir werden ein paar Ureinwohner holen und sie zur Arbeit zwingen, wenn sie leben wollen", erklärte er mit einer abschreckenden Mischung aus lässigem Imperialismus und Entschlossenheit.

Charles, der Jüngste des Trios, zuckte bei Edwards Worten unbehaglich zusammen. Seine Gesichtszüge waren weicher, weniger von den Elementen verhärtet, und in seinen Augen schimmerte ein Schimmer von Widerwillen. "Ich habe keine Lust auf einen weiteren Überfall; der in der Nähe von Mombasa hätte mich fast umgebracht!", protestierte er mit einer Mischung aus Angst und Trotz.

Edward ließ sich nicht beirren und lachte über Charles' Bedenken. »Ach, kommen Sie, wir haben unsere Gewehre, Granaten und Kanonen; Sie haben Pfeil und Bogen und ihre Buschreligion", spottete er, seine Zuversicht unerschütterlich.

Charles versuchte, Vernunft in das Gespräch zu bringen, und erwähnte die Giriama, einen lokalen Stamm, der für seine Jagdkünste bekannt ist. "Ich habe gehört, dass die Giriama gute Jäger sind, sehr präzise mit Pfeil und Bogen", sagte er, in der Hoffnung, ihm etwas Vorsicht einzuflößen.

Edwards Antwort war abweisend, eine neckische Erwiderung, die seine Unterschätzung der lokalen Bevölkerung unterstrich. »Keine Sorge, Robin Hood ist nicht hier«, scherzte er, und sein Lachen mischte sich mit dem Rascheln der Blätter.

Das Gespräch nahm eine Wendung, als Edward, der der Verlockung der Schätze des Landes nicht widerstehen konnte, eine Guave von einem nahe gelegenen Baum pflückte. Als er in die Frucht biss, schlossen sich seine Augen vor Glückseligkeit, eine kurze Flucht in die Süße, die seine Sinne umgab. "Mmmh, das beste aller Zeiten", murmelte er, und der Geschmack der Früchte bestätigte den Reichtum des Landes.

Allerdings zeichnete sich ein Schatten der Konkurrenz ab, als Charles das Interesse von Sultan Majid von Sansibar an der Region erwähnte.

Edwards Antwort war abweisend und spiegelte sein zielstrebiges Streben nach Ruhm wider. "Na ja, darum kümmern wir uns später", sagte er und wischte die Besorgnis mit einem Winken beiseite.

Charles, der immer ein Stratege war, schlug vor, die Ängste der Menschen vor Ort zu ihrem Vorteil zu manipulieren. "Ich habe eine Idee: Wir können die Ureinwohner einfach davon überzeugen, dass wir gekommen sind, um sie vor den Arabern zu schützen. Sie fürchten die Araber", schlug er mit einem Funkeln von List in den Augen vor.

Edward ergriff den Vorschlag und befahl zu handeln. »William, hol den Rest der Mannschaft. Wir haben Arbeit vor uns", sagte er mit entschlossener Stimme und erinnerte damit an den Beginn einer Kampagne, die den Lauf der Geschichte verändern sollte.

In diesem Augenblick, als die Winde flüsterten und die Blätter raschelten, hing Malindis Schicksal in der Schwebe. Es war ein Land zwischen den Ambitionen der Imperien und der Widerstandsfähigkeit seiner Bewohner.

KAPITEL 9

Das Verschwinden von Katilili

Katilili, inzwischen ein Jugendlicher, hatte miterlebt, wie fünfzehn volle Erntezyklen vergingen. Kaum hatte die Sonne den Horizont hinter sich gelassen, als Katilili und seine Brüder Kalama, Karema und Deeka mit vier Freunden sich auf den Weg zum Sabaki-Fluss machten. Die Luft war erfüllt von der Verheißung eines Abenteuers, der Morgentau glitzerte auf den hohen Gräsern, die ihren Weg säumten und Geheimnisse des kommenden Tages flüsterten. Ihr Lachen und Geschwätz hallten durch die Luft, eine Melodie von Jugend und Kameradschaft.

Als sie auf den vertrauten Pfaden navigierten, durchdrang eine plötzliche Erkenntnis Katililis Aufmerksamkeit - er hatte ein wichtiges Werkzeug vergessen, ein Geschenk seines Vaters Mulewa, ein Symbol für seinen Übergang zum Mann und eine wichtige Hilfe für ihren Angelausflug. Er blieb stehen und sah seine Freunde an, und das Gewicht der Enttäuschung lag schwer in seiner Stimme. »Ich muss zurück. Ich habe das Geschenk meines Vaters zurückgelassen. Wartet am Fluss auf mich; Ich komme schnell zurück und komme bald zu euch."

Seine Brüder und Freunde wussten, wie wichtig das Werkzeug war, und nickten zustimmend. "Beeil dich, Katilili. Wir warten auf deine Rückkehr", sagte Kalama und klopfte ihm auf die Schulter. Und damit drehte sich Katilili um, und sein Schritt beschleunigte sich, als er ihre Schritte zurückverfolgte und eine Spur von Staub hinterließ, die auf seiner Spur wirbelte.

Doch als die Sonne höher stieg und ihre goldene Wärme über das Land warf, war Katilili immer noch nicht zurückgekehrt. Ohne Wissen seiner Brüder und Freunde, die nun völlig in den Fang des Tages vertieft waren und jedes Mal lachten und schrien, wenn sie einen Fisch aus dem rauschenden Wasser von Sabaki fingen, erstreckte sich die Abwesenheit ihres Freundes auf Stunden. Als die Schatten länger zu werden begannen und der Fluss nicht mehr vom Sonnenlicht funkelte, sammelten sie ihren Fang und ihre Gedanken wandten sich nach Hause.

"Katilili muss beschlossen haben, zu Hause zu bleiben", sinnierte Karema, und ein Hauch von Enttäuschung lag in seinen Worten. Die anderen stimmten zu, wenn auch mit wachsendem Unbehagen.

Als sie zurückkehrten, war das Dorf in das sanfte Licht des Abends getaucht. Ihre Häuser, eine Ansammlung von Wärme und einladendem Licht, hätten ein tröstlicher Anblick sein sollen. Doch Katililis Abwesenheit warf einen Schatten auf das Dorf. Als Me-Katilili sah, wie ihre anderen Söhne ohne Katilili zurückkehrten, geriet sie sofort in Panik.

"Wo ist Katilili? Er ist nicht mit euch zurückgekehrt?« Me-Katililis Stimme, von Angst durchdrungen, durchschnitt die Stille des Abends. Die Jungen tauschten besorgte Blicke aus, und ihre Freude über das Abenteuer des Tages verflüchtigte sich wie Morgentau unter der Sonne.

»Wir dachten, er wäre zurückgeblieben«, erklärte Kalama mit Unbehagen in seiner Stimme.

Me-Katilili sank das Herz. "Nein, er ist mit dir gegangen. Er ist nicht zurückgekehrt, seit ihr alle im Morgengrauen gegangen seid", schluckte sie, ihre Stimme war kaum hörbar, gedämpft von ihrer wachsenden Angst. Ihre Augen quollen auf.

Die Ruhe im Dorf wurde erschüttert, als sich die Nachricht von Katililis Verschwinden verbreitete. Nachbarn versammelten sich mit besorgten Gesichtern und drückten Worte des Trostes und Gebete für seine sichere Rückkehr aus. Niemand hatte ihn gesehen, seit er sich an diesem Morgen von seinen Freunden und Brüdern getrennt hatte. Als die Dunkelheit das Dorf einhüllte, machte sich ein Gefühl der Vorahnung breit. Me-

Katilili, deren Geist tief mit den Ahnen und dem Göttlichen verwoben war, fühlte einen Schauer der Vorahnung. »Irgendetwas ist nicht in Ordnung«, murmelte sie, und in ihren Augen spiegelte sich die Angst, die ihr Herz ergriffen hatte.

Als Mulewa vom Verschwinden seines Sohnes hörte, organisierte er einen Suchtrupp. Trotz der Gefahren, die hinter ihrem Dorf lauerten, von Plünderern und Sklavenhändlern, die die Nacht durchstreiften, konnten sie das Tageslicht nicht erwarten. "Wir müssen ihn finden", erklärte Mulewa mit einer Mischung aus Entschlossenheit und Angst, und forderte die Männer zum Handeln auf.

Bewaffnet mit Fackeln und Waffen machte sich das Suchteam auf den Weg in die Dunkelheit und rief nach Katilili, ihre Stimmen hallten über die Felder und Wälder. In jedem Dorf, an dem sie vorbeikamen, fragten und flehten sie um ein Zeichen ihres vermissten Sohnes, aber jede Frage wurde mit Kopfschütteln und Beileidsbekundungen beantwortet.

Als die Nacht tiefer wurde, wagte sich das Suchteam weiter, angetrieben von einer Mischung aus Hoffnung und Verzweiflung. Die Gefahren, denen sie sich ausgesetzt sahen - wilde Bestien und lauernde Eindringlinge - verblassten im Vergleich zu dem Gedanken, Katilili einem unbekannten Schicksal zum Opfer zu fallen. Als der Mond hochstieg und seinen silbernen Schein über die Suchtruppe warf, bewegten sich die Männer eilig, und ihre Fackeln flackerten wie Glühwürmchen gegen die weite Dunkelheit. Mulewa führte sie an, sein Entschluss war ungebrochen, obgleich sein Herz schwer vor Furcht war. Die Nacht war von den Geräuschen der Wildnis erfüllt, eine Erinnerung an die Gefahren, denen sie ausgesetzt waren.

Mitten in der Nacht stieß der Suchtrupp auf weitere Dörfer und weckte deren Bewohner mit ihren eindringlichen Bitten. "Hast du Katilili gesehen?" wurde zu einem Refrain, der durch die Dunkelheit hallte und zu oft auf Verwirrung oder Besorgnis stieß, aber keine Antworten erhielt. Das Gelände wurde immer tückischer, als sie sich in den dichten Wald wagten, einen Ort, der im Dorf als das Reich von Geistern und unsichtbaren Gefahren geflüstert wurde. Die Bäume standen wie stumme Wächter, ihre Äste bewegten sich im Wind, als flüsterten sie einander Geheimnisse zu.

Mulewa hielt inne, hob seine Fackel hoch und warf Licht auf den schattigen Weg. "Wir dürfen nicht wanken", erklärte er mit fester Stimme, trotz der Angst, die an seinem Innern nagte. "Unser Sohn, unser Bruder, ist da draußen, und wir müssen ihn nach Hause bringen."

Zurück im Dorf Bungale hatte Me-Katilili, umgeben von ihren Freundinnen und der *Chifudu*-Frauenorganisation, die Kinder versammelt, ihre Stimmen hoben und senkten sich in einer eindringlichen Melodie aus Gebeten und Schutzliedern. Sie schufen einen Kreis der Einheit; ihre gefalteten Hände symbolisierten ihre kollektive Hoffnung und Stärke, ihre Augen spiegelten die Flammen des Feuers, das im Zentrum ihrer Zusammenkunft brannte.

Der Duft der geräucherten wilden Chan-Pflanze und das leise Gemurmel der Gebete erfüllten die Nachtluft, eine Übereinstimmung mit der erkennbaren Spannung und Angst, die alle Herzen erfasste.

Das mysteriöse Verschwinden von Katilili, dem ältesten Sohn, und der Stolz seiner Eltern und Geschwister (Karema, Kalama, Kavumbi, Kanazi, Mwathethe, Dyeka, Mwakidhiru und Mwedya) entflammte eine unerbittliche Suche. Diese Suche vereinte Me-Katilili, ihren Ehemann Mulewa und das lebendige Ensemble der *Chifudu*-Tänzer in einer saisonlangen Odyssee durch ihre angestammten Gebiete, angetrieben von der inbrünstigen Hoffnung, den Geist wieder zu umarmen, der ihre Familie einst ganz gemacht hatte.

Ihre Reise führte durch Dörfer, Gemeinden und Unterstämme - ihre Herzen waren schwer, aber sie ließen sich nicht beirren.

"Hast du unseren Sohn Katilili gesehen?" Me-Katililis Stimme, durchzogen von Verzweiflung und Hoffnung, hallte durch jede neue Siedlung, Mulewa an ihrer Seite, sein Blick durchdrang jeden Befragten, auf der Suche nach einem Funken der Erkenntnis.

Ein Dorfbewohner schlug warnend vor: "Versuchen Sie es mit den berüchtigten Häfen von Malindi oder Mombasa. Die Araber unterhalten dort versteckte Sklavenlager." Ihre Worte waren eine düstere Erinnerung an die Gefahren, die auf ihrer Suche lauerten.

Ein anderer, älter und von der Sonne zermürbt, riet mit einem Hauch von Bitterkeit: "Die britischen Posten könnten Ihre Antwort haben. Sie behaupten, uns vor den Fesseln der Sklaverei zu schützen, aber es gibt viele Gerüchte, dass auch sie unser Volk gefangen nehmen und es zwingen, auf entfernten Plantagen zu schuften."

Und von einer düsteren Gruppe kam die Offenbarung: "Wir haben vor ein paar Tagen auch ein paar junge Männer verloren..." Ihre Stimmen verstummten, ein gemeinsames Verständnis des Verlusts verband sie für einen Moment mit Me-Katilili und Mulewa.

Als Me-Katilili und Mulewa die Landschaften ihrer Vorfahren durchquerten, fühlte sich die Abwesenheit von Katilili immer tiefer an.

Nichtsdestotrotz wuchs ihre Entschlossenheit, ihn zu finden, angeheizt durch die Geschichten und Warnungen derer, die sie trafen. Jeder Ratschlag, jede erzählte Geschichte eines Verlusts fügte ihrer Suche weitere Schichten hinzu und zeichnete ein komplexes Bild von Hoffnung, Verzweiflung und der unnachgiebigen Stärke ihrer Familie.

Im Laufe der nächsten Erntesaison setzten Katililis Eltern ihre unermüdliche Suche nach ihrem Sohn fort.

"Meine Leute, wir suchen unser Kind, Katilili, meine Erstgeborene. Er ist ein starker Junge, er ist ungefähr so groß«, machte sie eine Geste, die auf schulterhoch deutete. "Er ist schlank, seine Muskeln sind noch jung, seine dunkelbraunen Augen sind groß wie meine, er hat dicke Augenbrauen und seine Hautfarbe ist genau wie die seines Vaters", sie warf einen Blick auf Mulewa, "Und wenn er lächelt, hat er ein Grübchen auf der linken Wange", und malt ein lebhaftes Bild von Katilili, einem Mijikenda-Jungen von fünfzehn vollen Jahreszeiten, dessen Lachen einst ihr Zuhause mit unendlicher Freude erfüllte.

Die Reaktion, auf die sie stießen, war eine Mischung aus geteilter Trauer und Empathie. In jedem Dorf, inmitten des Flüsterns des Windes und des Rauschens der Bäume, ging derselbe Refrain unausgesprochenen Verständnisses von einer Familie zur andern. Das Phänomen des Verschwindens der Kinder hatte viele berührt, und die Leere, die Katililis Abwesenheit hinterlassen hatte, schien das Wesen des Geistes der Gemeinschaft zu durchdringen.

Me-Katilili, die die Widerstandsfähigkeit und tiefe Ehrfurcht vor den Traditionen und der Religion der *Chimila* und *Chikwehu* verkörpert, leitete die Suche nach ihrem vermissten Sohn mit einem Herzen, das von Trauer belastet war, aber von einem unnachgiebigen Geist angetrieben wurde. Ihre Stimme, die von der Tiefe der grenzenlosen Liebe einer Mutter erfüllt war, hallte durch die Dörfer, als sie versuchte, ihren verschwundenen Nachfahren ausfindig zu machen. Neben Mulewa, ausgewählten Familienmitgliedern und den standhaften Gefährtinnen der *Chifudu*-Frauenvereinigung zog ihre Anwesenheit eine große Menschenmenge an und zog die Aufmerksamkeit der besuchten Gemeinden auf sich.

Während der ungeplanten Zusammenkünfte, die durch ihre Reise ausgelöst wurden, erkannte Me-Katilili eine außergewöhnliche Chance, die das Schicksal in ihren Weg eingewoben hatte. Es war nicht mehr nur eine Suche nach Katilili, es war ein Ruf zu einem höheren Ziel. Die Luft, erfüllt vom kollektiven Atem der Versammelten, wartete auf ihre Worte wie trockene Erde nach Regen. Sie stand vor ihnen, nicht nur als Hilfesuchende, sondern auch als Visionärin, die bereit war, eine tiefe Einsicht zu teilen. Da jede anwesende Seele an ihren Worten hing, nutzte Me-Katilili den Moment, um ihr ursprüngliches Streben zu transzendieren. Sie wurde zu einer Mentorin und Führerin und webte eine Erzählung, die einem doppelten Zweck diente: Hilfe zu suchen und, was noch wichtiger ist, die Herzen und Köpfe vor ihr zu erleuchten. Sie nutzte diese unerwartete Plattform, um Licht auf die drohenden Schatten zu werfen, die von ausländischen Invasoren geworfen werden, deren finstere Motive sich lautlos in ihre Mitte schleichen.

Ihre Worte waren nicht nur Warnungen, sondern ein Weckruf zu Bewusstsein und Ermächtigung. Me-Katilili klärte die Gemeinde über die subtilen Gefahren auf, die von den Eindringlingen ausgehen, und forderte sie auf, hinter den Schleier der Täuschung zu blicken. Durch ihre fesselnde Redekunst erweckte sie ein Gefühl der Einheit und Stärke und inspirierte ihr Volk, ihr Erbe vor den heimtückischen Übergriffen zu schützen. Bei ihrer Mission versuchte Me-Katilili nicht nur, Katilili zu finden. Ihr Ziel war es, die Seele ihrer Gemeinschaft zu stärken, indem sie jedes zuhörende Ohr in ein wachsames Auge gegen die Bedrohungen verwandelte, die ihre Existenz zu untergraben suchten.

Sie stand vor ihnen, nicht nur als warnende Stimme, sondern als kraftvoller Aufruf zur Solidarität und zum Trotz. Ihre Worte waren mehr als nur warnende Geschichten; sie waren ein lebendiger Schlachtruf für Einheit und Widerstand und spiegelten die tiefe Stärke wider, die durch das Gewebe ihres kollektiven Geistes und ihrer angestammten Klugheit gewebt war. Me-Katilis Rede ging über ein einfaches Plädoyer für die Wiedervereinigung ihrer Familie hinaus. Es war ein bewusster Akt, um ihre Gemeinschaft gegen die schleichende Dunkelheit zu wappnen, die ihre Lebensweise bedrohte.

Ihr Ziel war es, ihr Erbe in einer unnachgiebigen Widerstandsfähigkeit zu verankern und sicherzustellen, dass es im Kielwasser fremder Gefahren unerschütterlich bleibt.

In diesen Momenten persönlicher Prüfungen erblühte ihre Führung zu einer Lichtfigur der Hoffnung, die den Weg in die Zukunft erleuchtete. Es war eine widerhallende Erklärung des unzerbrechlichen Geistes, der durch die Adern des Volkes der Mijikenda fließt. Ihre Entschlossenheit, angetrieben vom Feuer der Leidenschaft und der Tiefe ihrer Liebe zu ihrem Volk, verwandelte ihre Angst in eine Bastion der Stärke. Me-Katilili versuchte mit ihrem Aufruf nicht nur, die physischen Grenzen ihrer Gemeinschaft zu wahren. Sie versuchte, ihren Geist zu verewigen und sicherzustellen, dass das Vermächtnis der Mijikenda für immer unverwüstlich und ungetrübt in den Annalen der Geschichte widerhallen würde.

Mulewa, flankiert von einem Kader der tapfersten und tapfersten Männer des Dorfes, begab sich auf eine anspruchsvolle Odyssee. Dies war nicht nur eine Reise, sondern eine Prüfung von Ausdauer und Mut, die sich übermehrere zermürbende Tage erstreckte, in denen sie den schmalen Grat zwischen Überleben und Gefahr beschritten. Ihr Weg führte sie zu den pulsierenden, wimmelnden Docks von Malindi und Mombasa, wo die Luft vom Duft von Meersalz und dem Gemurmel unzähliger Sprachen erfüllt war. In diesen geschäftigen Epizentren des Handels und der Unruhen war die Ungewissheit so greifbar wie die feuchte Luft und warf einen Schatten, der sowohl den Hoffnungsschimmer als auch das Gespenst der Verzweiflung in sich trug.

Ihre Suche erstreckte sich weiter bis nach Frere, einer Oase des Trostes für Seelen, die sich von den grausamen Fesseln der Sklaverei befreit hatten. Hier, inmitten des Flüsterns der Bäume und der sanften Brise, war die Luft schwer von Geschichten über Trauer und Liedern der Freiheit, ein ergreifendes Mosaik aus menschlicher Ausdauer und dem Durst nach Befreiung. Es war ein Ort, an dem jeder Hauch das Gewicht tragischer und triumphaler Erzählungen von Leben trug, das aus der Asche der Gefangenschaft wiedergeboren wurde.

Die Expedition führte nach Kengeleni, wo die Missionskirche als leuchtendes Symbol des Glaubens und der Wiedergeburt stand.

Vor der Kulisse von grünem Grün und dem ruhigen Chor der Natur streckte sich der Turm der Kirche in den Himmel, ein Leuchtfeuer für alle, die Trost und einen neuen Weg im Licht ihres neu gefundenen Glaubens suchten. Hier, zwischen den heiligen Böden, auf denen Glaube und Schicksal miteinander verflochten waren, begegnete die Gruppe Geschichten von Verwandlung und Erlösung, von Leben, die unter dem wachsamen Blick des Göttlichen auf Hoffnung und gemeinschaftliche Harmonie ausgerichtet wurden.

Bei jedem Schritt ihrer Reise navigierten Mulewa und seine Gefährten durch das komplizierte Geflecht menschlicher Erfahrungen und begegneten den beiden Gesichtern von Verzweiflung und Hoffnung, Knechtschaft und Freiheit, während das Gespenst ihrer Sterblichkeit immer näher rückte. Ihre Reise stellte die unbegrenzten Fähigkeiten des menschlichen Geistes auf die Probe, ein lebendiges Kapitel in der anhaltenden Saga des Kampfes, der Ausdauer und des unaufhörlichen Strebens ihres Volkes nach einer besseren Zukunft.

Diese Männer, getrieben von einer Lunte aus Entschlossenheit und Verzweiflung, durchkämmten alle Ecken und Winkel und jedes potenzielle Versteck, von dem sie vermuteten, dass sich ihr geliebter Katilili verbergen könnte. Ihre Suche war erschöpfend und erstreckte sich über bekannte und verborgene Regionen. Sie alle hofften, einen Hinweis, ein Zeichen, irgendetwas zu finden, das sie zu Katilili führen würde. Trotz ihrer unermüdlichen Bemühungen und der Weite des zurückgelegten Geländes brachte ihre Suche nichts als Herzschmerz hervor. Katilili blieb verloren, seine Gegenwart fehlte in jeder Ecke, um die sie bogen, in jedem Schatten, den sie untersuchten. Die harte Realität brach ein - trotz ihres Mutes und ihrer Entschlossenheit war Katilili nirgends zu finden. Das Schweigen, das auf ihre Nachforschungen folgte, war eine schwere Bürde, die das Ausmaß ihres Verlustes verriet und Mulewa und seine Gefährten mit leeren Händen zurückkehren ließ. Ihre Geister waren von der Leere ihrer Suche niedergedrückt. Me-Katilili weigerte sich, sich von der Verzweiflung an ihre Hoffnung binden zu lassen, und wandte sich den uralten Perlen der Weisheit zu und tauchte mit einer aus Verzweiflung geborenen Inbrunst in die spirituellen Gefilde ein. Sie suchte Rat bei den Hütern des Unsichtbaren, den Wahrsagern und religiösen Spezialisten, deren Verbindungen zur jenseitigen Welt einen Hoffnungsschimmer versprachen. Ihre Reise durch die spirituelle Landschaft war ebenso turbulent wie die physische, mit Offenbarungen, die das Messer des Schmerzes tiefer in ihr Herz bohrten. Während einige von Reichen sprachen, die für die Lebenden unerreichbar waren, sprachen andere eine noch erschütterndere Wahrheit aus - dass Katilili die Schwelle zum Reich der Ahnen überschritten und die Welt hinter sich gelassen hatte, auf der er einst getanzt hatte.

Nach solchen verheerenden Enthüllungen boten die Bräuche ihrer Vorfahren einen Anschein von Trost. Die Familie, in das Gewand der Trauer gehüllt, vollzog das düstere Ritual der üblichen Beerdigung. Anstelle ihres Sohnes, den sie nicht finden oder zur Ruhe legen konnten, mussten sie symbolisch den Stamm einer Bananenstaude begraben, der den Geist von

Katilili verkörperte, während sich die Gemeinde versammelte, um die Bestattungsriten durchzuführen. Der Akt des Rasierens ihrer Köpfe diente als ergreifendes Symbol ihrer Trauer, als physische Manifestation der Leere, die nun in ihren Herzen lag.

Obwohl dieser zeremonielle Abschied von der Tradition durchdrungen war, war er nur ein zerbrechlicher Balsam für den brennenden Schmerz des Verlustes. In diesem Akt der gemeinsamen Trauer banden die Verwandten sie an ihre Vorfahren, aneinander und an das Land, das sie ihr Zuhause nannten. Ein Ort, der ein Flüstern des Trostes bot, ein Versprechen, dass Katilili, obwohl körperlich abwesend, für immer im Geiste unter ihnen tanzen würde, eine Erinnerung an die Liebe, den Verlust und die bleibende Stärke einer Familie, die in Trauer und Hoffnung vereint war. Diese Trauer war nicht nur ein kurzer Schatten, sondern ein tiefer, durchdringender Schmerz, der vom Verschwinden von Katilili, Me-Katililis Sohn, ausging. Für Me-Katilili, eine Mutter, deren Herz so weit war wie das Land, auf dem sie wandelte, überstieg dieser Verlust persönliche Qualen; Es war ein Riss in ihrem Wesen, der einen uralten Schmerz widerspiegelte - die Trauer einer Mutter um ein Kind, das an der prekären Schwelle zwischen Jugend und Mann stand.

Dies war nicht nur Me-Katililis Geschichte, sondern eine gemeinschaftliche Wunde, die durch das Herz der Mijikenda-Gemeinschaft blutete und die kollektive Trauer und Solidarität unter den Agiriama wieder aufleben ließ. Das Echo der Trauer um Kithi, eine weitere Seele, die dem unersättlichen Schlund des Schicksals zum Opfer gefallen war, verflochten sich mit der aktuellen Verzweiflung und vertiefte das Gefühl des Verlustes, das so alt wie unmittelbar war. Inmitten dieses Abgrunds der Trauer tauchte ein Aufflackern von Sinn auf, entfacht durch die Traditionen und Rituale, die ihr Volk lange Zeit geprägt hatten. In dieser Landschaft der Trauer und des Gedenkens wurde Me-Katililis Trauer zum Spiegelbild einer zutiefst persönlichen und weit verbreiteten gemeinsamen Trauer. Diese Trauer war im Begriff, eine Bewegung des Widerstands und der Einheit zu katalysieren, die auf dem reichen Boden ihrer Traditionen und Überzeugungen gründete.

Die verborgene Kraft des *Chifudu-Tanzes*

Als die Sonne aufging und den Himmel mit goldenen und purpurroten Strichen bemalte, begaben sich Me-Katilili und ihr Gefolge auf eine Reise, die den Weg für Legenden ebnen sollte. Ihre Bewegungen, geschmückt mit den vibrierenden Ausdrücken des *Chifudu*-Tanzes, waren von Anmut und Trauer, und jeder Schritt verkörperte ihren unnachgiebigen Geist. Mit seinen rhythmischen Beats und temperamentvollen Drehungen überwand dieser Tanz seine Ursprünge als Trauermedium. Stattdessen entwickelte es sich zu einem mächtigen Symbol des Widerstands, zu einem Schlachtruf, der durch die Hügel und Täler der Giriama-Länder hallte.

In der strategischen Reichweite von Me-Katilili wurde der *Chifudu-Tanz* - traditionell ein tiefer Ausdruck der Trauer und ein Mittel, um die Geister der Verstorbenen zu ehren - auf geniale Weise als Deckmantel für eine heimlichere Agenda umfunktioniert. Dieser Tanz, der tief in den Ritualen des Gedenkens verwurzelt ist, verwandelt sich auf subtile Weise in ein Instrument des heimlichen Widerstands. Sie bot einen Anschein von Trauer, eine geschickte Fassade, die es den zersplitterten Individuen ihrer Gemeinschaft ermöglichte, in Einheit zusammenzukommen, während ihre wahre Bestimmung vor neugierigen Blicken verborgen blieb.

Diese feierlichen Versammlungen entwickelten sich zu unverwüstlichen Vorposten des Widerstands. Wie Samen, die still und leise in den reichen Boden gemeinsamer Geschichte und Identität gesät wurden, keimten sie zu einer stillen Zurechtweisung der Versuche der britischen Herrschaft, ihre kulturellen Praktiken und kollektiven Ausdrucksformen zu unterdrücken.

Dieser verschleierte Trotz, eingebettet in die traurigen Schritte des *Chifudu*-Tanzes , stand als verkappte Weigerung, die Winde fremder Kontrolle ihre kulturelle Flamme auslöschen zu lassen. Durch diesen genialen Umgang mit der Tradition bewahrte Me-Katilili nicht nur die Essenz der Identität ihres Volkes, sondern schürte auch das Feuer des Widerstands, das sich unter der Oberfläche der Trauer verbirgt.

Als Me-Katilili ihr Volk in diesen Tänzen anführte, vibrierte die Luft mit der Energie der Einheit und des Trotzes. Die leuchtenden Farben ihrer Kleidung, die entschlossene Neigung ihrer Köpfe und das unnachgiebige Funkeln in ihren Augen sprachen von einem Volk, das nicht durch Trauer zerbrochen, sondern durch sie gestärkt wurde. Der *Chifudu-Tanz* wurde zu mehr als einem Ritual, er war eine Erklärung, dass sie sich trotz ihrer Trauer, nicht einschüchtern ließen. Im gemeinsamen Rhythmus ihres Tanzes fanden die Agiriama eine Stimme, die von Widerstandsfähigkeit, unverminderter Hoffnung und einem unerschütterlichen Engagement für die Bewahrung ihrer Kultur und ihres Glaubens flüsterte.

Versammlungen, welche die Aufmerksamkeit der Briten auf sich ziehen

Me-Katililis Versammlungen begannen, die Glut des Widerstands und der Koalition zu schüren. Diese Versammlungen, die aus den rhythmischen Schritten des *Chifudu*-Tanzes hervorgingen , wurden zu Schmelztiegeln der Solidarität, die trotzig von der kollektiven Kraft eines Volkes strotzten, das im Schatten der Trauer vereint war. Als Me-Katilili von Dorf zu Dorf zog, dienten die Tänze nicht nur als Ausdruck der Trauer, sondern auch als starke Magneten, welche die zerstreuten Söhne und Töchter der Giriama zu ihren Wurzeln, ihrer Kultur und ihrer gemeinsamen Entschlossenheit gegen das unterdrückende Joch der britischen Herrschaft zurückzogen.

In diesen Zusammenkünften pulsierte die Luft mit mehr als nur dem gemeinsamen Rhythmus des Tanzes; sie vibrierte mit den Worten von Me-Katilili, die mit der Autorität eines spirituellen Führers und der Leidenschaft einer trauernden Mutter der alten Weisheit des Chikwehu neues Leben einhauchte.

Ihre Stimme, reich an dem Timbre der Überzeugung und der Wärme mütterlicher Liebe, hallte durch die Menge und erzählte Geschichten von vergangenem Ruhm, gegenwärtigen Kämpfen und Zukunftshoffnungen.

Sie sprach über die Bedeutung der wirtschaftlichen Unabhängigkeit, die Tugenden der Regierung durch das Volk und die Heiligkeit ihres Landes und seiner Traditionen. Ihre Worte forderten ihr Volk auf, ihren Glauben an sich selbst zu erneuern und standhaft gegen die Übergriffe zu stehen, die ihre Identität zu untergraben drohten.

Unter der Leitung von Me-Katilili wurden die Zusammenkünfte zu mehr als bloßen Versammlungen. Sie verwandelten sich in Foren der Erleuchtung und Ermächtigung. Durch sie fanden die Agiriama eine Stimme, um ihre Beschwerden zu artikulieren, eine Plattform, um ihre Bestrebungen zu teilen, und ein Leuchtfeuer, das sie durch die Dunkelheit der kolonialen Unterwerfung führte. Die Botschaft von Me-Katilili war klar: Ihre Traditionen waren keine Relikte der Vergangenheit, sondern das Fundament ihrer Identität und ihres Widerstands. Ihr Aufruf zum Handeln hallte in der Gemeinde wider und entfachte ein Gefühl des Stolzes und der Entschlossenheit, ihr Erbe allen Widrigkeiten zum Trotz zu bewahren. In diesen Momenten des kollektiven Trotzes und der Solidarität entdeckten die Agiriama die Stärke ihrer Bindungen wieder. Jede Versammlung, jeder Tanz, jede gemeinsame Geschichte und jeder widerhallende Gesang wurden zu Elementen eines Mosaiks des Widerstands, das die Geschichte von

Widerstandsfähigkeit und Hoffnung erhellte. Me-Katilili wurde durch ihre Führung zur Verkörperung dieses Kampfes - ein Symbol für den unzerbrechlichen Geist der Agiriama.

Ihre Bemühungen blieben nicht unbemerkt. Die britischen Behörden sahen in diesen Zusammenkünften eine Bedrohung ihrer Kontrolle, eine Herausforderung für ihre Autorität. Doch die Giriama, inspiriert von Me-Katililis Inbrunst, ließen sich nicht beirren, ihre Entschlossenheit wurde durch den kollektiven Willen verstärkt, ihre Lebensweise zu schützen. Während der bedrückenden Schatten der Kolonialherrschaft fanden die Giriama in Me-Katilili ein leuchtendes Licht, das sie zu einem Tanz des Trotzes führte, der mit der Kraft ihrer Vorfahren und der unnachgiebigen Hoffnung auf ihre Zukunft mitschwang.

Sie und ihre Anhänger verschleierten ihre Versammlungen geschickt vor den britischen Behörden, indem sie diese als Trauerzüge tarnten.

Unter dem Deckmantel des *Chifudu*-Totentanzes zogen sie heimlich von einem Dorf zum anderen. In den melancholischen Rhythmen und Trauertänzen, die einen Trauerfall nachahmten, flüsterten sie Botschaften des Trotzes und säten unter den Ureinwohnern die Saat des Trotzes gegen den britischen Imperialismus. Dieser heimliche Tanz der Rebellion ermöglichte es ihnen, ihre Botschaft unter den wachsamen Augen der Kolonialherrschaft zu verbreiten und die Trauer in ein mächtiges Werkzeug der Einheit und Kampfkraft zu verwandeln.

Angesichts der eskalierenden Turbulenzen, die ihre Gemeinschaft umgaben, wurde Me-Katililis Entschlossenheit nur noch stärker. Ihre Religion wurde zu ihrem Heiligtum, zu einer Säule des Glaubens und der Macht im Chaos. Auf der Suche nach Trost für ihre vielfältigen und tiefsitzenden Schmerzen fand sie Zuflucht in Meditation und Gebet, während ihr Geist in der ruhigen Umarmung der heiligen *Kaya*-Wälder mit dem Göttlichen kommunizierte. Hier, inmitten des Flüsterns uralter Bäume und des sanften Liebkosens des Windes, vertiefte sich ihre Spiritualität und verwob ihr Wesen mit der Seele der Erde und dem Gefüge der menschlichen Gesellschaft.

Me-Katilili suchte Trost und Kraft in der heiligen Einsamkeit der *Kaya*-Wälder, wo die Luft von der Weisheit der Alten brummt. Diese uralten Haine, die in Nebel und Geheimnisse gehüllt waren, waren das lebendige Herz des Mijikenda-Landes, ein Heiligtum, in dem die Geister der Vorfahren durch das Rascheln der Blätter und die Liebkosungen des Windes flüsterten. Hier, zwischen den hoch aufragenden Wächter-Bäumen, die über Generationen hinweg Wache gestanden hatten, fand Me-Katilili Trost vor dem Sturm ihrer Trauer und ihrer Bestimmung.

Die heiligen *Kaya*-Wälder waren nicht nur ein Rückzugsort, sondern ein Ort tiefer spiritueller Gemeinschaft, wo sich der Schleier zwischen den Welten lichtete und den Austausch von göttlicher Weisheit und irdischem Leid ermöglichte.

Geleitet vom Flüstern der Ahnen und der feinsinnigen Sprache der Natur vertiefte Me-Katilili ihre Verbindung zum spirituellen Reich.

Sie wanderte sowohl als Studentin als auch als Medium auf den Waldwegen und lernte die Geheimnisse kennen, die das Land in sich trug - die heilenden Tugenden von Kräutern, Wurzeln und Blättern; die heilige Geometrie der Steine; und die Anrufungen, die die Segnungen des Regens und der Güte heraufbeschworen.

Diese Geheimnisse, die durch das Rauschen des Waldes weitergegeben wurden, wurden zu den Fäden, mit denen Me-Katilili ihre Rituale der Beschwichtigung und des Schutzes webte, um die Gunst Gottes und der Ahnen zu suchen.

Ihre Praktiken, die in der uralten Weisheit der *Chikwehu* verwurzelt waren, waren Akte des Glaubens und des Trotzes, die die Verbundenheit ihres Volkes mit dem Land und ihren Widerstand gegen die Kräfte, die es zu durchtrennen suchten, bekräftigten.

Weissagung

In der Ruhe des heiligen Kaya Jilore entfaltete sich für Me-Katilili eine tiefgreifende Verwandlung, ein Moment göttlicher Intervention, der den Weg ihres Schicksals und das des Mijikenda-Volkes für immer verändern sollte. Als sie auf der Erde kniete, das Herz zum Himmel hin geöffnet, schien sich die Grenze zwischen dem Zeitlichen und dem Ewigen aufzulösen und sie in ein Licht zu hüllen, das weder von der Sonne noch vom Mond war, sondern von etwas viel Älterem und Tiefgründigerem. In dieser heiligen Gemeinschaft, in der sich das Flüstern der Ahnen mit dem Atem Gottes vermischte, wurde Me-Katilili mit der Gabe der Weissagung beschenkt, die sie als auserwählte Verbindung zwischen den Welten der Lebenden und der Geister kennzeichnete.

Diese göttliche Begabung war weit mehr als eine persönliche Ehre, es war eine Verantwortung, eine Berufung, die sie mit einem Sinn erfüllte, der so tief war wie die Wurzeln der heiligen *Kaya*-Wälder selbst. Mit dieser Gabe konnte Me-Katilili hinter den Schleier der Gegenwart blicken, in die Bereiche der Möglichkeiten und der Warnung.

Ihre Visionen waren zwar kryptisch, boten aber Orientierung und Einsicht und gaben Aufschluss über den Weg, den ihr Volk beschreiten muss, um seine Identität zu bewahren und den vordringenden Schatten der Kolonialherrschaft zu widerstehen.

Ausgerüstet mit ihren neu entdeckten Fähigkeiten tauchte Me-Katilili aus den *Kaya*-Wäldern nicht nur als trauernde Mutter auf, sondern auch als Vorbild für Hoffnung und Widerstand für die Agiriama. Ihre Wahrsagekräfte wurden zu einem Symbol göttlicher Gunst und bekräftigten die Rechtschaffenheit ihres Kampfes und die Heiligkeit ihrer Traditionen. In den Augen ihrer Gemeinschaft drückte Me-Katililis Geschenk die bleibende Präsenz und den Schutz ihrer Vorfahren aus, ein heiliges Band, das keine äußere Kraft zerreißen konnte.

Die göttliche Intervention belebte die Giriama-Entschlossenheit neu und erfüllte sie mit einer spirituellen Inbrunst, die über die physische Welt hinausging. Me-Katililis Visionen leiteten ihre Führung und boten Strategien an, bei denen es sowohl um spirituelle Ausrichtung als auch um taktische Guerillamaßnahmen ging. Durch sie sahen die Agiriama die Verkörperung ihres Glaubens und die greifbare Präsenz ihrer Vorfahren, die eine kollektive Widerstands-fähigkeit inspirierten, die in den Annalen ihrer Geschichte widerhallen sollte. Indem sie das Geschenk der Wahrsagerei empfing, wurde Me-Katilili nicht nur zu einer Hüterin der Vergangenheit ihres Volkes, sondern auch zu einer visionären Anführerin für ihre Zukunft, die mit der ruhigen Hand eines vom Göttlichen geleiteten Menschen durch die turbulenten Gewässer des kolonialen Widerstands navigierte.

Aus den Tiefen der persönlichen Verzweiflung und des gemeinschaftlichen Kummers erhob sich Me-Katilili, verwandelt durch göttliches Eingreifen und tiefe Gemeinschaft mit den Ahnen in den heiligen *Kaya*-Wäldern. Ihr Auftauchen markierte einen entscheidenden Moment in der Geschichte der Agiriama und symbolisierte die Geburt eines Führers, dessen Geist mit Absicht entflammt war und dessen Herz durch die Weisheit der Zeitalter gestärkt wurde. Dies war nicht nur ein persönlicher Triumph, sondern auch eine Quelle der Hoffnung für ihre Gemeinschaft, welche die Fähigkeiten des mensch-lichen Geistes und die unnachgiebige Kraft des Glaubens darstellte.

Me-Katililis Weg war geprägt von tiefer persönlicher Trauer, den Verlust einer Mutter und einer Schwester zu erleiden. Trotz dieser tiefen Trauer stieg sie zu einem Vorbild geistlicher und kultureller Führung auf. Ihre Reise verkörpert den unnachgiebigen Geist der Agiriama.

Ihre göttliche Gabe der Wahrsagerei und die Autorität, mit der sie von den Offenbarungen sprach, die ihr in den *Kaya*-Wäldern zuteilwurden, fanden bei ihrem Volk tiefe Resonanz. Sie sahen in ihr nicht nur eine Anführerin, sondern auch eine Manifestation des Schutzes und der Führung ihrer Vorfahren, ein lebendiges Symbol ihres Kampfes gegen die Kräfte, die ihre Identität und Souveränität zu verringern suchten.

Mit jeder Dorfversammlung, jedem durchgeführten Ritual und jedem Wort der Weisheit, das sie teilte, inspirierte Me-Katilili eine Revolution des Herzens und der Seele unter den Giriama. Ihre Führung wurde nicht durch Macht erzwungen, sondern durch das kollektive Gedächtnis und die gemeinsamen Bestrebungen ihres Volkes genährt. Sie rief sie nicht zu den Waffen, sondern zur Einheit auf, zu einem unerschütterlichen Engagement, ihre Kultur, ihr Land und ihre Traditionen gegen koloniale Übergriffe zu bewahren. Unter der Führung von Me-Katilili fanden die Giriama einen neuen Sinn und eine neue Richtung. Ihre Visionen boten sowohl Weitsicht als auch Einsicht und ermöglichten es ihren Mitarbeitern, die Herausforderungen ihrer Zeit mit einer Mischung aus alter Weisheit und neu gewonnener Widerstandsfähigkeit zu meistern. Die Anhäufungen von Widerstand, die sie auslöste, waren von den Säulen der Solidarität, des Trotzes und der Hoffnung durchdrungen und schufen ein Vermächtnis, das über ihre Jahre hinaus Bestand haben sollte.

Me-Katililis tiefe Verbindung zu den natürlichen und spirituellen Bereichen hatte ihr bemerkenswerte Gaben verliehen, die sie außergewöhnlich machten. Sie wurde zu einer Heilerin von beispiellosem Können, diagnostizierte Krankheiten mit unheimlicher Präzision und befreite diejenigen, die von bösen Geistern heimgesucht oder von den Leiden des Lebens belastet wurden. Ihr Blick, abgestimmt auf den himmlischen Tanz der Sterne, des Mondes und der Sonne, gewährte ihr Einblicke in die kosmische Ordnung.

Mit diesem himmlischen Wissen konnte sie bevorstehende Katastrophen vorhersagen, ihr Volk warnen und es durch die Stürme führen, die sie in ihren Visionen voraussah.

Heilkräfte

Als Reaktion auf die Katastrophen, welche die Gemeinde erlebte, nahm Me-Katilili ihre Religion noch ernster. Um ihre vielen Hauptprobleme zu beruhigen, verbrachte sie viel Zeit mit Meditation und Gebet. Ihre Spiritualität vertiefte sich. Sie verbrachte viel Zeit in den heiligen Kaya-Wäldern. Ihr Wissen verband sie mit der Erde und der menschlichen Gesellschaft. Sie konnte Krankheiten richtig diagnostizieren und Menschen von Krankheiten, von bösen Geistern besessene Menschen und Menschen mit Lebensproblemen genau heilen. Sie beobachtete den Himmel, die Himmelskörper, die Sterne, den Mond und die Sonne und verstand das Universum. Sie besaß die bemerkenswerte Fähigkeit, zukünftige Katastrophen genau vorherzusagen, Menschen zu warnen und aufschlussreiche und umsichtige Ratschläge und Anleitungen zu geben.

Als sich die Giriama um Me-Katilili scharten, entflammte ihr Eifer ihre Gemüter, und das Echo des Widerstands hallte durch die Hügel und Täler ihrer Heimat. Es war ein Aufruf zu den Waffen, eine Erklärung, dass sie lieber als freie Seelen ihren letzten Atemzug tun würden, als unter dem Joch der Unterdrücker zu leben. Me-Katilili wa Menza, die Mutter des Widerstands, hatte den Löwen in ihrem Volk wachgerüttelt, und gemeinsam standen sie bereit, ihr Land, ihre Identität und ihr Schicksal zu verteidigen. Jeder Faden, der in Me-Katililis Leben gewoben wurde, unterstrich ihre Zähigkeit, Spiritualität und ihr unerschütterliches Engagement für das Wohlergehen ihrer Verwandten und der breiteren Gemeinschaft. Mit der Gelassenheit und Weisheit einer Führungspersönlichkeit vereinte sie die zersplitterten Geister derer, die von den Stürmen der kolonialen Invasion heimgesucht wurden - vor allem die Frauen, die unendlich gelitten hatten. Es waren Mütter und Ehefrauen, die durch den Verlust oder die Gefangennahme ihrer Männer und Söhne in die unbarmherzigen Hände ausländischer Unterdrücker in Verzweiflung gestürzt wurden.

Me-Katilili hatte ein tiefes Verständnis für die wesentliche Rolle der Frau im Gefüge der Gesellschaft und trieb ihre Mission an. Sie leitete sie an, sich über ihre Umstände zu erheben.

In Zusammenkünften, die sich zu Foren der Erleuchtung entwickelten, vermittelten Me-Katilili unschätzbares Wissen, das von landwirtschaftlichen Best Practices bis hin zur Kultivierung der persönlichen Stärke ihres Geistes reichte. Ihr Schlachtruf: "Mudzi be ni Muche!" (Die aktive Präsenz der Frau vervollständigt die Gemeinschaft bzw. das Dorf), hallte in den Herzen ihrer Zuhörer wider, eine eindringliche Erinnerung an ihren unverzichtbaren Wert beim Weben des kollektiven Teppichs der Gemeinschaft. "Die Stärkung der Frauen ist unser Weg zur Befreiung", verkündete sie mit einer Überzeugung, die so unerschütterlich ist wie der Boden unter uns. "Indem wir die Frauen fördern, die in widrigen sozialen und politischen Kontexten leben, entfachen wir Hoffnung und Inspiration. Meine Entschlossenheit ist unerschütterlich, Frauen für diese Sache zu mobilisieren."

Ihre Lehren gingen über gewöhnliche Lektionen hinaus. Es waren tiefgreifende Enthüllungen, die die immense Kraft aufdeckten, die in jeder Frau schlummerte. Me-Katililis Stimme, die voller Leidenschaft und Entschlossenheit ist, entfachte einen Funken in diesen Frauen und weckte sie für ihre angeborenen Fähigkeiten und die entscheidende Rolle, die sie im sozioökonomischen Gefüge ihrer Gemeinschaft spielten.

Sie stellte sich eine Zukunft vor, in der die Gleichstellung der Geschlechter nicht nur ein Ideal, sondern Realität ist, in der Frauen neben Männern gleichberechtigt und Vorreiterinnen des transformativen Wandels stehen.

Me-Katilili kämpfte leidenschaftlich für die Stärkung der Frauen und forderte sie auf, ihre Passivität abzulegen und ihren Einfluss als gewaltige Kraft gegen die doppelte Unterdrückung durch Kolonialismus und patriarchalische britische Gesetze geltend zu machen.

Zu den Falten ihrer tiefgreifenden mütterlichen Weitsicht gehörte die maßgebliche Entscheidung, ihr jüngstes Kind, Mwedya, zu schützen, was ihre schützende Wachsamkeit unterstrich. Me-Katilili, eine Matriarchin, die von den harten Konturen des Verlusts und des Kampfes geformt wurde, war sich der Gefahren bewusst, welche die Grenzen ihrer Heimat überschatteten. Ihre Ratschläge an ihre Kinder, die von der Weisheit ihrer Jahre durchdrungen waren, betonten die Notwendigkeit der Aufsicht durch Erwachsene, um die verschleierten Bedrohungen einer sich wandelnden Welt abzuwehren.

Der Gedanke an ihre Abwesenheit - sei es auf der Suche nach spiritueller Erleuchtung oder um ihre Gemeinschaft gegen koloniale Angriffe zu mobilisieren - warf einen schweren Schatten auf ihr Herz. Me-Katilili war sich bewusst, wie ihre Bestrebungen das Gefüge ihres Familienlebens verändern könnten, und sprach ein Thema an, das von selbstloser Weitsicht geprägt war. Sie schlug vor, Mulewa, der im Sturm des Lebens immer ihr Fels in der Brandung gewesen war, solle sich eine zweite Frau nehmen.

Dieser Vorschlag kam nicht aus einer Laune heraus, sondern aus einem tiefen Verständnis für das Bedürfnis ihrer Familie nach Kontinuität und Stabilität.

Wunsch nach einer Co-Frau

Eines Abends, nachdem sie einen Tag lang von einer Gemeinschaft zur anderen gewandert war und stärkere Bande der Einheit und Stärke geknüpft hatte, beschloss Me-Katilili, ihre Gedanken mit ihrem Mann zu teilen.

"Mein Mann, die Vorfahren haben mir Lasten anvertraut, die schwer auf meinen Schultern lasten..." begann Me-Katilili mit einer Mischung aus Entschlossenheit und Feierlichkeit.

"Meine Frau, ich verstehe. Das ist der Weg, den du gehen sollst", antwortete Mulewa mit unerschütterlicher Unterstützung.

"Ich habe an Kavunje gedacht. Ihr Leben nahm eine tragische Wendung, als ihr ihr Mann kurz nach ihrer Heirat zu Unrecht weggenommen wurde. Sie ist fleißig, tugendhaft und eine Säule der Stärke", fuhr Me-Katilili fort und zeichnete mit ihren Worten ein Bild der Frau, die sie für geeignet hielt, sich ihrer Familie anzuschließen.

Mulewa, gefangen in einem Strudel der Gefühle, zögerte einen Moment, bevor er seine tiefste Angst aussprach: "Willst du mich nicht mehr, meine Frau?"

"Warum glaubst du, dass mein Mann?" Me-Katilili kicherte, und die Wärme in ihrem Lachen milderte die Anspannung. "Gerade weil ich dich will und unsere Familie liebe, schlage ich das vor. Kavunje ist eine Frau mit Substanz, und indem wir sie in unserem Haus willkommen heißen, stärken wir nicht nur unsere Familie, sondern ehren auch die Pflicht unserer Gemeinschaft, junge Witwen zu unterstützen."

Me-Katilili sprach mit Überzeugung, ihr Plädoyer für Kavunje verwoben mit der Sorge um das Überleben ihres Volkes angesichts der Drohungen von Entführungen und Gewalt. "Die Geschwindigkeit, mit der unsere Leute gefangen genommen werden, ist alarmierend. Wir müssen dafür sorgen, dass die Mijikenda gedeihen, und dazu gehört auch, dass die Fortpflanzung unvermindert weitergeht."

"Ich werde darüber nachdenken", sagte Mulewa, und seine Gedanken waren von der Tiefe von Me-Katililis Weitsicht berührt. Mulewas kontemplative Akzeptanz und sein Vertrauen in das Urteil seiner Frau leiteten ihn, und so wandten sie sich an den Ältestenrat. Sie verabredeten ein Treffen, und nach mehreren Sonnenaufgängen standen Me-Katilili und Mulewa vor Kavunjes Familie und baten demütig um ihre Hand.

Mulewas Ehe mit Kavunje, aus der Dama, Kitsao und Kahonzi hervorgingen – Kinder, die Me-Katilili, umarmte, als wären sie ihr eigenes Fleisch und Blut - diente als lebendige Erklärung ihres gemeinsamen Engagements für die Abstammung ihrer Familie. Diese Entwicklung stärkte die Bindungen innerhalb ihrer Familie und spiegelte die Werte der Widerstandsfähigkeit, Fürsorge und Hingabe für die Gemeinschaft wider, die Me-Katilili verkörperte. Durch diese Verbindung sollten der Kern ihres Erbes und die Kraft ihres Gemeinschaftsgeistes für kommende Generationen gedeihen.

KAPITEL 10

Wanje wa Mwadorikola und andere prominente Älteste

Als Me-Katilili wa Menza durch das Landesinnere der Dörfer und Gemeinden von Mijikenda reiste, entfachten ihre inbrünstigen Aufrufe zu den Waffen gegen die unterdrückerischen Kräfte des Kolonialismus in den Herzen vieler Menschen ein Feuer des Widerstands. Ihr Kreuzzug für die Freiheit schuf akribisch ein engmaschiges Netzwerk der Loyalität, das eine Liga hingebungsvoller Seelen zusammenführte, deren Schicksale untrennbar mit dem Kampf um Autonomie verwoben waren. Im Mittelpunkt dieses Bündnisses standen Bembe wa Bembere, ein angesehener Ältester, Bogosho wa Menza, ein gefeierter Ältester und spirituelle Autorität, und der dynamische Wanje wa Mwadorikola, ein verehrter Medizinmann, dessen Wesen von der Entschlossenheit brannte, der britischen Übergriffigkeit entgegenzutreten. Seine Bindung an Me-Katilili ging über die bloße Zusammenarbeit hinaus und entwickelte sich zu einer tiefgreifenden Verschmelzung von gemeinsamen Schicksalen und unerschütterlicher Entschlossenheit.

Wanje wa Mwadorikola verkörperte trotz seiner bescheidenen Statur und seines sparsamen Umgangs mit Worten den typischen Giriama-Kriegergeist. Sein Aussehen, das von der beginnenden Kahlheit seines Kopfes in seinen mittleren Jahren und dem bescheidenen Vorhandensein von Haaren geprägt war, erzählte eine Geschichte von Weisheit und umfangreicher Lebenserfahrung. Trotz seiner geringeren Körpergröße war Wanjes Auftreten imposant. Sein Körperbau, der von der Kraft und Geschmeidigkeit geprägt war, die auf ein Leben hindeuten, das harmonisch mit der Natur verwoben ist, zeugte von seiner zentralen Rolle als Heiler und Hüter der alten Weisheit seines

Volkes. Seine Haut, die reich an den Tönen der Erde war, erzählte die Geschichte von Generationen, die tief in ihrem Land verwurzelt waren. Eine markante Nase und die rätselhafte Narbe auf seinen Lippen verliehen seinem Charakter Dimensionen von Zielstrebigkeit und Ausdauer - ein stummes Zeugnis vergangener Widrigkeiten, denen er sich tapfer stellte.

Die Tiefe der Einsicht und Weisheit, die in seinem Blick lag, war tiefgründig und bot einen Einblick in eine Seele, die von einem Verständnis durchdrungen war, das weit über das Gewöhnliche hinausging. Wanjes Rede, als er sich entschied, seine Gedanken auszusprechen, war maßvoll und überzeugend, jedes Wort entsprach der Schwere seiner Überzeugungen und der sorgfältigen Abwägung seiner Strategien. Dieser methodische Kommunikationsansatz war strategisch und stellte sicher, dass seine Beiträge zur Sache sowohl sinnvoll als auch durchdacht waren.

Die Partnerschaft zwischen Wanje und Me-Katilili war eine Säule der Opposition und symbolisierte die Einheit und kollektive Entschlossenheit, die ihren Kampf antrieben. Ihr Bündnis war mehr als eine strategische Zusammenarbeit. Es war eine kraftvolle Verschmelzung von spiritueller Stärke und taktischer Einsicht. Gemeinsam wurden sie zur Verkörperung des Widerstands gegen die Kolonialherrschaft, und ihre gemeinsamen Bemühungen brachten ihre Gemeinschaft zu einem gemeinsamen Ziel zusammen, das weitaus wichtiger ist als jeder individuelle Ehrgeiz. Diese Zusammenarbeit war nicht nur Kooperation; es war eine starke Synergie, die eine ganze Gemeinschaft dazu brachte, sich gegen das koloniale Eindringen zu vereinen, und die den unerbittlichen Geist und die Zielstrebigkeit eines Volkes verkörperte, das standhaft in seinem Bestreben war, seine Traditionen, sein Land und seine Zukunft zu bewahren.

Charles Hobley, der Bezirkskommissar, und Arthur M. Champion, sein Assistent

Charles William Hobley war einer der wichtigsten britischen Kolonialverwalter in Kenia und trat seinen Dienst 1894 an. Er kam 1912 nach Kilifi. Als Bezirkskommissar war Hobley zusammen mit Arthur Champion, seinem Assistenten, maßgeblich an der Umsetzung der britischen Kolonial-bestrebungen beteiligt, von ihrem Stützpunkt in Mwangea, Kilifi, aus. Hobley, ein Mann in den mittleren Jahren, zeichnete sich durch dunkles Haar und von der afrikanischen Küstensonne gebräunte Haut aus. Er war groß und schlank, seine Gesichtszüge waren von einer langen, schlanken Nase und einem stets nachdenklichen und strengen Gesichtsausdruck geprägt, der die Last seiner Verantwortung widerspiegelte.

Eine Pfeife zwischen seinen Lippen war oft ein fester Bestandteil und symbolisierte seine kontemplative Natur. Seine Kleidung verkörperte einen britischen Kolonialverwalter, komplett mit der Uniform, die seinen Status und seine Rolle kennzeichnete.

Januar 1913. An einem bemerkenswert ruhigen Nachmittag in Kilifi genossen Charles und seine Frau Alice den Komfort von außen in ihrem Haus. Sie saßen auf Stühlen und wurden von der sanften Brise umarmt, die durch die Umgebung flüsterte. Die Kulisse war für einen ruhigen Nachmittagstee bereitet, zwischen den beiden stand eine Teekanne auf einem Tisch, die den warmen Duft des Tees in die Luft entließ, neben zwei Tassen, die darauf warteten, benutzt zu werden. Alice war mit dem Stricken beschäftigt, und ihre Hände bewegten sich mit Präzision und Anmut. Gleichzeitig war Charles in die Lektüre einer alten Zeitung vertieft und stellte möglicherweise Verbindungen zwischen den vergangenen Ereignissen und dem aktuellen Stand der Dinge unter seiner Regierung her.

Einer der Soldaten, die das gut eingezäunte Haus bewachten, kam zu Hobley und meldete, dass sie einen Gast aus Großbritannien hätten.

An diesem Nachmittag traf in Hobleys Stützpunkt eine Gestalt ein, die sowohl imposant als auch nicht im Einklang mit der Welt stand, in die er eintrat. Arthur M. Champion, ein junger britischer Offizier von neunundzwanzig Jahren, trug die Luft des Empire auf seinen Schultern, und seine Präsenz stand in starkem Kontrast zum lebendigen und ungezähmten Geist des Landes. Groß und schlank, seine Statur war ebenso Teil seiner Autorität wie die offizielle britische Uniform, die er mit akribischem Stolz trug. Sein hellblondes Haar fing die Sonne auf eine Weise ein, die diesem Teil der Welt fremd war, und seine blauen Augen, stechend und kalt, spiegelten eher den fernen Himmel seiner Heimat wider als die warmen, erdigen Töne der Giriama-Länder, die er beherrschen sollte.

Arthurs Kinn war breit, die Grundlage für ein überall kantiges und dominantes Gesicht, mit einer langen Nase, die Dissens und Subversion zu erschnuppern schien, selbst dort, wo sie nicht war. Hobley sah Arthur als jemanden, der die Welt nicht durch die Linse der Realität betrachtete, sondern durch das Prisma seiner eigenen Überzeugungen darüber, wie sie sein sollte.

Trotzdem konnte Hobley nicht anders, als Arthur für seine unerschütterliche Hingabe zu bewundern. Artus' Mission war eindeutig: Er sollte eine Volkszählung durchführe, Steuern erheben und die Mandate des Empire mit einer Inbrunst durchsetzen, die von seinem tief verwurzelten Glauben an die Legitimität seiner Handlungen sprach, wie sie vom Britischen Empire verordnet worden waren.

Im Mai 1913 war Champions Spur in der Region unauslöschlich. Er hatte mit unnachgiebigem Eifer Häuptlinge ernannt, die vom Ältestenrat der Eingeborenen offen angefeindet wurden.

Diese Handlungen, die sinnbildlich für seine Ignoranz und abweisende Natur stehen, berücksichtigten weder die Feinheiten der gesellschaftlichen Strukturen der Agiriama, noch respektierten sie die Traditionen, die diese Menschen über Generationen hinweg aufrechterhalten hatten. Seine Entscheidungen, die von einem Ego getrieben waren, das die Ureinwohner als primitiv und unfähig ansah, führten zu einer systematischen Untergrabung ihrer Lebensweise.

Auf Befehl des Bezirkskommissars Hobley, versuchte Champion den langjährigen und lebenswichtigen Elfenbeinhandel zu zerschlagen, der die Giriama mit den Sanye-Jägern und durch sie über die Baluchi-Händler mit der weiten Welt verband. Dieser Handel, der für viele eine Lebensader war, wurde unter dem Vorwand als illegal eingestuft, dass der Erlös für den Kauf *von Tembo/Uchi wa Mnazi* (Palmwein), einem lokalen Gebräu, verwendet wurde. Diese Rechtfertigung, wenn auch kaum verhüllt, war Teil einer umfassenderen Strategie zur Unterwerfung und Kontrolle, um eine florierende Wirtschaft durch eine zu ersetzen, die von den Launen des Imperiums abhängig war.

Aber Arthur M. Champions Ambitionen gingen über die wirtschaftlichen Störungen hinaus. In einem Schritt, der die Auslöschung des Giriama-Erbes symbolisierte, plante er die Umsiedlung von *Kaya* Giriama, dem Zentrum des rituellen Lebens der Stämme, und tat es als nichts weiter als einen "verfallenen Müllhaufen" ab. Dies war nicht nur ein Akt der physischen Vertreibung, sondern eine tiefe Respektlosigkeit gegenüber den spirituellen und kulturellen Grundlagen der Agiriama. Seine Handlungen, die von Arroganz und einem tiefen Missverständnis des Landes und seiner Menschen angetrieben wurden, machten ihn bei den Ureinwohnern zutiefst unbeliebt.

Sie sahen in ihm keinen Träger der Zivilisation, sondern einen Eindringling, eine Kraft der Zerrüttung und Respektlosigkeit.

Schon sein Name symbolisierte seine Trennung von der Gemeinschaft, die er zu regieren suchte.

Sie nannten ihn "Chembe" (was in der Mijikenda-Sprache "Krümel" oder "winziges Korn" bedeutet). Dieser scheinbar unbedeutende Spitzname war bedeutungsvoll. Dabei ging es darum, wie die Giriama den Champion als unbedeutend wahrnahmen, leicht zu übersehen und als belanglos für das riesige und dauerhafte Erbe ihrer Kultur.

Arthur M. Champion erkannte in seiner Hybris nicht die wahre Stärke des Volkes, das er für primitiv hielt. In ihrer Widerstandsfähigkeit und ihrem unerschütterlichen Engagement für ihr Erbe repräsentierten die Giriama die bleibende Kraft von Kultur und Gemeinschaft angesichts kolonialer Arroganz.

KAPITEL 11

Die Revolten beginnen

Am 4. August 1913 wurde in der verehrten Enge des heiligen *Kaya* Fungo-Waldes, einem Heiligtum, das die Zeit überdauert hatte, geschützt durch das Flüstern der Ahnen und die feierlichen Gelübde seiner Beschützer, eine Versammlung von beispielloser Bedeutung einberufen. Die Luft, schwer vom Duft der Erde nach dem Regen, war von einer Bedeutsamkeit erfüllt, die durch die Wurzeln der hoch aufragenden Bäume pulsierte. Unter dem Blätterdach, das die Sonne in eine abwechslungsreiche Mischung aus Licht und Schatten filterte, bildeten alle Ränge der Mijikenda-Regierung und der religiöse Spezialist zusammen mit Priestern und Wahrsagern einen Kreis, eine Verkörperung von Einheit und Macht. Me-Katilili, Wanje wa Mwadorikola, Pembe war Bembere und Bogosho wa Menza saßen nebeneinander und tauschten still ihre Erkenntnisse aus.

Ihre Stimmen, leise und von der Bedeutung des Augenblicks durchdrungen, sprachen von den britischen Invasoren, von der Respektlosigkeit und der Entrechtung, die ihr Land heimgesucht hatten. Me-Katilili, deren Augen vom Feuer der Entschlossenheit glühten, ihre Stimme eine Mischung aus Weisheit und Wachsamkeit, wandte sich an die Versammelten. "Das Land unserer Vorfahren, der geheiligte Boden, der unser Volk ernährt, ist einer Bedrohung ausgesetzt, wie es sie noch nie gegeben hat. Die Briten, angeführt von Champion, sehen nicht den Geist unseres Volkes, sondern nur die Schatten ihrer Gier."

Wanje wa Mwadorikola fügte mit festem Blick hinzu: "Ihre Ignoranz macht sie blind für die Heiligkeit unserer Traditionen, unserer *Kaya*. Wir müssen zusammenstehen, denn die Wurzeln unseres Widerstands sind tief und vom Blut derer bewässert, die vor uns kamen."

Während sich die Versammlung darauf konzentrierte, Pläne zur Wiedererlangung ihrer Freiheit zu schmieden, hatten sie kaum die Grenze des heiligen *Kaya*-Fungo-Waldes überschritten, als die Verwüstung zuschlug. Das Dynamit, das mit gnadenloser Präzision entfesselt wurde, zerriss das Herz der heiligen *Kaya*. In einem Augenblick herrschte das Chaos.

Die Luft, einst ein Medium für feierliche Gelübde und entschlossene Geister, wurde schwer von den dunklen Rauchschwaden. Der scharfe Geruch von verkohltem Holz, der die Ruhe von *Kaya* Fungo durchschnitt, war ein Angriff auf die Sinne. Der heilige Hain, der lange Zeit als Symbol der spirituellen Einheit und der Widerstandsfähigkeit der Gemeinschaft galt, fiel einem heftigen Ansturm zum Opfer. Unter Hobleys Befehl und ausgeführt von dem berüchtigten Arthur Champion, setzte die Polizei den Wald in Brand. Flammen, unheimlich wie Gespenster aus verbotenen Geschichten, loderten durch die Bäume und das Unterholz, ihr zerstörerischer Tanz wurde von greifbarem, sengendem Zorn angeheizt. Panik brach aus, als das Dynamit in den heiligen Raum und seine Umgebung explodierte. Die Ältesten und ihre Versammlung, deren Gesichter vom Schein des Feuers erleuchtet waren, erhoben ihre Stimmen in einer Kakophonie der Verzweiflung und drängten zur Flucht.

Me-Katililis Stimme erhob sich über den Tumult: "Zum Fluss, schnell! Unsere Vorfahren leiten uns; Dieses Feuer wird nicht das Ende unserer Geschichte sein."

Inmitten des Chaos war Pembe Bembere, der immer ein Ruhepol war, und sang Gebete zu den Ahnen und suchte ihren Schutz, während die Gemeinschaft durch das Inferno navigierte. "O Ahnen, beschützt uns mit euerer Weisheit, lenkt unsere Schritte durch diese Flammen", intonierte er, und seine Stimme war ein gleichmäßiger Trommelschlag gegen das Knistern des Feuers.

Die Gemeinschaft, verbunden durch einen Entschluss, der in der Hitze der Widrigkeiten geschmiedet wurde, bewegte sich als Einheit. Der Akt, den heiligen *Kaya* Fungo durch die britische Regierung in Brand zu setzen, wurde als tiefer und ketzerischer Affront empfunden, eine Verletzung, die unter den Ureinwohnern mit durchdringender Klarheit Widerhall fand. Diese Blasphemie war nicht nur eine Beleidigung; es war ein Akt, der tief in die Sehnen der Geschichte von Mijikenda einschnitt, ein Sakrileg, der in das kollektive Gedächtnis der Menschen eindrang und das Erbe ihrer Vorfahren mit der Asche der Entweihung befleckte. Die Anwesenden mit versengten Kleidern und rußverschmierten Gesichtern traten aus der Umarmung des Waldes aus, ihre Stimmung war trotz des Angriffs auf ihr Heiligtum ungebrochen.

Als sie die Sicherheit des Flusses erreichten, fraßen die Flammen den Wald hinter ihnen weiter und zeigten die Gewalt, die ihrem heiligen Land zugefügt wurde. Der heilige *Kaya* Fungo wurde vollständig niedergebrannt. Es gab einige Todesopfer mit leichten bis mittelschweren Verletzungen.

Zurück in den Dörfern wurden die Ureinwohner überwältigt und niedergeschlagen. Der Angriff auf *Kaya* Fungo, ein Sakrileg gegen ihr Erbe, entfachte eine Inbrunst, die über die unmittelbare Bedrohung hinausging. Es war ein Aufruf zu den Waffen, ein Schlachtruf für die Bewahrung ihrer Identität, ihrer Kultur und ihres Rechts auf Selbstbestimmung. In der Folge wurde der Ausnahmezustand ausgerufen, nicht nur von der Kolonialverwaltung, sondern in den Herzen der Menschen.

Die Ältesten, deren Gesichter von der aufbrechenden Morgendämmerung erleuchtet wurden, blickten mit einer neuen Zielstrebigkeit auf ihr Volk. "Dieses Feuer hat uns nicht verzehrt; es hat eine Flamme in uns entfacht, die keine Kraft löschen kann", verkündete Me-Katilili mit einer Stimme, die über das Wasser hallte, ein Ausdruck von Widerstandsfähigkeit und Trotz.

Die Ereignisse jenes Tages, die von Verlust und Verrat geprägt waren, legten auch die Saat des Widerstands, des kollektiven Willens, die Heiligkeit ihres Landes und die Würde ihres Volkes zurückzufordern. Im Angesicht der Widrigkeiten gingen die Ältesten des heiligen *Kaya* Fungo, vereint durch die Flammen, die sie vernichten wollten, gestärkt daraus hervor, ihre Geister wie der Phönix, der aus der Asche der Verzweiflung wiedergeboren wurde.

Versteck im Getreidespeicher

Im Schatten kolonialer Intrigen, wo die Loyalitäten so wechselhaft waren wie der Sand unter der unerbittlichen afrikanischen Sonne, tauchte eine Figur auf, deren Name in die Annalen der Niederträchtigkeit eingraviert werden sollte. Mtawa, ein Sohn der Erde, hatte seinem Volk den Rücken gekehrt. Er wurde vom kalten Klirren der Münzen und den hohlen Vorteilsversprechungen einer Besatzungsmacht gelockt.

Er schlüpfte durch das Unterholz, eine Schlange in menschlicher Gestalt, um Arthur Champion Verrat einzuflüstern - dem Mann, dessen bloße Anwesenheit ein Schandfleck für das Land war,

"Sie planen, mich zu vergiften, sagst du? Und mein Dolmetscher?" Champions Lachen, ein Klang ohne Heiterkeit, hallte von den Wänden seines provisorischen Büros wider, einem Zelt, das als Symbol seiner vorübergehenden Eroberung stand. Doch unter dieser Fassade der Gleichgültigkeit schlug die Saat der Angst Wurzeln. Mit einem Taschenspielertrick reichte er Mtawa eine Handvoll Münzen mit kaltem Blick. "Lass die Informationen kommen", befahl er, und das Bestechungsgeld war ein Zeichen dafür, dass er sich zum Überleben auf Verrat verließ.

In den folgenden Tagen unterbrach die örtliche Bevölkerung taktisch die lebenswichtige Versorgung des britischen Lagers mit Lebensmitteln und führte diese Aktion mit einer Präzision aus, die Champion überraschte. Außerdem blockierten sie den Zugang zu Wasserquellen und verseuchten die Wasserreserven des Lagers mit Euphorbia-Blättern, was Champions Position weiter destabilisierte. Als Reaktion darauf sprach Champion eine eindringliche Warnung aus und verhängte harte Strafen für jeden, der für diese Störungen verantwortlich gemacht wird.

Angesichts der eskalierenden Spannungen und Unordnung tauchte eine Figur aus den Tiefen der Doppelzüngigkeit auf: Ngoyo wa Mwavuo, ein wohlhabender Mann (Gerüchten zufolge erhielt er seinen Reichtum durch Sklavenhandel und Bestechungsgelder von Kolonialisten). Mit Motiven, die im dichten Nebel des Verrats verborgen waren, bot er Champion heimlich Hilfe an und enthüllte den Plan der Eingeborenen, das britische Lager unter dem Schleier der Nacht in Brand zu setzen. Er eskortierte den gefährdeten Offizier heimlich zu einem Heiligtum, ohne dass die anderen davon wussten - einen Getreidespeicher, der sich auf Ngoyos eigenem Gelände befindet. Dieser Getreidespeicher, ein Aufbewahrungsort für den Ertrag der Saison, sollte für Champion zu einem unerwarteten Zufluchtsort werden.

Eingeschlossen in den Mauern des Getreidespeichers war Champion von der Fülle des Landes umgeben. Er befand sich inmitten von hoch aufragenden Stapeln von Mais, Kokosnussschalen, umgeben von dichten, herzhaften Maniokblöcken und dem unverwechselbaren Aroma von getrocknetem Fisch. In dieser Nacht verwandelte sich dieses Symbol der Nahrung und des Wohlstands in einen Zufluchtsort für Champion. Draußen wurde die Dunkelheit von den Flammen durchdrungen, die sein Lager verzehrten, und das Feuer war ein lebendiges Symbol für die Entschlossenheit der Eingeborenen und ihr unerbittliches Streben nach Autonomie. Währenddessen blieb Champion, der Brennpunkt ihres Zorns, im Getreidespeicher verborgen, zwischen Mais, Kokosnüssen, Maniok und getrocknetem Fisch.

Die Nachwirkungen dieses feurigen Angriffs und die Enthüllung von Champions Überleben, unterstützt durch Verrat, verbreiteten sich schnell in den Gemeinden. Dieser Akt des Trotzes, der sich an der Nachricht von der Rolle des Getreidespeichers als Heiligtum entzündete, schürte die Flammen des Widerstands unter den Ureinwohnern. Der Getreidespeicher, einst nur ein Lagerhaus für die Ernte, hatte nun eine zentrale Rolle in einer Nacht des Überlebens gespielt und spiegelte den anhaltenden Geist der Freiheit unter denen wider, die sich gegen die Unterwerfung stellten.

Aber der Friede war in diesen turbulenten Zeiten ein Fremder. Die Dorfbewohner, deren Verdacht durch Flüstern und misstrauische Blicke geweckt worden war, wandten ihre Blicke auf Ngoyos Behausung. Die Anschuldigungen flogen wie Pfeile, scharf und unfehlbar, und durchbrachen den Schleier der Geheimhaltung, den Ngoyo zu wahren gehofft hatte.

"Er beherbergt den Feind!", riefen sie, und ihre Stimmen waren ein Chor des Zorns und des Verrats. Ngoyo, in die Enge getrieben und verzweifelt, verweigerte ihnen den Zutritt, ein vergeblicher Versuch, die Flut der unvermeidlichen Entdeckungen aufzuhalten.

Als die Männer aufbrachen, um die Ältesten, die Schiedsrichter der Gerechtigkeit und der Tradition, zu beschwören, stand Ngoyo vor einer Entscheidung, die sein Vermächtnis bestimmen sollte. Mit einer Dringlichkeit, die von Angst und einem Anflug von Reue getragen wurde, führte er Champion aus dem Getreidespeicher in die Nacht, lebendig mit den Klängen einer verratenen Gemeinschaft. Und so floh Champion im Schutz der Dunkelheit und ließ ein Dorf zurück, das ein Schmelztiegel des Widerstands, der Loyalität und des Verrats gewesen war, von Schlachten, die nicht nur mit Waffen, sondern mit der Seele eines Volkes geschlagen wurden.

Einst ein Symbol der Enthüllung, stand der Getreidespeicher nun da ohne Champion, als die Ältesten zurückkehrten – ein

Zeugnis für die Flucht eines Mannes, dessen Name in warnenden Geschichten für kommende Generationen geflüstert werden sollte.

Me-Katilili stellt Champion zur Rede

Am 13. August 1913 in Chakama in Kilifi, Kenia, unter einem Himmel, der von den unheilvollen Schatten der kolonialen Unterdrückung gezeichnet war, war die Luft schwer von einer Spannung, die spürbar war, um daran zu ersticken, beladen mit dem beißenden Geruch eines bevorstehenden Sturms, der sich aus Konfrontation und Streit zusammenbraute. Vor ein paar Tagen war die britische Polizei, Abgesandte einer fernen, gleichgültigen Krone, wie eine Pest über die ahnungslosen Dorfbewohner in Vitengeni hergefallen und hatte eine Spur der Verwüstung hinterlassen - kaltblütig geforderte Leben, entweihte Unschuld und an das Joch der Zwangsarbeit gefesselte Seelen. Die ungeheuerliche Tat gegen zwei junge Frauen und die Entführung von zehn Männern, die in Mombasa unter der sengenden Sonne für Straßen und ein Wasserprojekt schuften mussten, war nicht nur ein Angriff auf Einzelpersonen, sondern auch ein Affront gegen den Geist der Mijikenda. Wut brodelte in ihren Herzen wie ein Sturm, der darauf wartete, loszubrechen.

Im Herzen dieses sich zusammenbrauenden Strudels stand Me-Katilili wa Menza, eine Matriarchin, deren Geist so unbezwingbar war wie die uralten Baobabs, die ihr Land verschmolzen. Sie war mehr als eine Anführerin; Sie war die Verkörperung des unnachgiebigen Willens der Mijikenda, gegen die Fesseln der Unterwerfung zu kämpfen. Ihre Anwesenheit an der Spitze eines leidenschaftlichen Protests versprach Hoffnung und brachte die Mijikenda zusammen, um ihren Widerstand gegen die vielfältigen Ungerechtigkeiten zum Ausdruck zu bringen, die von den britischen Kolonialisten angerichtet wurden - ihr fruchtbares Land wurde gestohlen,

Familien wurden auseinandergerissen und die Zukunft ihrer Jugend wurde von Ketten der Gier gefangen.

Als die Morgendämmerung über Chakama in der Nähe von Malindi anbrach, hob sich die Station des britischen Kolonialverwalters deutlich vom Horizont ab - ein Monolith der Unterdrückung. Champion und seine Polizei waren auf dem Marktplatz präsent.

Vor diesem Gebäude der Herrschaft sammelte sich ein Meer von Demonstranten, deren Geist sich nicht beirren ließ. Inmitten dieser Menge stand Me-Katilili, ihr Blick stählern, ihre Entschlossenheit unerschütterlich, mit einem Korb, in dem sich eine Henne und ihre Küken wiegen - ein ergreifendes Symbol für das natürliche Band der Fürsorge und des Schutzes, ein Band, das die Kolonialisten auszulöschen suchten.

Die Luft war voller Vorfreude, als eine Versammlung einberufen wurde, an der Me-Katilili, Wanje wa Mwadorikola und andere ehrwürdige Gemeindeälteste, empörte Eltern und die von den Briten ernannten Häuptlinge teilnahmen. Es wurden Worte gewechselt, aber der Dialog trug keine Früchte. Frustriert und doch unerschrocken machte sich Me-Katilili auf den Weg, den Korb in der Hand. Ihre Tat war nicht nur ein Protest, sondern eine Erklärung, welche die Philosophie verkörperte: "Die Eltern sind diejenigen, die den Schmerz kennen, ein Kind zu gebären."

Sie befreite die Henne und ihre Küken aus dem Korb auf den Boden und forderte Arthur Champion, die Verkörperung kolonialer Verachtung, heraus, das Wesen des Schutzes zu erfassen, indem er ihnen die Küken wegnahm.

Me-Katilili verkündete mit trotzigem Ton: "Chembe, Chembe! Ich fordere dich heraus, schnapp dir ein Küken. Ihr werdet die Konsequenzen sehen, wenn ihr uns unsere Söhne wegnehmt."

Mit einem höhnischen Grinsen, das Bände über seine Verachtung sprach, unterschätzte Champion die Schwere der

Geste. "Ist das deine Rebellion, Me-Katilili? Eine Henne und ihre Küken?", spottete er. In dem Moment, in dem er die Hände auf eines der Küken legte, entfesselte sich der wilde Instinkt der Henne, ihre Brut zu beschützen - ein Aufruhr von Pickeln und Flattern an Champions Arm, das als deutliche Lektion in der angeborenen Kraft des mütterlichen Schutzes diente.

Die Menge brodelte in einer turbulenten Mischung aus Gefühlen - Entsetzen, Ehrfurcht und Trotz - und ihr kollektiver Atem hielt in gespannter Erwartung an. In einem kühnen und rücksichtslosen Augenblick zog Champion seine Waffe und exekutierte die Henne mit einem Schuss, der die angespannte Stille durchbrach.

Ohne einen Takt zu verlieren, schlug Me-Katilili mit einer solchen Wucht zurück, dass Champion zu Boden geschleudert wurde, ihre Bewegungen schnell, ihre Entschlossenheit unerschütterlich. Ihre Handlung, ein lebhafter Blitz des Trotzes. "Rührt niemals unsere Kinder an!", verbot sie, und ihre Stimme war nicht nur eine Warnung, sondern ein feierliches Gelübde, ein leuchtendes Aufflackern des Mutes gegen den dunklen Himmel der Unterdrückung.

"Verrückte! Hexe!" Die Worte brachen aus ihm heraus, von Verachtung befleckt, als ein Blutspritzer seine Lippen befleckte. Mühsam versuchte er, wieder auf die Beine zu kommen, und sein Körper zitterte vor Anstrengung. Schwer von Trotz erfüllt, unterstrich jede Bewegung die Intensität des Kampfes, den er in sich führte, um wieder aufrecht zu stehen.

Die Nachwirkungen waren prompt und brutal. Die Polizisten entfesselten einen Schusshagel, der das Leben der jungen Männer forderte, eine tragische Symphonie, die den Höhepunkt einer höchst widerwärtigen Hinrichtung markierte. Inmitten des Chaos verschwand Me-Katilili, ein Phantom in Aufruhr, ihr Geist ungebrochen, ihr Vermächtnis ein Zeugnis für den unsterblichen Willen eines Volkes zu kämpfen, zu hoffen und durchzuhalten. In ihrem Gefolge hinterließ sie nicht nur das

Echo von Schüssen, sondern auch einen Ruf zu den Waffen, eine Erinnerung an die Lehren des Widerstands und den unsterblichen Geist der Mijikenda. Als Me-Katilili entkommen konnte, beeilte sie sich zusammen mit Wanje wa Mwadorikola und ihren Gefährten, andere Männer zu benachrichtigen, damit sie die Nothupe ertönen ließen. Die brutalen Erschießungen der britischen Regierung waren eine Kriegserklärung an die Mijikenda.

Am nächsten Morgen ging die Sonne über Malindi auf und färbte den Himmel mit Feuer- und Bluttönen, eine Warnung vor den Unruhen des Tages. Die Luft, schwer vom Duft des Ozeans und dem erdigen Duft der umliegenden Wälder, trug das Gemurmel einer Gemeinschaft am Rande der Rebellion in sich. Im Zentrum dieses sich zusammenbrauenden Sturms standen Me-Katilili wa Menza und Wanje wa Mwadorikola, Figuren des unerschütterlichen Widerstands gegen das koloniale Joch, das sein Volk seinem Willen unterwerfen wollte.

Arthur Champion, der stellvertretende Bezirkskommissar, setzte eine Fahndung in Gang, die sich bis ins Mark der Gemeinde erstrecken sollte. Mit kalter, unerschütterlicher Entschlossenheit schickte er die britische Polizei über die weitläufigen Weiten des Giriama-Territoriums. Ihre Mission war einzigartig und klar: Sie machten Jagd auf Me-Katilili, Wanje wa Mwadorikola und alle Ältesten, die es wagten, sich der Macht des Britischen Empire zu widersetzen. Die Landschaft von Giriama, einst ein Zufluchtsort der Ruhe und des pulsierenden Lebens, verwandelte sich in eine Bühne für unerbittliche Verfolgungsjagden. Das Rascheln der Blätter und das Flüstern des Windes dämpften die schweren Stiefel und strengen Befehle der britischen Polizei, eine unheilvolle Präsenz, die Wellen der Spannung durch die Dörfer schickte.

Als die Tage zu Nächten wurden und sich die Suche als erfolglos erwies, nagte die Frustration an Champion und seiner Verwaltung. Die schwer fassbaren Geister von Me-Katilili und

Wanje schienen zusammen mit den standhaften Ältesten mit dem Land selbst zu verschmelzen und entzogen sich der Gefangennahme mit einem Trotz, der die Widerstandsfähigkeit der Agiriama widerspiegelte.

In einem verzweifelten Versuch, den Widerstand zu brechen, griff Champion auf die uralte Taktik des Zwangs und des Verrats zurück. Er beschwor eine auserwählte Gruppe von Häuptlingen, deren Loyalität durch den Glanz des Silbers und das Gewicht des Goldes beeinflusst werden konnte. Er versuchte, das Gefüge der Giriama-Gesellschaft mit schweren Bestechungsgeldern zu korrumpieren, indem er Bruder gegen Bruder und Führer gegen Anhänger aufbrachte. Diese Häuptlinge, von Gier beeinflusst oder durch Druck gezwungen, wurden mit einer düsteren Anweisung beauftragt: Sie sollten die Kolonialtruppen zu ihrer Beute führen.

Der Verrat trug in stillen, ahnungslosen Augenblicken Früchte. Me-Katilili, die Löwin von Giriama, wurde in Garashi gefangen genommen und von einem kleinen Teil der Menschen verraten, die sie beschützen wollte. Auch Wanje musste feststellen, dass sein Heiligtum verletzt wurde, da er in einer Morgendämmerung, die eher Verzweiflung als Hoffnung versprach, aus seinem Haus gerissen wurde.

Der Angriff auf den Konvoi

16. August 1913. Die Luft lag mit einem spürbaren Gefühl der Vorfreude erfüllt, als die Morgendämmerung über Giriama hereinbrach. Wanjes Clan versammelte sich zusammen mit den verehrten Mitgliedern der Mekatilili-Linie auf einer Lichtung, umgeben von den uralten flüsternden Bäumen ihrer Heimat. Die Ältesten, deren Gesichter von der Weisheit der Jahrhunderte gezeichnet waren, standen mit feierlicher Würde da, und ihre Anwesenheit war ein Zeugnis für den Ernst des Augenblicks. Söhne, Töchter und weitere Familienmitglieder dieser geschichtsträchtigen Clans standen zusammen, ein

lebendiger Beweis für die gemeinsame Geschichte und kollektive Entschlossenheit. Zu ihnen gesellte sich ein Mob von denen, die von einer tiefen Übereinstimmung mit den Prinzipien Me-Katililis und Wanjes bewegt worden waren, um ihre Kraft für die Sache zu leihen. Gemeinsam bildeten sie eine Gemeinde, die ein einziges Ziel verfolgte: den Ungerechtigkeiten entgegenzutreten, die lange Zeit die Giriama-Gemeinschaft und den Mijikenda-Stamm im Allgemeinen überschattet hatten.

Unter dem Blätterdach des Himmels, der nun ein Gewölbe aus endlosem Azurblau ist, begab sich die Versammlung zu einer Reihe von geheimen Treffen. Selbst die Luft schien von der Last ihrer Beratungen zu pochen. Sie sprachen davon, mächtige Armeen zu bilden, jede eine Speerspitze ihres aufkeimenden Trotzes, strategisch über die Breite ihres Landes verteilt. Diese Diskussionen waren nicht nur taktischer Natur; sie waren von einem Schicksalssinn durchdrungen, von einem kollektiven Verständnis, dass ihre Taten ihrem Volk den Weg in die Freiheit ebnen würden. Im Geheimen sammelten sie Geheimdienstinformationen und setzten ein Mosaik von Informationen zusammen, das den britischen Kolonialgriff untergraben sollte.

Ihr Plan war wagemutig, ein kühner Schlag, der auf das Herz der Unterdrückung abzielte. Im Mittelpunkt stand eine waghalsige Rettung, eine Mission, um ihre Brüder zu befreien, die in der denkbar düsteren Enge des Gefangenenlagers Kisii schmachteten.

Die Zeit war ihr Gegner, der sie vorwärtstrieb, und sie nahmen die Dringlichkeit mit wilder Entschlossenheit auf.

Die Nacht wurde zu ihrem Mantel, als sie ihre ersten Streifzüge gegen die britischen Truppen starteten. Ein Konvoi, beladen mit Soldaten, Beamten und Polizisten - allesamt Symbole des kolonialen Jochs - fiel ihrem koordinierten Angriff zum Opfer. Flammen, hell wie die Sterne über ihnen, verzehrten britische

Stationen in Vitengeni und in den Giriama-Ländern, jeder Brand eine Erklärung ihrer unnachgiebigen Entschlossenheit.

Tagelang war das Land von den Geräuschen des Konflikts erfüllt, von Zusammenstößen, die Verse im Epos ihres Kampfes waren. Männer und Frauen, angetrieben von einem tiefsitzenden Verlangen nach Vergeltung, kämpften mit einer Grausamkeit, die ihre Zahl Lügen strafte. Sie kämpften für Freiheit, Gerechtigkeit und das Recht, auf ihrem Land, ohne den Schatten der Unterwerfung zu leben. Sie kämpften für das Andenken derer, die ihnen genommen wurden, für die gestohlene Unschuld und für die Würde, die durch Zwangsarbeit und entmenschlichende Taten untergraben wurde. Inmitten des Getümmels erhoben sich ihre Stimmen, ein Chor des Trotzes, der den Himmel durchdrang.

"Lasst unser Volk frei! Freiheit, Freiheit!" hallte durch die Täler, ein Schlachtruf, der sie miteinander verband.

"Lasst Me-Katilili frei, lasst Wanje frei", forderten sie und riefen die Namen ihrer verehrten Führer herauf.

"Geh zurück in dein Land; Das ist unser Land!", erklärten sie und bekräftigten standhaft ihre Souveränität. Ihre Worte waren wie ein Taifun, der ihren Unterdrückern mit jedem Atemzug Trotz entgegenschleuderte.

"Chembe, du bist nichts als ein winziges Korn", höhnten sie, eine Zurechtweisung, die die Macht ihrer Feinde schwächte.

"Gebt uns unser Volk zurück!", forderten sie, und ihre Stimmen waren ein Strom des Zorns über den Diebstahl ihrer Sippen.

"Alle Eindringlinge sind Diebe! Alle Eindringlinge sind Mörder! Verbrecher, verschwindet!"

Die Luft war dick von ihren Anschuldigungen, jeder Slogan eine Erklärung ihrer Entschlossenheit, eine Weigerung, sich zum Schweigen bringen oder unterwerfen zu lassen.

Während sie randalierten und kämpften, wurden ihre Schreie zur Hymne ihres Kampfes für die Freiheit, zu einer Symphonie des Geistes und der Entschlossenheit, die weit über das Schlachtfeld hinaus widerhallte. In ihrem Trotz und ihrem Mut haben die Agiriama ein Vermächtnis des Widerstands hinterlassen, das die anhaltende Kraft der Einheit und den unstillbaren Durst nach Freiheit zum Ausdruck bringt.

Mit inbrünstiger Intensität schleuderten sie mit giftigen Flüchen auf jeden Eindringling in ihr geheiligtes Land und zielten unter ihnen auf Champion und seine britischen Aufseher. Ihre kraftvollen und dynamischen Erklärungen wurden in den Himmel gesandt, suchten die Ohren ihrer Vorfahren und riefen ihre Kraft und Führung in diesem Moment des Trotzes an.

Begegnung und Widerstand

Am 6. November 1913, einem Tag, der sich mit einer Klarheit in das kollektive Gedächtnis der Menschen einbrannte, die den Lauf der Zeit Lügen strafte, hielt die Luft in Biria, dem Reich des unverwüstlichen Bogosho, eine Aufladung. Unter den Weiten des afrikanischen Himmels trafen sich hier die Streitkräfte des britischen Empires, angeführt von Hobley und seinem Assistenten Arthur Champion, zusammen mit fünfundzwanzig Polizisten, um die Bedingungen für einen Frieden zu diktieren, der die Last der Unterdrückung trug. Mit ihnen waren als Symbole ihres angeblichen Triumphes zwei Figuren des Trotzes: Me-Katilili und Wanje wa Mwadorikola, deren Geist trotz ihrer Ketten ungebrochen war.

Der Versammlungsplatz, eine Lichtung, die Zeuge unzähliger Zusammenkünfte von Koalition und Widerstand gewesen war, war nun eine Bühne für die Ausübung der Kolonialmacht. Die Eingeborenen, ein Meer entschlossener Gesichter, standen fest und unerschütterlich, ihre Entschlossenheit ein Zugeständnis an die tiefen Wurzeln ihrer Rebellion.

Trotz der imposanten Präsenz der Kolonialmacht blieben ihre Geister unbezwingbar, und ihre Haltung war ein stiller Widerstand gegen die Erosion ihrer Lebensweise.

Als die Verhandlung begann, unternahmen die Ältesten, Hüter des Gewissens der Gemeinschaft, einen Schritt, der sowohl ein Zugeständnis als auch eine Strategie war. Der Eid gegen die Regierung, ein Symbol ihrer Opposition, wurde widerrufen. Dieser Akt jedoch, der mit der Bitterkeit des Augenblicks beladen war, war in den Augen derer, die ihr Volk vor weiterem Schaden schützen wollten, ein notwendiges Opfer.

Die unmittelbare Konsequenz dieser Entscheidung war herzzerreißend; Me-Katilili und Wanje, Verkörperungen des Kampfes gegen die Unterwerfung, sollten am nächsten Tag nach Kisii verbannt werden, da ihre Abwesenheit eine Leere in den Herzen ihrer Gemeinschaft hinterließ.

In der Folge begannen die Polizeipatrouillen, ermutigt durch die Fassade des Sieges, von jedem Ort Geldstrafen in Höhe von 1500 Rupien zu verlangen, eine Forderung, welche die Gemeinde ihrer Ressourcen beraubte. Dieser Akt der Erhebung von Geldstrafen war nicht nur eine finanzielle Belastung, sondern ein bewusster Versuch, die Entschlossenheit des Volkes zu schwächen, seinen Geist unter dem Deckmantel der Erzwingung des Friedens zu brechen.

In seinen Berichten tat Hobley den Aufstand als eine "unbedeutende Verschwörung von vager Bedeutung" ab, eine Aussage, welche die Angst und den Respekt Lügen strafte, die der Aufstand in der Kolonialverwaltung eingeflößt hatte.

In dieser Abweisung lag jedoch eine Anerkennung des tatsächlichen Ergebnisses ihrer Handlungen. Die Ereignisse hatten einen Vorwand geliefert, wenn auch ungerecht, um ihre Kontrolle weiter zu festigen. Die Konzentration der Menschen um den neuen Bahnhof in Mwangea, die Schließung des alten *Kaya* und die Räumung des Gebiets nördlich des Sabaki-

Flusses waren strategische Schritte, um das soziale und spirituelle Gefüge der Gemeinschaft zu demontieren und ihre Traditionen in den Schatten der vergessenen Geschichte zu verbannen.

Dieser Moment, obwohl er als Formalisierung des Friedens gerahmt wurde, war in Wirklichkeit ein deutliches Beispiel für die koloniale Strategie des Teilens und Herrschens, der Auferlegung von Autorität durch die Auslöschung der Identität. Selbst angesichts solcher Widrigkeiten blieb der Geist des Volkes unstillbar.

Das Exil ihrer Anführer in das Gefangenenlager Kisii, die gegen sie verhängten Geldstrafen und die strategische Neugestaltung ihres Landes waren nur einige Kapitel in der ausführlicheren Erzählung ihres Widerstands.

Das Vermächtnis von Me-Katilili, Wanje und den unzähligen namenlosen Kriegern des Giriama-Aufstandes war eine Wurzel der Widerstandsfähigkeit und des Widerstands gegen die Kräfte, die sie zum Schweigen bringen wollten.

Auf dem Weg ins Gefängnis

7. November 1913. Der Platz brach in Chaos aus, Schreie vermischten sich mit den Schreien der Verzweiflung, als Me-Katilili und Wanje wa Mwadorikola schnell festgenommen und ihre Hand- und Fußgelenke gefesselt wurden, als die Polizei sie abführte. Selbst in diesem Augenblick der Verhaftung hielt sie ihren Kopf hoch, ihren Geist ungebrochen.

Als die britischen Truppen über sie herfielen, wurde die Luft von den Schreien der Agiriama zerrissen, einem Chor der Angst und des Trotzes, der aus allen Ecken des Mijikenda-Landes aufstieg. Me-Katilili, deren Augen vom Feuer des Kampfes glühten, stand entschlossen da, als die Soldaten sich näherten, und ihre Stimme durchschnitt das Chaos. "Ihr könnt uns in Ketten legen, aber den Geist unseres Volkes könnt ihr nicht anketten", erklärte sie, den Blick auf die sich nähernden Autoritätspersonen gerichtet.

Wanje, der an ihrer Seite stand, nickte in stummer Zustimmung. Seine Anwesenheit war eine unerschütterliche Unterstützung für Me-Katililis feurige Führung. Die Gemeinschaft versammelte sich um sie, ihre Stimmen waren ein vereinter Schrei gegen die Ungerechtigkeit, die sie von ihrem Land, ihren Familien und ihrem Erbe reißen wollte.

Als die britischen Truppen sich näherten, legte sich die Realität ihrer Situation wie ein schwerer Mantel über die versammelte Menge. Me-Katilili und Wanje wurden schnell festgenommen, ihre Hände waren gefesselt, als sie abgeführt wurden. Die Protestschreie der Gemeinde folgten ihnen wie ein eindringliches Klagelied.

Innerhalb der Grenzen des Kolonialgebäudes sahen Me-Katilili und Wanje der Grausamkeit ihrer Entführer mit einer Würde entgegen, die ihre Umstände Lügen strafte. Ihrer Kleider entledigt und der Peitsche ausgesetzt, ertrugen sie jeden Schlag mit einem Stoizismus, der Bände über ihre innere Stärke sprach. "Ist das die Stärke deiner Herrschaft? Die Peitsche und die Kette?" Me-Katilili höhnte, ihre Stimme war ein Ausdruck des Trotzes, selbst im Angesicht der Qual.

Wanje, dessen Körper die Spuren der Brutalität ihrer Entführer trug, schwieg, seine Entschlossenheit war ein stilles Zeugnis für die Sache, für die sie kämpften. Zwischen dem Schmerz und der Demütigung blieb ein Funke Hoffnung in ihnen, genährt von dem Wissen, dass ihr Kampf nicht vergeblich war. Gemeinsam verkörperten sie den unerschütterlichen Willen ihres Volkes, das sich der kolonialen Tyrannei widersetzte.

Als Arthur sein Telegramm nach England schickte, waren seine Worte eine kalte Berechnung der Kolonialpolitik. Das Schicksal von Me-Katilili und Wanje hing in der Schwebe.

Englands Direktive war in bürokratische Kälte gehüllt, obwohl sie ihre unmittelbare Zukunft besiegelte, eine Umsiedlung, die ihre Stimmen zum Schweigen bringen und ihren Einfluss auslöschen sollte.

Draußen ging die Mahnwache der Gemeinde weiter, eine ständige Präsenz, die der Kolonialautorität mit jedem Gesang und Schrei trotzte. Die Stimmen der Menschen, eine Mischung aus Trauer und Widerstand, trugen die Geschichten ihrer Vorfahren, eine Erinnerung an das Land und die Freiheiten, die ihnen schon lange vor der Ankunft der Kolonisatoren zuteilgeworden waren.

»Hast du keine Scham? Wo ist deine Würde?", brüllte ein Demonstrant und seine Stimme erhob sich über den Tumult, als Me-Katilili und Wanje von der Polizei gewaltsam zum Fahrzeug geführt wurden.

Unter dem drückenden Schein der Mittagssonne wurden Me-Katilili und Wanje zu dem Fahrzeug geführt, einem Land Rover, der auf sie wartete.

Während dieser ernsten Prozession wurde die Luft dick von Spannung, eine fühlbare Kraft, die den Wind zu ersticken schien. In diesem Moment erhoben sich die Stimmen der Agiriama in einer stürmischen Welle des Trotzes und der Trauer, die gegen die gleichgültige Fassade ihrer Unterdrücker prallte.

"Lasst unsere Leute ziehen!", donnerten sie und hallten durch die bedrückende Atmosphäre. Ihr Plädoyer war ein Weckruf nach Freiheit, der sich nicht zum Schweigen bringen ließ.

"Lasst unsere Leute frei!", folgte der Ruf. Eine Forderung, die mit der rauen Schärfe der Verzweiflung durchzogen ist, als ob jedes Wort das Gewicht unzähliger unausgesprochener Geschichten von Leid und Widerstandsfähigkeit trägt.

"Hört auf, unsere Leute zu töten!" Dieser Schrei war eine deutliche Anklage, eine Erinnerung an das Blut, das die Hände derer befleckte, die es wagten, die Macht über Leben und Tod zu beanspruchen, eine Zurechtweisung, die so mächtig war, dass sie die Grundfesten der Ungerechtigkeit zu erschüttern schien.

"Geh dorthin zurück, wo du hergekommen bist!" Es war ein trotziger Befehl, der wie ein Speer durch das Herz der kolonialen Arroganz geworfen wurde, eine Erklärung, dass dieses Land und seine Bewohner die Anwesenheit derer nicht länger tolerieren würden, die versuchten, sie ihrer Würde zu berauben.

"Herzlose Tiere!" Die letzte Beleidigung wurde mit dem ganzen Gift einer verwundeten Seele geschleudert und ihre Unterdrücker nicht als Menschen, sondern als Bestien ohne Mitgefühl, Empathie oder jeden Anschein von Menschlichkeit dargestellt. Die britischen Wachen reagierten mit erschreckendem Schweigen, ihre Gewehre waren eine deutliche Erinnerung an ihre Macht.

Jeder Aufschrei war eine Manifestation des unbezwingbaren Geistes des Agiriama. Ein kollektiver Ausdruck von Angst, Wut und einem unnachgiebigen Verlangen nach Freiheit hallte durch die Luft, ein lebhafter Schrei des Widerstands, der von Hoffnung und dem unerschütterlichen Willen eines Volkes getragen wurde, das in seinem Kampf vereint war.

In einem Augenblick, in dem die Zeit eingefroren war, inmitten des Chaos, das sie umgab, drang Me-Katililis Blick durch die Menge der Gesichter und fand Trost in den weisen, wettergegerbten Augen eines Ältesten aus dem Rat. Sie sprach ein ernstes Flehen, ihre Stimme ein zerbrechlicher Klangfaden, angespannt und heiser von dem Tumult der Gefühle, die ihre Worte erstickten. "Geh in den heiligen *Kaya*-Wald, rufe die Geister an, sag den Ahnen und Gott, dass er uns in unser angestammtes Land zurückbringen soll", flehte sie, und ihre

Anweisung entwich kaum ihren ausgetrockneten Lippen, als die energischen Hände der britischen Offiziere sie zum Land Rover drängten, der bereit stand, sie aus dem Land zu reißen, das ihr lieb und teuer war.

Das Nicken der Ältesten war eine Gewissheit der Hoffnung, ein stilles Gelübde, dass ihre Botschaft im Wind bis ins Herz des heiligen Waldes getragen werden würde. Als er wieder in das Meer der Gesichter verschmolz, ein Symbol unausgesprochener Solidarität und Entschlossenheit, drängte die Menge in einem verzweifelten Versuch nach vorne, den Abgang zu vereiteln. Ihre Körper verdeutlichten den kollektiven Willen, die eigenen zu schützen. Doch ihre Bemühungen wurden von dem unerbittlichen Vorrücken des Fahrzeugs verschluckt, das zum Leben erwachte und wegfuhr und nichts als einen wogenden Staubschleier und das schwere Gewicht der Verzweiflung zurückließ. Die Demonstranten setzten unbeirrt ihre Sprechchöre fort, ein Chor der Solidarität und des Trotzes, der dem Land Rover folgte, als er in der Ferne verschwand.

Als sich das Fahrzeug durch die Landschaft schlängelte und Me-Katilili und Wanje in den Schlund der Ungewissheit riss, wurde innerhalb seiner Grenzen ein feierlicher Pakt geschlossen. Me-Katilili versicherte Wanje mit einer Entschlossenheit, die so unerschütterlich ist wie die uralten Wälder: "Wir werden bald in unsere Heimat zurückkehren. Ich werde alles in meiner Macht Stehende tun, um uns nach Hause zu bringen."

Gemeinsam verflochten sie sich im Gebet. Ihre Stimmen erhoben sich zu *Mulungu*, dem höchsten Gott, und flehten Schutz und Gnade an. Mit Beschwörungsformeln, die das Gewicht von Jahrhunderten trugen, riefen sie ihre Vorfahren herbei und flehten sie an, ihnen den Weg für ihre Rückkehr zu ebnen. Während die Landschaft verschwamm, blieben ihre Geister im Land ihrer Geburt verankert und riefen nach den unsichtbaren Kräften, die das Gleichgewicht aller Dinge regieren.

In dieser heiligen Gemeinschaft entblößten sie ihre Seelen und vertrauten ihren Weg den Händen derer an, die schon lange zuvor die Wege der Erde beschritten hatten. Sie schöpfen Kraft aus dem unzerbrechlichen Band, das die Gegenwart mit der Vergangenheit und die Lebenden mit den Geistern verbindet, die aus dem Jenseits über sie wachen.

Auf ihrer erzwungenen Reise, wurden Me-Katilili und Wanje entlang der zerklüfteten Konturen einer weniger befahrenen Straße entführt, einem Pfad, der sich seinen Weg von Malindi nach Kisii bahnte.

Dies war nicht nur ein Weg, der vom Staub der Erde gezeichnet war, sondern er markierte eine Ära des Wandels, in der die Träume vom Fortschritt mit der harten Realität kolonialer Ambitionen kollidierten. Die Straße selbst war eine Ader des Aufruhrs und der Mühe, flankiert von Legionen von Arbeitern, die unter dem sengenden Kuss der Sonne den Rücken beugten, jeder ein Rädchen in dem kolossalen Unterfangen, die Spuren dessen zu legen, was als die Eiserne Schlange bekannt werden sollte.

Umgeben von den wachsamen Blicken britischer Soldaten waren diese Arbeiter stumme Zeugen des unerbittlichen Vormarsches des Imperialismus. Ihr Schweiß vermischte sich mit dem Staub, der in Wolken um ihre Füße aufstieg. Befehle bellten in fremden Sprachen, schnitten durch die Luft und drängten sie, über die Grenzen der menschlichen Belastbarkeit hinauszugehen. Den Ureinwohnern wurde von den Briten diktiert, die Eisenbahntrasse zu pflastern, die das Gesicht ihres Landes für immer verändern sollte.

In der Enge des Land Rovers, dessen Motorhaube von der Zeit und der Reise gezeichnet war, fanden sich Me-Katilili und Wanje wieder, die durch einen Riss hinausschauten, der ihnen ein Fenster zur Außenwelt bot. Dann, mit einem Grollen, das sich zu einer Kakophonie auswächst, erscheint eine monströse Schöpfung aus Metall und Dampf, die sich mit einem Eigenleben bewegt. Me-Katilili und Wanje beobachteten, wie das erstaunliche Tier den eisernen Pfad entlangglitt, während eine Reihe miteinander verbundener Kutschen gehorsam hinter ihnen herlief. Rauch steigt von der Spitze auf, und sein Klang - ein ständiges, rhythmisches Tuckern - hallte durch die Luft, anders als alles, was man zuvor gehört hatte.

Diese mechanische Schlange, die Entfernungen verschlingen konnte, für deren Überwindung man einst Tage brauchte, war ein Schauspiel der Ehrfurcht und des Staunens und markierte den Anbruch einer neuen Ära der Erforschung und Verbindung.

"Ooh, das ist die eiserne Schlange, die Mepoho prophezeit hat..." Flüsterte Me-Katilili mit Erkenntnis. Die Prophezeiung, einst ein fernes Echo der Vorsicht, entfaltete sich nun vor ihren Augen, eine greifbare Manifestation des Wandels, den niemand vorhersehen konnte.

Während das Fahrzeug dahinstapfte, veränderte sich die Landschaft draußen mit jedem Kilometer, eine visuelle Symphonie des Wandels, welche die Geschichte eines Landes im Wandel erzählte. Die üppige, grüne Umarmung der Küstenregion wich allmählich der schroffen Majestät des Hochlandes. Diese Reise war mehr als ein bloßer Umzug; sie war ein Durchgang durch das Herz der Seele einer Nation, eine Reise, die Zeugnis ablegte vom Treibsand der Identität, der Kultur und des Schicksals.

Durch den Riss in der Leinwand des Land Rover schauten Me-Katilili und Wanje zu, ihre Augen zeichneten die Konturen einer Landschaft nach, die zwischen Vergangenheit und ungewisser Zukunft gefangen war.

Im Laufe der Reise veränderte sich das Klima und verdrängte die vertraute Wärme der Küstenregionen zugunsten einer kühleren, trockeneren Atmosphäre, die ihre Annäherung an höhere Lagen ankündigte. Die Abendluft, frisch und unerbittlich, biss sich mit einer Kälte in ihre Haut, die sie noch nie gekannt hatten. Me-Katilili und Wanje, die nur mit Gewändern bekleidet waren, die für die warme Umgebung ihrer Heimat geeignet waren, fanden sich zitternd wieder, unvorbereitet auf den plötzlichen Abstieg in eine Kälte, die sie umhüllte, als die Sonne hinter dem Horizont versank.

Das unerbittliche Tempo der Fahrt fand ein abruptes Ende, und der Motor des Fahrzeugs stoppte sein stetiges Dröhnen und durchbrach die Stille des Abends. Mit einer raschen Bewegung stiegen die beiden britischen Offiziere aus dem Land Rover, und ihre Gestalten zeichneten sich für einen Moment im schwindenden Licht ab. Sie waren in einer kleinen Stadt angekommen, eine bescheidene Konstellation von Geschäften übersäte die Landschaft, die einen starken Kontrast zu den weiten, offenen Flächen bildete, die sie durchquert hatten.

Neugier regte sich in der lokalen Bevölkerung, als die hintere Leinwand des Fahrzeugs leicht zurückgezogen wurde und den flüchtigen Blicken der Umstehenden seine menschliche Fracht enthüllte. Ein Ladenbesitzer, der von dem ungewöhnlichen Anblick angezogen wurde, wagte sich näher, seine Frage hing in der Luft. "Was hast du da?"

Die Antwort des Fahrers war kurz und ohne jeden Anschein von Empathie. »Gefangene«, erklärte er, als sei das Wort ein Schutzschild gegen weitere Verhöre.

Die britischen Offiziere verschwanden abwechselnd im Busch und suchten eine kurze Ruhepause, während Me-Katilili und Wanje zusahen, ihre Anwesenheit in den Augen ihrer Entführer auf ein bloßes Spektakel reduziert. Nach ihrer Rückkehr gönnten sich die Männer eine kurze Verschnaufpause und aßen und tranken mit einer lässigen Missachtung des Hungers und Durstes, der an ihren Gefangenen nagte.

Nachdem das Fahrzeug betankt war, ging die Fahrt mit einem Ruck weiter, der Land Rover taumelte vorwärts in die Nacht und ließ die Kleinstadt und jede flüchtige Hoffnung auf Mitgefühl oder Barmherzigkeit hinter sich. Me-Katilili und Wanje wurden selbst die grundlegendsten menschlichen Güten verwehrt und sie mussten die Kälte ertragen, ihre Körper und ihr Geist wurden durch die Tortur auf die Probe gestellt, aber immer noch ungebrochen. In der Stille, die folgte, verhärtete sich ihre Entschlossenheit, und sie schworen, dass diese Reise, so beschwerlich sie auch sein mochte, weder ihren Geist bestimmen noch das Feuer der Hoffnung verringern würde, das in ihnen brannte.

Die Sonne ging unter und wieder auf. Der emotionale Tribut ihrer Gefangenschaft lastete schwer auf Me-Katilili und Wanje. Jeder Moment der Stille war gefüllt mit Reflexionen über ihre Reise, die Erinnerungen ihres Volkes und die ungewisse Zukunft, die vor ihnen liegt. Selbst in ihren dunkelsten Momenten blieb ihre Bindung unzerbrochen, ihre gemeinsame Entschlossenheit eine Quelle des Trostes und der Kraft. Die Reise zu ihrem unbekannten Ziel war eine Härteprobe.

Das zerklüftete Gelände und ihre Handschellen erinnerten sie ständig an ihre Notlage. Inmitten der Widrigkeiten schimmerten Momente des Trotzes durch, jeder Akt des Trotzes bewies ihren unzerbrechlichen Willen.

Das Fahrzeug kam endgültig zum Stehen. Die Ungewissheit über ihre neuen Umstände war groß, aber Me-Katilili und Wanje stellten sich ihr mit einer unerschütterlichen Entschlossenheit. "Wir mögen weit von unserem Land entfernt sein, aber unser Geist bleibt bei unserem Volk", flüsterte Me-Katilili mit fester Stimme, trotz der Müdigkeit, die an ihr haftete.

Wanje, den Blick auf den Horizont gerichtet, nickte zustimmend. "Unser Kampf endet hier nicht. Er lebt in den

Herzen unseres Volkes weiter«, antwortete er mit entschlossener Stimme.

Als die Soldaten aus dem Fahrzeug stiegen, war die Schwere ihrer Reise in jedem ihrer Schritte zu sehen, aber Me-Katilili und Wanje blieben unerschrocken. Obwohl sie erschöpft waren, brannten ihre Augen in einem ungetrübten Licht - dem Licht ihres Kampfes für die Freiheit, das keine Macht auslöschen konnte.

Im Angesicht der Widrigkeiten blieben ihre Geister unnachgiebig, ihre Entschlossenheit unerschütterlich. Der Weg, der vor ihnen lag, war voller Unsicherheiten, aber sie traten mit dem Wissen voran, dass ihr Kampf Teil eines größeren Kampfes war - eines Kampfes für Freiheit, Würde und das Recht, zu ihren Bedingungen zu leben. In ihren Herzen sangen die Stimmen ihres Volkes weiter, ein Chor der Hoffnung und des Trotzes, der sie durch die dunkelsten Zeiten tragen sollte, eine Erinnerung daran, dass sie selbst in der Gefangenschaft nie wirklich allein waren.

Die über 900 Kilometer lange Fahrt von Malindi nach Kisii war für Me-Katilili und Wanje eine harte Belastungsprobe. Sie waren auf dem gnadenlos nackten Boden eines baufälligen Fahrzeugs eingesperrt; ihre Körper wurden von den unerbittlichen, holprigen, staubigen Straßen, die sich in die Unendlichkeit zu erstrecken schienen, gerüttelt und erschüttert. Die Abnutzungserscheinungen dieser beschwerlichen Reise waren sichtbar in ihre Kleidung eingebrannt, nur noch ein Schatten dessen, was sie einmal war.

Wanje war in die Überreste eines einst leuchtend blauen Tuches gehüllt, das jetzt zerrissen und schmutzig war, gepaart mit einem ehemals makellosen weißen Tuch, das um seine Taille gewickelt war und jetzt von der Härte ihrer Reisen verdorben war. Me-Katilili hingegen schmückte sich mit einem traditionellen *Kisuthu*, das anmutig über ihrer Brust drapiert war, und ihrem *Hando-Rock* , der nun in Fetzen zerrissen war.

Die kühle Umarmung der Abendluft war ein unwillkommener Begleiter, ihre kalten Finger drangen durch ihre leichte, abgetragene Kleidung.

Kisii (Getembe), Gusii Land, Provinz Nyanza

Im Herzen des Gusii-Landes, wo das Flüstern ihrer Vorfahren durch das üppige Hochland hallte und der Himmel vom Regen weint, der die Erde nährt, birgt die Stadt Kisii - einst bekannt als Getembe - Geschichten von Widerstandsfähigkeit und Transformation. Die Anwesenheit der "*Abasongo*" oder der Briten markierte eine neue Ära für das indigene Volk der Gusii. In dieser Epoche verschmolzen die Welten und alte Traditionen wurden in Frage gestellt.

Auf ihrem strategischen Rückzug von den Schlachten am Viktoriasee fanden die Briten Zuflucht in diesem Land und pflanzten die Saat der kolonialen Dominanz inmitten der grünen Umarmung von Kisii. Sie brachten Gesichter mit, die den Gusii unbekannt waren - Nubier, Maragoli, Baganda und Suba - jede Gruppe spielte eine Rolle in dem neuen gesellschaftlichen Gefüge, das unter der Kolonialherrschaft gewebt wurde. Während einige dieser Neuankömmlinge einen Weg fanden, ihre Geschichten mit denen der Gusii zu vermischen, blieben andere, wie die Nubi, unterschiedlich, eine Erinnerung an die vielfältigen Identitäten, zu denen die Stadt Kisii werden sollte.

Die Briten betrachteten den Kriegergeist der Abagusii als Bedrohung für ihre Kontrolle und reagierten mit Strafmaßnahmen, die darauf abzielten, den Willen eines Volkes zu brechen, das auf der Erde geboren wurde, für deren Schutz es kämpfte. Trotz der Widrigkeiten blieb das Herz von Kisii ungezähmt, sein Klima ein Spiegel der Zähigkeit und Anpassungsfähigkeit seiner Bewohner. Eingebettet in die Hügel gedieh die Stadt unter einem tropischen Hochlandklima, ein Zufluchtsort vor Überschwemmungen, und ihre Atmosphäre war von den häufigen Gewittern aufgeladen, die für die pulsierende Lebenskraft der Region charakteristisch sind.

Mit ähnlichen Taktiken wie bei Mijikenda, dem Bestreben der Briten, jede Form von Widerstand zu unterdrücken und ihre Herrschaft zu festigen, starteten die Briten gezielte Überfälle gegen die Abagusii. Diese Überfälle waren nicht nur militärische Manöver, sondern kalkulierte Bemühungen, den Kern der Lebensweise der Gemeinschaft zu treffen. Durch die Beschlagnahmung von Vieh zielten die Briten darauf ab, die Wirtschaft zu lähmen, den Status der Krieger zu verringern und die soziale Struktur zu untergraben, welche die Abagusii über Generationen hinweg am Leben gehalten hatte. Das Vieh, das verehrt wurde und für die Abagusii-Kultur von zentraler Bedeutung war, war nicht nur ein Wirtschaftsgut, sondern auch ein Symbol für Reichtum, Macht und Prestige. Der Verlust von Vieh durch britische Überfälle war ein Schlag für die Moral der Gemeinschaft, ein Diebstahl ihres Erbes und eine klare Botschaft der Dominanz.

Trotz ihrer tapferen Bemühungen, ihr Land und ihre Lebensweise zu verteidigen, fanden sich die Abagusii in dem unterdrückerischen Netz des Kolonialismus gefangen. Die Briten drangen unter Ausnutzung ihrer militärischen Macht und technologischen Überlegenheit in das Gebiet der Abagusii ein, enteigneten Land und setzten ihren Willen mit unerbittlichem Eifer durch. Die Souveränität der Abagusii wurde usurpiert, ihre Ländereien annektiert und ihre Autonomie untergraben, als die britische Kolonialmaschinerie vorrückte, gleichgültig gegenüber der kulturellen Verwüstung, die ihr folgte.

Gezwungen durch Umstände, die außerhalb ihrer Kontrolle lagen, zwangen die Kolonialisten einige der Abagusii, denen zu dienen, die ihr Land usurpiert und ihre angestammte Lebensweise gestört hatten. Die Briten beuteten genau die Menschen aus, die sie unterworfen hatten, und führten Arbeits- und Steuersysteme ein, die darauf ausgelegt waren, den größtmöglichen wirtschaftlichen Wert zu erzielen und gleichzeitig Unterwürfigkeit zu gewährleisten. Für die Abagusii war dies eine bittere Pille, die sie schlucken mussten. Für die Architekten ihres Leidens zu arbeiten, war eine tägliche Erinnerung an den Verlust ihrer Freiheit und Würde.

Eine unterschwellige Strömung von Opposition und Ressentiments kennzeichnete das Verhältnis zwischen den Abagusii und den Briten.

Obwohl die Abagusii gezwungen waren, sich mit der Realität der kolonialen Auferlegung auseinanderzusetzen, stimmten sie der britischen Herrschaft nie vollständig zu. Die Flammen des Trotzes und die Sehnsucht nach Selbstbestimmung brannten weiter in den Tiefen ihrer Herzen. Die Briten waren in ihr Land eingedrungen, hatten ihre Ressourcen geplündert und versucht, ihre kulturelle Identität zu zerstören, aber der Geist der Abagusii, der in der Schmiede der Widrigkeiten gestählt war, blieb ungebrochen.

Diese turbulente Ära, die von Konflikten und kulturellen Umbrüchen geprägt war, legte die krassen Diskrepanzen zwischen kolonialen Ambitionen und der Überlebensfähigkeit der Ureinwohner offen.

Die Abagusii standen, wie viele andere Gemeinschaften, die dem kolonialen Joch unterworfen waren, vor immensen Herausforderungen.

Sakawa der Abagusii-Wahrsager

Sakawa, der visionäre Seher, war der Architekt des Schicksals für das Volk der Bantu Abagusii. Geschätzt für seine tiefe Verbundenheit mit den unsichtbaren Reichen, stand Sakawa als Säule der Weisheit und des Friedens da. Seine Voraussicht in die bevorstehende koloniale Invasion und den daraus resultierenden Tumult war weit mehr als eine einfache Warnung; Es war ein Weckruf an das Wesen seines Volkes und forderte es auf, sich auf die drohenden Herausforderungen vorzubereiten. In seinen Augen entfaltete sich die Zukunft nicht nur als eine Reihe beängstigender Ereignisse, sondern als Schlachtfeld für Widerstandsfähigkeit, denn er trug die Kraft und den Geist der Abagusii mit sich.

Sakawas Einfluss wuchs und sein Name wurde zum Synonym für Weitsicht und die Bewahrung des Erbes von Gusii. Seine prophetische Gabe sah die Ankunft zweier Seelen aus der Ferne voraus, einer Wahrsagerin und eines Medizinmannes, deren Schicksal mit dem Wohlergehen von Getembe verwoben war, das später in Kisii umbenannt wurde. Die Geister und Ahnen waren in ihrer Anweisung an Sakawa klar: Diese Personen dürfen nicht in Getembe festgehalten werden, denn ihre Inhaftierung würde eine Katastrophe für das Land und seine Bewohner bedeuten.

In einem Schachzug, der die Räder des Schicksals in Bewegung setzte, beschwor Sakawa Morani herbei, einen jungen Mann, dessen Loyalität zu den Briten ihn in eine einzigartige Position gebracht hatte. Dieses Treffen, das in die Geheimhaltung heiliger Pflichten gehüllt war, bildete Sakawas Strategie. Er erkannte den Wert von Morani, einer Brücke zwischen zwei Welten, deren Handlungen den Lauf der Geschichte verändern könnten.

Morani, der sich der Verehrung bewusst war, die Sakawa entgegengebracht wurde, näherte sich der Versammlung mit einer Mischung aus Neugier und Besorgnis.

Der Seher enthüllte mit der Ruhe, die ihn kennzeichnete, die Dringlichkeit der Botschaft der Geister. Er sprach von dem Wahrsager und dem Medizinmann, Kriegern des Geistes, deren Gegenwart in Getembe ein Vorbote des Wandels war. Sakawa vertraute Morani eine Mission von größter Bedeutung an, eine Aufgabe, die seine Loyalität herausfordern und sein Wesen auf die Probe stellen sollte. Als Morani Sakawas Gehöft verließ, lastete die Bürde seiner neu gewonnenen Verantwortung auf ihm. Die Stadt Getembe, das heutige Kisii, mit ihren grünen Hügeln und ihrer geschichtsträchtigen Vergangenheit, stand am Abgrund eines neuen Kapitels - eines Kapitels, das von den Taten eines jungen Mannes geprägt sein sollte, der zwischen Loyalität und Schicksal gefangen war. Der Auftrag des Sehers war klar, und der vor ihm liegende Weg, der mit Ungewissheit behaftet war, versprach, das Vermächtnis von Getembe und das Schicksal seines Volkes neu zu definieren.

Bei ihrer Ankunft im Gefangenenlager Kisii wurden sie von einer Atmosphäre der Verzweiflung und Trostlosigkeit empfangen. Das Lager, eine isolierte Enklave, scheinbar losgelöst von der Welt, war von den Geräuschen bellender Hunde und dem Heulen der Häftlinge erfüllt - jeder Schrei war eine eindringliche Erinnerung an den düsteren Zweck des Lagers. Dieser Ort, der ursprünglich von britischen Soldaten als Rückzugsort vor dem schweren Geschützfeuer der vorrückenden deutschen Armee während des bevorstehenden Krieges abgesteckt worden war, trug die Narben seiner turbulenten Anfänge. Seine L-förmige Struktur zeichnete sich bedrohlich ab, ein Projekt der Eindämmung befand sich noch im Bau, seine unvollendete Form war das Ergebnis des anhaltenden Konflikts und der britischen Bemühungen, den aufkeimenden Geist des antikolonialen Widerstands zu unterdrücken, der später unter anderem den Mau-Mau-Aufstand anheizen sollte.

Die Atmosphäre war angespannt, als der Lagerbeamte den Brief öffnete, den ihm der Fahrer überreichte, mit einem Ton der Vorsicht verkündete: "Eine Frau und ein Mann, berüchtigt für ihre Eskapaden entlang der Küste." Diese Proklamation erregte einen Wirbelsturm der Neugierde in den Reihen der Soldaten.

Unter ihnen stach eine Gestalt hervor, begleitet von einem wachsamen Wachhund, der mit geneigtem Kopf fragte: "Eine Frau?" Der Fahrer nickte: "In der Tat, sie ist die Anführerin und Drahtzieherin hinter ihren Plänen."

Die Anweisung, die darauffolgte, wurde mit kalter Effizienz erteilt und beraubte den Moment jedes Funkens von Mitgefühl: "Eskortiert sie in Zelle 9" warf Ethel, die strenge Aufseherin der Haftanstalt ein.

"Nach dem Wortlaut unserer Vorschriften ist das Zusammenleben verboten - erstens wegen ihrer unterschiedlichen Geschlechter, und zweitens, weil sie im Verdacht stehen, Komplizen zu sein, dürfen Sie nicht in derselben Zelle eingesperrt sein", wandte der Soldat ein, während der Wachhund an seiner Seite die wachsende Intensität spürte.

"Dann trennt sie!" Ethels Befehl schnitt wie eine Klinge durch die Luft.

"Commander, unsere Zellen sind ausgelastet. Die Unruhestifter aus der Region Mount Kenya haben unsere Einrichtungen überlastet! Außerdem haben wir es mit einem Cholera-Ausbruch in mehreren Zellen zu tun", warf der Gefängnisbeamte ein, wobei seine Anwesenheit in der Nähe von Ethel durch die Dringlichkeit der Situation unterstrichen wurde.

Als die Wärter Me-Katilili und Wanje gewaltsam in ihre Zelle führten, bemerkte Ethels vor Sarkasmus triefende Stimme: "Hier landen berüchtigte Kriminelle wie du. Ich bin sicher, Sie werden es nach Ihrem Geschmack finden."

Die einheimischen Wachen, Ureinwohner von Abagusii, gekleidet in schlechtsitzenden Khaki-Shorts und übergroße Hemden, machten sich mitschuldig an ihrem Schweigen, und ihre unterbezahlte Knechtschaft war eine deutliche Erinnerung an die koloniale Hierarchie. Auf die Frage nach der Dauer ihrer Haft antwortete ein britischer Beamter abschreckend: "Nicht weniger als fünf Jahre ... wenn sie überleben. Oder fürs Leben..." Die Auswirkungen hingen schwer in der Luft, als sie in ihre zugewiesene Zelle geführt wurden, immer noch gefesselt, durch die dunklen Korridore des Gefangenenlagers, vorbei an den gequälten Gesichtern der anderen Gefangenen und dem bedrohlichen Knurren der Zwingerhunde.

Zelle 9 war eine Leere der Verzweiflung, ihr dunkles, kaltes Inneres wurde nur vom Gestank des Verfalls unterbrochen. Der feuchte Erdboden und ein einsamer Tontopf, der als Latrine dienen sollte, waren die einzigen "Annehmlichkeiten", die zur Verfügung standen. Die Wände, die mit getrockneten Blutspuren geschmückt waren, erzählten Geschichten von unaussprechlichen Schrecken, die sich in diesen Räumen zugetragen hatten. Ein britischer Soldat schlug die eiserne Barriere mit einem dumpfen Schlag zu und sicherte das Schloss, was ein Echo im Kopf des Gefangenen hinterließ. Eine kurze Stille trat ein, bevor ein junger einheimischer Abagusii-Wächter zögernd vortrat und ihnen eine magere Mahlzeit aus Bananen und Wasser aus einer Kalebasse anbot.

"Mein Sohn", begann Me-Katilili mit einer Mischung aus mütterlicher Wärme und unerschütterlicher Entschlossenheit, "wo ich herkomme, werden viele Männer wie du von den Eindringlingen ermordet." Ihr Versuch, eine Verbindung herzustellen, wurde abrupt unterbrochen durch das Schweigegebot der jungen Wärterin, ihre Worte "Ich bin eine Mutter, die für dich kämpft, damit wir nicht alle zugrunde gehen", die sie mit Tränen in den Augen sprach, hallten von einer ergreifenden Dringlichkeit wider.

Der überstürzte Abgang des jungen Wärters ließ Me-Katilili und Wanje in den durchdringenden Schreien und Stöhnen zurück, die aus den anderen Zellen drangen, eine erschütternde Symphonie des Leidens. Doch in der Tiefe ihrer Verzweiflung fanden sie Trost im Gebet. Ihre Stimmen stimmten in einem inbrünstigen Appell an *Mulungu* und die Ahnen um göttliches Eingreifen ein, und ihre Geister verbanden sich in einem Band der gemeinsamen Hoffnung und unnachgiebigen Widerstandsfähigkeit.

Als die Morgendämmerung ihr erstes Licht über dem Gefangenenlager Kisii entfaltete, legte sich ein dunstiger Schleier des Unbehagens über die Landschaft und kündigte einen Tag an, der sich mit der Schärfe eines zweischneidigen Schwertes in die Annalen der Geschichte einbrennen würde. Für Me-Katilili und Wanje hatte das unerbittliche Verstreichen der Zeit in ihrer Zelle die Grenze zwischen Hoffnung und Verzweiflung verwischt, so dass jeder Tag nicht mehr vom letzten zu unterscheiden war, abgesehen von den subtilen Verschiebungen in der Luft, die auf die Welt jenseits ihrer Gefangenschaft hindeuteten.

Die britischen Soldaten, Verkörperungen der kolonialen Herrschaft, begannen ihre üblichen morgendlichen Runden mit mechanischer Präzision, ihre Stiefel schlugen in einem Rhythmus von Autorität und Kontrolle gegen die Erde. Der Klang hallte durch das Lager, eine ständige Erinnerung an die unterdrückende Kraft, die ihr Leben beherrschte. Dicht gefolgt von den örtlichen Wachen erhielten sie ihre Ausbildung und vermittelten ihnen die Techniken und die Disziplin, die erforderlich sind, um die Ordnung aufrechtzuerhalten, eine Ordnung, die von fremden Herrschern einem Land aufgezwungen wurde, das einst unter der Herrschaft seiner indigenen Völker florierte.

Als der Abend heranrückte, machte sich ein junger Wärter, eingehüllt in die kühle Umarmung der Dämmerung, mit durch das schwindende Licht gemilderten Gesichtszügen, auf den Weg zur Zelle Nummer 9. Das Schloss öffnete sich, und er präsentierte Me-Katilili und Wanje ihr bescheidenes Abendessen: Maisbrei und Bananen. Dieses einfache Angebot täuschte über die Komplexität des Augenblicks hinweg, der sich im Begriff war, sich zu entfalten. Me-Katilili ergriff die Gelegenheit und sagte mit einer Entschlossenheit, die Kraft aus der Erde unter ihren Füßen ausdrückte: "Ich habe eine Botschaft für den großen Wahrsager deines Volkes", ihre

Stimme war eine geflüsterte Kraft. Mit einer Geste, die Welten überbrückte, zupfte sie sich eine Locke aus dem Haar, und dann tat Wanje mit einem Nicken stillen Verständnisses dasselbe. Diese Fäden, durchdrungen von ihrem Geist und ihrer Entschlossenheit, wurden in die Handfläche des jungen Wärters gelegt, ein greifbares Symbol ihres Appells an die unsichtbaren Kräfte, die sich in ihrer Heimat bewegten.

Als Sakawa, der verehrte Abagusii-Wahrsager, diese geheime Botschaft erhielt, handelte er mit der Dringlichkeit von jemandem, der das empfindliche Gleichgewicht zwischen der sichtbaren und der unsichtbaren Welt versteht. In der Abgeschiedenheit seiner Behausung braute er ein starkes Gebräu aus Kräutern, dessen Aroma den Raum mit einem Gefühl alter Weisheit und Kraft erfüllte. Dieses Elixier, das in einer kleinen Fruchtschale eingekapselt und mit Blättern versiegelt wurde, war ein Vermächtnis der dauerhaften Verbindung zwischen den Menschen und dem Land ihrer Vorfahren. Sakawa vertraute Morani Anweisungen an, die das Gewicht von Jahrhunderten trugen, und setzte Ereignisse in Gang, die die Grundfesten des kolonialen Apparats in Frage stellten.

"Mit Vorsicht behandeln. Das ist für diese gierigen Abasongo (weiße Männer in der Gusii-Sprache)", wies Sakawa an, und seine Worte waren eine Mischung aus Vorsicht und Entschlossenheit. Er vertraute Morani mit weiteren Anweisungen an. "Sag den beiden, sie sollen dem Sonnenaufgang entgegenlaufen und hier nie wieder gesehen werden. Die Ahnen haben gesprochen. Sie sollten niemandem ein Wort davon sagen; andernfalls wird es uns kostbare Leben kosten, was keine faire Belohnung ist, nachdem wir ihr Leben gerettet haben."

Die folgenden Tage verliefen in der Monotonie, die das Leben im Lager geprägt hatte. Die Stunden dehnten sich zu einer Ewigkeit, die nur durch den wechselnden Stand der Sonne am

Himmel gekennzeichnet war. Doch unter dieser Fassade der Normalität regten sich Strömungen des Wandels, deren Kraft entfesselt werden sollte.

Als die Nacht wieder hereinbrach, brachte ein anderer Wächter an diesem Abend das Abendessen, und das Schweigen zwischen ihnen war von unausgesprochenen Worten geprägt. Die britischen Soldaten, wachsam in ihrer Routine, führten ihre Runden durch, wobei das Klirren der Schlüssel an die Ketten erinnerte, die den Geist des Volkes an den Willen ihrer Unterdrücker banden.

Der folgende Morgen begann mit einer ungewöhnlichen Ruhe, die das Lager in eine Stille hüllte, die Bände sprach. Die Sonne, die höher am Himmel stand, warf ihr Licht auf eine Szenerie, die vom Unterwerfungsskript der Kolonialherren abwich. Die britischen Soldaten und einheimischen Wachen erwachten in einer Welt, die sich ihrem Erwachen zu widersetzen schien. Der Verstand der Beamten war vernebelt, und ihre Körper waren nicht bereit, sich zu bewegen.

In diesem Zustand der Verwirrung und Schläfrigkeit, in einem Kampf gegen den Nebel, der ihr Bewusstsein trübte, wurde die Abwesenheit entdeckt. Zelle 9, sicher verschlossen und doch gespenstisch leer, war ein stummes Zeugnis des Trotzes des menschlichen Geistes, eines Trotzes, der die koloniale Maschinerie überlistet hatte. Der Alarm, der darauffolgte, war nicht nur ein Signal der Flucht, sondern ein Weckruf, der tief in den Herzen derer widerhallte, die zum Schweigen gebracht worden waren.

Die anderen Gefangenen, die zunächst nicht wussten, was die Ursache des Aufruhrs war, stimmten bald in einen Chor von Jubel und Parolen ein, wobei ihre Stimmen einstimmig erhoben wurden: "Freiheit für unser Volk, Freiheit für unser Land!" Die Schüsse, die sie zum Schweigen bringen sollten, dienten nur dazu, ihre Entschlossenheit zu verstärken; jeder Schuss setzte ein Satzzeichen in der Erzählung des Widerstands, die sie gemeinsam verfassten.

Flucht aus dem Gefangenenlager Kisii

Als sie sich im Schleier der Nacht auf die Flucht machten, hatten Me-Katilili und Wanje nicht mehr als das Nötigste zum Überleben bei sich: Kürbisse gefüllt mit lebenserhaltendem Wasser und saurer Milch sowie einen bescheidenen Vorrat an Sorghumbrot, das ihnen von einem unbekannten Mann gereicht wurde. Diese bescheidenen Vorräte kennzeichneten die Gesamtheit ihres weltlichen Besitzes, als sie sich ins Unbekannte wagten, geleitet nur vom schwachen Licht der Sterne und dem tiefen, instinktiven Verlangen nach Freiheit. Das Gelände unter den Füßen war tückisch, uneben und unerbittlich, ihr Weg wurde nur von gelegentlichen Schimmern des Mondlichts erhellt, das durch das dichte Blätterdach der Bäume über ihnen drang. Jeder Schritt vorwärts verkörperte ihre Entschlossenheit, ihre Füße trugen die Hauptlast der rauen Landschaft mit blauen Flecken und Wunden als stumme Zeugen ihrer Notlage.

Trotz der körperlichen Qualen injizierte die Drohung, von den britischen Soldaten verfolgt zu werden, ihren müden Körpern einen Adrenalinstoß, der sie durch die Dunkelheit nach vorne trieb.

Als sich die ersten Ranken der Morgendämmerung über den Himmel erstreckten und die Welt in Gold- und Purpurtöne tauchten, änderten sie ihren Kurs und steuerten mit einer Entschlossenheit auf die aufgehende Sonne zu, die ihre menschlichen Grenzen zu überschreiten schien.

Ihre Reise war ein unerbittlicher Kampf gegen die natürlichen Elemente, eine Passage durch das Herz der Wildnis, die jedes Quäntchen ihrer Kraft und Gerissenheit erforderte. Sie navigierten durch dichte Wälder, in denen die Luft von den Geräuschen unsichtbarer Kreaturen erfüllt war, und über weite

Ebenen, die sich wie ein endloses Meer aus Gras erstreckten, während sie den lauernden Gefahren wilder Tiere und den neugierigen Blicken menschlicher Siedlungen auswichen. Es war eine Reise durch die Essenz der ungezähmten Schönheit und Wildheit der Natur. Als die Sonne in ihren Zenit gestiegen war und eine Decke aus Hitze auf die Erde geworfen hatte, gönnten sich Me-Katilili und Wanje einen Moment Verschnaufpause. Geschützt unter den Ästen eines einsamen Baumes aßen sie von ihren mageren Rationen. Das Wasser und die saure Milch spendeten ihnen einen kurzen Trost von ihrem Durst, und das Sorghumbrot eine flüchtige Linderung ihres Hungers. Ihre Körper waren gezeichnet von Erschöpfung und Widerstandsfähigkeit, erschöpft und ramponiert, aber unnachgiebig in ihrem Streben nach Freiheit.

Im Heiligtum ihres provisorischen Zufluchtsortes übernahm Wanje die Rolle des Heilers, dessen Hände in der alten Kunst der Kräutermedizin geübt waren. Er suchte in der Umgebung nach Nahrung und kehrte mit Pflanzen zurück, die für ihre heilenden Eigenschaften bekannt sind. Mit der Sorgfalt eines Praktizierenden bereitete er Heilmittel vor, um ihre körperlichen Leiden zu lindern, und seine Taten waren eine stille Ode an den unvergänglichen Geist des Überlebens. »Meine Schwester«, flüsterte er, und seine Stimme trug die Last ihrer gemeinsamen Tortur, »unsere Reise ist lang, und unser Weg ist übersät mit Herausforderungen, die noch nicht gesehen wurden. Aber wir sind noch lange nicht besiegt."

Me-Katilili antwortete mit einer Entschlossenheit, die so unerschütterlich war wie die aufgehende Sonne: "Die Weisheit des Wahrsagers hat uns auf diesen Weg gebracht, und durch die Gnade Gottes und die Führung unserer Vorfahren werden wir ausharren."

Sie trat einen Schritt zurück, ihre Silhouette im Licht der Sonne umrahmt, während sie den Segen ihrer Vorfahren herabflehte, und ihre Stimme war ein leises Murmeln, das sich mit dem Rascheln der Blätter vermischte.

Gestärkt durch ihre kurze Pause und die heilende Wirkung von Wanjes Kräutermischungen machten sie sich erneut auf den Weg, den Blick auf den Horizont gerichtet, wo die Sonne einen neuen Tag verkündete. Ihre Strategie bestand darin, den Weg der "Eisernen Schlange", der Eisenbahn, einem Symbol für die Anwesenheit der Invasoren, zu verfolgen und einen vorsichtigen Abstand zu wahren, um nicht entdeckt zu werden.

Als die Dämmerung das Land einhüllte, seinen Schattenmantel warf und die verbrannte Erde kühlte, suchten Me-Katilili und Wanje Zuflucht für die Nacht. Die Dunkelheit brachte die Bedrohung durch tierische und menschliche Raubtiere mit sich, die sie dazu zwangen, einen sicheren Ort zu finden. Sie entdeckten eine kleine Höhle, eine natürliche Festung am Fuße eines Hügels, in der sie eine Barriere aus Ästen errichteten, eine primitive, aber effektive Verteidigung gegen die Gefahren, die in der Nacht lauerten.

Mit dem Morgengrauen als Signal setzten sie ihre Odyssee fort, jeder Schritt ein Schritt in Richtung Freiheit, jeder Atemzug ein Ausdruck ihres unzerbrechlichen Willens. Weit und wild war das Land um sie herum sowohl Feind als auch Verbündeter, eine ständige Erinnerung an die Zerbrechlichkeit des Lebens und die unbezwingbare Kraft des menschlichen Geistes. Unter der unerbittlichen Sonne Afrikas verwandelte sich die Reise von Me-Katilili und Wanje in eine Saga über Überleben, Widerstandsfähigkeit und das Streben nach Freiheit. Angesichts der weiten Landschaft, die sich vor ihnen erstreckte, war jeder Schritt ein Vertrauensvorschuss, ein Schritt weg von ihren vergangenen Widrigkeiten hin zu einer ungewissen Zukunft. Sie navigierten mit wachsamem Blick durch die Wildnis und vermieden die verräterischen Zeichen menschlicher Siedlungen und den möglichen Zorn britischer Soldaten und kolonialer Patrouillenpolizisten.

Ihr Weg verlief parallel zum skelettartigen Gerüst der Kolonialbahn, einer eisernen Arterie, die das Herz ihrer Heimat durchschneidet. Sie lebten von der Großzügigkeit der Natur, pflückten wilde Früchte, die vor Süße auf ihren ausgetrockneten Zungen platzten, und legten ihre Lippen um Blätter, die im Morgengrauen vom Tau trieften.

Flüsse und Bäche wurden zu Zufluchtsorten, an denen sie ihren Durst löschen und den Schmutz ihres Mühsals wegspülen konnten. Als sie sich weiter vorwagten, begann sich das Klima allmählich zu wandeln. Die Luft verdichtete sich vor Wärme, und das satte Grün wich weiten Feldern, die sich bis zum Horizont erstreckten. Von ihren versteckten Aussichtspunkten aus hatten sie einen Blick auf die betriebsame koloniale Landwirtschaft - Plantagen mit Tee, Kaffee, Zuckerrohr und Baumwolle, welche die Landschaft in verschiedenen Farbtönen färbten. Der Anblick der eingeborenen Arbeiter, die unter dem drückenden Joch der britischen Aufsicht gebeugt und gebrochen waren, entfachte ein Feuer der Wut in Me-Katililis Herzen. Sie murmelte leise Flüche, jedes Wort ein giftiger Pfeil, der auf ihre Unterdrücker zielte.

»Sieh sie dir an, Wanje!« flüsterte sie grimmig, und ihre Augen ließen die arbeitenden Gestalten in der Ferne nicht los. "Ihrer Würde beraubt, auf ihrem eigenen Land arbeitend, als wären sie Fremde."

Wanjes Blick war niedergeschlagen und er nickte. "Es ist ein Anblick, der die Seele verwundet", stimmte er mit trauernder Stimme zu.

Angesichts der weitläufigen Felder wanderten Me-Katililis Gedanken zu ihrem Sohn Katilili und ihrem Bruder Kithi. Die Möglichkeit, dass sie zu denen gehören könnten, die in der kolonialen Maschinerie gefangen waren, verfolgte sie. Der Gedanke, nach ihnen zu rufen, sich möglicherweise wieder zu vereinen, so flüchtig er auch sein mochte, löste in ihr einen Sturm der Gefühle aus.

"Mein Herz tut weh, Wanje", vertraute sie ihm an, und ihre Stimme brach vor Rührung. "Jedes Gesicht, das ich aus der Ferne sehe, frage ich mich... Könnte es Katilili sein? ... Oder Kithi, jetzt gealtert und abgenutzt von Jahren, die wir nicht geteilt haben?"

Wanje legte ihr tröstend die Hand auf die Schulter. "Wir tragen sie in unseren Herzen, Me-Katilili. Und in unserem Kampf für die Freiheit ehren wir ihren Geist."

Die Gastfreundschaft der Akamba

Ihre Reise führte sie durch trockene Ebenen, in denen die Erde unter dem Blick der Sonne zerbrach und die Wasserknappheit ihre Grenzen auslotete. Angesichts des dringenden Bedarfs an Nahrung beschloss Me-Katilili, sich einem Akamba-Dorf zu nähern, und ihre Friedenserklärung hallte von einer Mischung aus Verzweiflung und Hoffnung wider.

"Ich komme in Frieden", verkündete sie kühn am Rande des Dorfes und hob die Arme in einer universellen Geste der Hingabe und des Wohlwollens. Wanje, der in einem nahen gelegenen Baum saß und den Pfeil zum Bogen streckte, wachte mit der Intensität eines Schutzgeistes über sie, bereit, sie und sich beim ersten Anzeichen von Feindseligkeit zu verteidigen.

Die anfängliche Vorsicht der Dorfbewohner wich der Neugierde, als sie Me-Katilili umringten. Die Luft vibrierte unter dem Schrill der *Kivoti-Flöten* , die den Ältestenrat einberiefen, um über seine Antwort zu beraten. Me-Katilili schöpfte aus ihrem Repertoire an Gesten und erzählte ihre erschütternde Geschichte. Obwohl sie dem Stamm der Akamba fremd waren, waren ihre Worte eines universellen Schmerzes und einer Hoffnung durchdrungen, die Sprachbarrieren überwanden.

"Wir suchen nur Wasser... und einen Moment Ruhe", flehte sie, und ihre Augen suchten die Gesichter der Ältesten ab, auf der Suche nach einem Zeichen des Mitgefühls.

Wanje blieb aus seinem Laubversteck wachsam, die Bogen-
sehne zwischen den Fingern gespannt, ein stummes Ver-
58sprechen des Schutzes.

Nach einer schweigenden Beratung signalisierte der Ältestenrat,
Atumia ma Thome, seine Annahme. "Lasst sie willkommen
heißen", erklärte der Oberälteste, und seine Stimme trug das
Gewicht von Autorität und Mitgefühl. "Wir sind alle Kinder
dieses Landes."

Erleichterung überkam Me-Katilili, als Wanje von seinem
Hochsitz herabstieg und seine Waffen als Geste des Vertrauens
beiseitelegte. Sie wurden in das Herz des Dorfes geführt, wo
ihnen Wasser angeboten wurde, das nach Erde schmeckte, und
Speisen, die von der einfachen Großzügigkeit der Dorfbewohner zeugten. Die Bohnen und das Gemüse waren zwar
bescheiden, aber ein Festmahl für ihre erschöpften Körper.

Als die Nacht das Dorf einhüllte, wurde Me-Katilili und Wanje
ein Ort zum Ausruhen gewährt, eine Atempause von ihrer
endlosen Reise. Das ferne Brüllen der Löwen und das leise
Rascheln des Elefantengrases außerhalb der Dorfgrenzen
erinnerten sie an die erwartete Wildnis. Doch für einen kurzen
Moment fanden sie Trost in der Güte von Fremden, einem
gemeinsamen Band der Menschlichkeit, das in den dunkelsten
Zeiten einen Hoffnungsschimmer bot.

Obwohl ihre Herzen schwer von der Last ihrer Suche waren,
erleichterten sie die einfachen Taten der Güte, denen sie
begegnet waren.

Im Dorf Akamba, unter einem Himmel, der vom zeitlosen Tanz
der Sterne unterbrochen wird, fanden Me-Katilili und Wanje
nicht nur Unterschlupf, sondern auch ein neues Gefühl der
Bestimmung. Ihre Reise war noch lange nicht zu Ende, aber der
Weg, der vor ihnen lag, schien etwas weniger beängstigend,
getragen von dem Wissen, dass sie nicht allein waren, selbst in
der Weite ihres Kampfes.

Das erste Licht der Morgendämmerung streichelte die Landschaft von Ukambani, Me-Katilili und Wanje fanden Trost unter den ausladenden Ästen einer kurzen Akazie. In der heiteren Umarmung des Morgens vertieften sie sich in eine stille Meditation, ihre Herzen und ihr Geist im Gebet miteinander verflochten. Dieser Moment der Besinnung war ihre Art, sich auf den Abschied von den Dorfbewohnern von Akamba vorzubereiten, die ihnen ihre Freundlichkeit und Gastfreundschaft erwiesen hatten, ein seltener Trost auf ihrer turbulenten Reise. Die Dorfbewohner waren fasziniert und etwas ehrfürchtig und beobachteten sie aus respektvoller Distanz - ihre Neugier wurde durch diese Fremden geweckt, die plötzlich Teil der Geschichte ihrer Gemeinschaft geworden waren.

Als sie sich erhoben, um ihre Dankbarkeit auszudrücken und ihren Weg fortzusetzen, kam ein Mann mittleren Alters in einem Sisalkilt auf sie zu. Sein Auftreten war von respektvoller Dringlichkeit, als er nach links deutete und ihnen winkte, ihm zu folgen.

Mit vorsichtigen Schritten und stummem Verständnis fügten sich Me-Katilili und Wanje, wobei sich ihre Neugierde mit einem Gefühl der Vorfreude mischte. Sie wurden in eine abgelegene Gegend geführt, die Autorität und Tradition ausstrahlte. In seinem Mittelpunkt saß der Häuptling des Akamba-Stammes, seine Gegenwart gebieterisch und einladend zugleich. Er saß auf einem großen, geflochtenen Stuhl, der die Geschichten von Generationen zu enthalten schien. Neben ihm eine anmutig sitzende Frau, wahrscheinlich seine Gemahlin, ihr Blick freundlich und aufmerksam. Ein Kreis von Ältesten vervollständigte die Versammlung, jeder verkörperte die Weisheit und Erfahrung seines Volkes.

In der Stimme des Häuptlings hallte das Gewicht der Autorität wider, als er sich an die Versammlung wandte. Konfrontiert mit der Herausforderung einer Sprachbarriere, schickte er schnell seine Helfer los, um einen Übersetzer zu holen. Als der Übersetzer eintraf, wurde der Dialog wieder aufgenommen, Me-Katilili und Wanje fanden sich in einem sprachlichen Labyrinth wieder. Die Sprache des Übersetzers war ein Komplex aus Kiswahili, Akamba und Einsprengseln von Mijikenda-Dialekt, alles mit einem ausgeprägten Akamba-Tonfall. Trotz der Verwirrung gelang es Me-Katilili und Wanje, genügend Bantuwörter zu erfassen und die fragmentierten Sätze zusammenzusetzen. Dieses Bemühen um Verständnis markierte eine heikle Brücke, die ihre unterschiedlichen Welten über die Weiten kultureller und sprachlicher Gräben hinweg miteinander verband.

"Mein Chef sagt, Sie können länger bleiben", übermittelte der Übersetzer, während seine Augen zwischen dem Chef und den Gästen hin und her flackerten. Wieder erfüllte die Stimme des Häuptlings die Luft, und der Übersetzer gab weiter: "Er sagt, ihr seid mächtige Leute mit großem Wissen. Es würde ihn freuen, wenn Sie Wissen austauschen. Unsere großen Heiler und Wahrsager wurden bei einem Überfall gefangen genommen, und unser Dorf hat jetzt nur noch wenig Wissen."

Me-Katilili und Wanje tauschten einen Blick aus, und ein stummes Gespräch entwickelte sich zwischen ihnen in der Behaglichkeit ihrer Heimat Giriama.

Nach einem Moment des Nachdenkens antwortete Me-Katilili mit fester und doch von der Wärme der Dankbarkeit durchdrungener Stimme. "Wir schätzen Ihre Gastfreundschaft und um unsere Dankbarkeit zu zeigen, werden wir unser Wissen teilen. Bitte beachten Sie jedoch, dass unser Wissen niemals dazu verwendet werden darf, den Ureinwohnern zu schaden. Es soll auch nicht den Fremden dieses Landes gegeben werden."

Der Häuptling nickte zustimmend, eine Geste des Respekts und des Verständnisses, die ihren Pakt besiegelte. In den folgenden Tagen wurden Me-Katilili und Wanje Lehrer und Schüler und teilten den Reichtum ihres Wissens mit drei Männern und einer Frau, die vom Akamba-Stamm ausgewählt worden waren. Sie tauchten in die Geheimnisse der Heilpflanzen ein, enträtselten die Geheimnisse von Heilung und Krankheit und vermittelten Weisheit über die Kommunikation mit dem spirituellen Bereich.

Dieser Austausch war nicht nur ein Wissenstransfer, sondern eine Verschmelzung der Kulturen, ein Zeugnis für die Kraft der Einheit und der gemeinsamen menschlichen Erfahrung.

Aus Dankbarkeit für ihre Großzügigkeit bot der Stamm der Akamba Geschenke der Nahrung und des Schutzes an. Wasser, Nahrung und Gegengift wurden zu ihren Vorräten gegen die Gefahren der bevorstehenden Reise. Kleidungsstücke, darunter eine schwere Decke, wurden ihnen gegeben, um sie vor den Elementen zu schützen, während Waffen für ihre Sicherheit sorgten. Wanjes Pfeil und Bogen, Symbole seiner Stärke und seines Könnens, wurden ihm zurückgegeben, eine Geste des Vertrauens und des Respekts. Als die Zeit für Me-Katilili und Wanje gekommen war, aufzubrechen, begleiteten zwei junge Männer aus dem Dorf sie über die Grenzen des Akamba-Landes hinaus. Dieser Abschied war nicht von Trauer, sondern von einem tiefen Gefühl des gegenseitigen Respekts und der Hoffnung geprägt. Das Wissen, das sie austauschten, hatte ein Band von unauslöschlicher Stärke geknüpft, eine Brücke über die Abgründe der Unterschiede.

Als sie in die Wildnis zurückkehrten, trugen Me-Katilili und Wanje nicht nur die physischen Gaben des Akamba-Volkes mit sich, sondern auch den immateriellen Reichtum an geteilter Weisheit und das Versprechen dauerhafter Verbindungen.

Ihre Reise war noch lange nicht zu Ende, aber das Vermächtnis ihrer Begegnung mit dem Akamba-Stamm sollte ein Leuchtfeuer bleiben, das sie durch die Dunkelheit ihrer Suche und darüber hinausführte.

Währenddessen wird Mulewa gefangen genommen

Mulewa wa Duka wurde nach der Inhaftierung seiner Frau Me-Katilili in ein Meer der Verzweiflung gehüllt; sie war nicht nur seine Lebenspartnerin, sondern auch seine engste Verbündete und Freundin. Er wandte sich ernsthaft an den Ältestenrat und forderte ihn auf, Strategien zu entwickeln, um Me-Katilili und Wanje aus den kalten, unversöhnlichen Zellen des Kisii-Gefängnisses zu befreien. Mulewa, mit einem Geist, der so fruchtbar war wie das Land, das er bewirtschaftete, schlug eine Vielzahl von Plänen und Plänen vor, um ihre Freiheit zu erlangen. Inmitten dieser Turbulenzen schwankte er nicht in seinen Pflichten als Versorger der Familie.

Er war mit dem Wohlergehen seiner Kinder und seiner zweiten Frau Kavunje betraut und investierte seine Energie in das Land und bewirtschaftete die Landwirtschaft mit einem Fleiß, der ihm als Balsam für sein verwundetes Herz diente, als Ablenkung vom unerbittlichen Schmerz seines Verlustes.

Als die zarten Farbtöne der Morgendämmerung ihr Licht über die Landschaft von Mulewa wa Dukas Stammsitz zu werfen begannen, schien die Welt in Ehrfurcht innezuhalten. Mulewa, ein Mann, dessen Seele so eng mit der Erde verflochten war wie die Pflanzen, die er anbaute, führte ein Leben, das tief in der Essenz seines Erbes, seiner Familie und der jahrhundertealten Traditionen verwurzelt war, die der Kompass für seine Vorfahren gewesen waren. Bekannt für sein unerschütterliches Engagement für seine elf Kinder, war Mulewa eine überragende Figur der Stärke und Einsicht in seiner Gemeinde und verkörperte die anhaltende Widerstandsfähigkeit und den lebendigen Geist, die sein Volk ausmachten.

Jeden Tag, wenn er von den Feldern oder von der Jagd zurückkehrte, brachte Mulewa seinen Kindern kleine Zeichen der Gnade der Natur mit, die er liebevoll "*Mbeyu mbidzo*" nannte - seine großen Samen. Er war nicht nur ihr Vater, er war ihr Mentor und erteilte ihnen Lektionen über Ackerbau, Jagd und die Weisheit ihrer Vorfahren. Mulewas Lehren beschränkten sich nicht auf Fähigkeiten und Traditionen; sie waren durchdrungen von Geschichten über ihre Vorfahren, die Bedeutung der Gemeinschaft und Warnungen vor den vorrückenden Gefahren, die von den kolonialen Invasoren ausgingen. Trotz seiner äußeren Stärke trug Mulewa eine stille Trauer um Katilili in sich, sein erstes Kind, das durch die Grausamkeiten des Lebens verloren ging, und seine erste Frau, seine Lebensgefährtin und beste Freundin Me-Katilili, die verhaftet und an einem sehr weit entfernten Ort ins Gefängnis gebracht wurde. Obwohl er oft von den Pflichten des Tages überdeckt wurde, fand sein Schmerz Trost in der Gesellschaft mit Palmwein und dem gemeinsamen Verständnis der Dorfältesten am Ende des Tages.

An einem Tag, der wie jeder andere begann und an dem das Land in das sanfte Licht des Morgens getaucht war, zeichnete sich ein unheilvoller Schatten am Horizont ab. Die britischen Kolonialtruppen, getrieben von den unersättlichen Anforderungen des Ersten Weltkriegs, fielen mit kalter, kalkulierter Absicht über Mulewas Dorf her.

Die Ruhe des Morgens wurde zerstört und durch ein Chaos ersetzt, das die Grundfesten der Gemeinschaft auf den Kopf zu stellen drohte.

Mulewa und dreizehn weitere Männer blieben standhaft, ihre Hände noch immer mit dem Boden ihrer Arbeit befleckt, als die Kolonialtruppen sie umzingelten. Die Luft war angespannt, eine fühlbare Kraft, die selbst den tapfersten Herzen den Mut zu ersticken schien. Mulewas Stimme jedoch erhob sich über das Geschrei, eine Demonstration des Trotzes in der Not. »Unser Geist lässt sich nicht einsperren«, erklärte er, und seine Augen brannten vor einer Entschlossenheit, die seine ruhige Haltung Lügen strafte.

Die Gefangennahme erfolgte schnell, eine verschwommene Bewegung, bei der Mulewa und seine Brüder gefesselt und von ihrem angestammten Land weggeführt wurden. Als sie durch Felder marschierten, die einst mit Liebe und Fürsorge gepflegt worden waren, wurde ihnen die Realität ihres Schicksals bewusst. Sie sollten Träger und Arbeiter sein, Werkzeuge der Macht, die ihre Identität auslöschen und ihren Geist brechen wollten.

Selbst in den dunkelsten Momenten wurde Mulewas Entschlossenheit nur noch stärker. Er wurde zu einer Säule der Hoffnung unter seinen Mitgefangenen und erinnerte sie an die Stärke ihrer Verbundenheit untereinander und mit ihrem Land. "Denkt daran, wer wir sind", sagte er unter dem Mantel der Nacht. "Wir sind die Kinder des Mijikenda-Landes, und wie die Samen, die wir säen, werden wir einen Weg finden, zu wachsen, egal auf welchem Boden wir uns befinden. Wir werden wiederkommen!"

Taita Taveta, die Nachbarn auf den Hügeln

Me-Katilili und Wanje durchquerten verschiedenste Terrains, reisten durch das Hochland und die weiten Ebenen, wagten sich in die Tiefen der Wälder und durch die weiten Savannen. Ihr Weg führte sie über Ländereien, die von den Völkern der Agikuyu, Massai und Akamba gepflegt wurden. Schließlich führte sie ihre Expedition zu den grünen, wellenförmigen Hügeln von Taita Taveta, einem Mosaik aus natürlicher Schönheit und kultureller Vielfalt. Sie drangen durch die grünen Landschaften der Taita Taveta Hügel vor, ihre Reise war geprägt von der Widerstandsfähigkeit des menschlichen Geistes vor dem Hintergrund kolonialer Umwälzungen.

Die reichen und fruchtbaren Hügel flüsterten von einer Zeit, in der das Land vom eisernen Griff der fremden Herrschaft unberührt war. Von ihren versteckten Aussichtspunkten aus beobachteten sie, wie sich die "eiserne Schlange" ihren Weg durch die Erde bahnte, eine ständige Erinnerung an die Veränderungen, die über ihre Heimat hinweggefegt waren.

Auf ihrem Fußmarsch kreuzten sich ihre Wege mit den Mitgliedern des Taita Taveta Stammes, einem Volk, das für seine Demut und Wärme bekannt ist. Das Volk der Taita Taveta begegnete ihnen zunächst mit vorsichtiger Zurückhaltung. Doch schon bald füllte sich die Luft mit einem aufkeimenden Gefühl des gegenseitigen Respekts und Verständnisses. Unter dem Blätterdach der Nacht wurde ihnen neben anderen Gastfreundschaften Schutz und Nahrung geboten. Sie versammelten sich um die Feuer, die wie hoffnungsvolle Flammen gegen die Dunkelheit tanzten, und erzählten Geschichten, Überzeugungen und Weisheiten, welche die Kluft zwischen ihren unterschiedlichen Kulturen überbrückten. Das Volk der Taita Taveta führte Me-Katilili und Wanje zu den Mijikenda-Ländern. Sie rieten ihnen auch, nach Osten vorzudringen, aber die Eisenbahn zu meiden, damit sie nicht im geschäftigen Hafen von Mombasa ankämen.

Inmitten dieser Momente tiefer Verbundenheit blieb eine unterschwellige Besorgnis in Me-Katililis Seele zurück. Wiederholt vertraute sie sich Wanje an, und ihre Worte waren von einer unheilvollen Vorahnung geprägt - ein unerschütter-licher und hartnäckiger Schatten des Grauens, der an ihrem Geist haftete.

»Ich fürchte, ich habe das schreckliche Gefühl, dass es meiner Familie nicht gut geht«, gestand sie, und das Gewicht ihrer Besorgnis war in der Stille, die ihren Worten folgte, spürbar.

Wanje, immer ein unerschütterlicher Gefährte, versuchte, ihn zu beruhigen. "Denke nicht zu viel nach", riet er sanft. "Lasst uns zuerst sicher ankommen." Obwohl seine Worte Trost spenden sollten, blieb der Schatten der Sorge ein stummes Gespenst, das sie auf ihrer Reise begleitete.

"Wanje, du bist ein Mann der Tugend, ein sehr guter Mann." erklärte Me-Katilili mit aufrichtiger Begeisterung. "Die Hand meiner Tochter zur Ehe zu nehmen, würde mich mit unermesslicher Ehre erfüllen", Me-Katililis Worte von tiefer Dankbarkeit erfüllt."

Trotz der Faszination der Ältesten von Taita Taveta für Me-Katilili und Wanje und ihrer Einladung, ihren Aufenthalt zu verlängern, spürte das Duo den dringenden Sog ihrer Heimreise. Die Zeit, die sie im Dorf Taita Taveta verbrachten, war kurz, ihre Abreise wurde durch Me-Katililis wachsende Sorge um das Wohlergehen ihrer Familie beschleunigt.

Als sie sich ihrer Heimat näherten, umgab sie die Vertrautheit der Mijikenda-Sprache wie eine warme Umarmung, ein Zeichen dafür, dass sie sich dem Ende ihrer langen Reise näherten. Die Leichtigkeit, mit der sie mit den Taitas Taveta in Giriama kommunizierten, war eine beruhigende Erinnerung an ihr gemeinsames Erbe, ein Leuchtturm, der sie nach Hause führte.

Endlich, nach Tagen und Nächten unermüdlichen Trekkings, erreichten sie Taru, ein Gebiet, das tief in der Mijikenda-Kultur verwurzelt ist. Überwältigt von Erleichterung und Dankbarkeit suchten sie die heiligen Kaya-Wälder auf, wo sie dem Ältesten-rat im Geheimen die Nachricht von ihrer Rückkehr mitteilen würden, weit weg von den neugierigen Blicken der Briten.

Zusammen mit den Wahrsagern und speziellen religiösen Priestern hielten sie eine Zeremonie ab, um *Mulungu*, dem höchsten Gott, zu danken und die Geister und Ahnen für ihren Schutz während der gesamten Reise zu besänftigen. Dieser Moment von tiefer spiritueller Bedeutung war eine Wiederverbindung mit ihren Wurzeln und den göttlichen Kräften, die ihre Schritte geleitet hatten. Doch während der Rituale der Dankbarkeit und Erneuerung war Me-Katililis Herz schwer von Sorge um ihre Gemeinschaft, insbesondere um ihre

Kinder. Die Enthüllungen des Rates erschütterten den zerbrechlichen Frieden, den sie nach ihrer Rückkehr gefunden hatte. Ihr Ehemann Mulewa war zusammen mit dreizehn anderen Männern von den Kolonialtruppen gefangen genommen worden und zur Arbeit unter dem erdrückenden Joch der Briten verdammt worden.

Die Nachricht traf Me-Katilili wie ein körperlicher Schlag, ihre schlimmsten Befürchtungen bewahrheiteten sich in der harten Realität des Leidens ihres Volkes.

Die Mijikenda, die einst frei waren, ihr Land zu durchstreifen und ihre Traditionen zu pflegen, waren nun durch Zwangsarbeit, fremde Religionen und eine fremde Kultur gefesselt, die versuchte, ihre Identität auszulöschen. Dörfer lagen verlassen da, Häuser waren unvollendet, und die Menschen wurden auf unfruchtbares Land umgesiedelt, während britische Kirchen und Ämter aus den Ruinen ihres entweihten Erbes auferstanden.

Die Katastrophe, welche die Mijikenda während ihrer Abwesenheit heimgesucht hatte, war eine tiefe Wunde, eine deutliche Erinnerung an den Preis des Widerstands und der Freiheit. Am Boden zerstört von der Notlage ihres Volkes, befand sich Me-Katilili an einem Scheideweg.

Ihre Reise hatte sie in eine für immer veränderte Heimat zurückgeführt, in eine Gemeinschaft, die durch koloniale Ambitionen zerbrochen war.

Doch in Me-Katilili brannte die Flamme des Trotzes, die Entschlossenheit, die Würde und Autonomie der Mijikenda zurückzufordern. Ihre Rückkehr war nicht nur eine Heimkehr, sondern auch ein Aufruf zu den Waffen, ein Schlachtruf für diejenigen, die sich danach sehnten, die Ketten der Unterdrückung zu durchbrechen und den Geist ihres Volkes wiederherzustellen.

Der vor ihnen liegende Weg wird voller Herausforderungen sein.

Dennoch wurden Me-Katilili und Wanje durch ihre Erfahrungen und das Wissen, das sie auf ihrem Rückweg mit ihren Verbündeten geteilt hatten, gestärkt. Sie waren bereit, sich allen Prüfungen zu stellen, die auf sie zukommen würden, vereint in ihrem Streben nach Gerechtigkeit und Befreiung.

KAPITEL 12

Ein Hauch von Frieden

In den frühen Tagen des Jahres 1914 entfaltete sich ein flüchtiger Moment der Ruhe, der mit der Abreise des weithin geschmähten Arthur Champion für einen zweimonatigen Urlaub zusammenfiel. Während seiner Abwesenheit übernahm J.M. Pearson das Kommando, wobei seine Aufmerksamkeit durch die sich abzeichnenden Verantwortlichkeiten und Vorbereitungen für einen sich abzeichnenden globalen Konflikt am Horizont zersplittert wurde. Pearsons mangelndes Engagement für die lokale Bevölkerung führte dazu, dass die schwelenden Spannungen von der britischen Regierung nicht provoziert wurden - ein starker Kontrast zur üblichen Atmosphäre der Unruhen.

Diese Ruhe wurde jedoch abrupt unterbrochen, als Champion nach seiner Pause zurückkehrte. Er organisierte am 11. März 1913 ein Treffen mit Giriama-Ältesten, an dem sich Pearson und zwei weitere britische Offiziere, Logan und Taylor, auf einem kolonialen Außenposten in Vitengeni beteiligten. Mit kalkulierter List versuchten sie, die Ältesten dazu zu zwingen, der britischen Krone durch den hoch verehrten Fisi-Eid (Hyäne) während einer Zeremonie am nächsten Tag auf dem heiligen Gelände von *Kaya* Fungo die Treue zu schwören. Trotzdem sahen sich die Briten mit entschiedenen Gegenaktionen konfrontiert, anstatt sich zu unterwerfen. Die Giriama-Ältesten, unnachgiebig in ihrem Trotz, entfesselten eine Flut von Beleidigungen gegen Champion und Pearson und brandmarkten sie als Diebe und Mörder. Dieser öffentliche Affront ließ die britischen Offiziere fassungslos zurück.

In der Folge verließen Taylor und Logan überstürzt das Land, da sie nicht in der Lage waren, die Last ihrer öffentlichen Schande zu schultern. Eine brüchige Ruhe legte sich über die

Region, ein angespanntes Intermezzo, das wie ein dünner Schleier über den folgenden Wochen hing - ein Zeugnis für den ungebrochenen Geist der Agiriama und ihr unerbittliches Streben nach Souveränität.

Ankunft in Kilifi, von Kisii

Ende April 1914 grub sich im Dorf Bungale die Lücke, die Mulewas Abwesenheit hinterlassen hatte, tief in das Gefüge der Gemeinde ein und verwandelte Me-Katililis einst pulsierendes Zuhause in ein stilles Symbol des Verlusts. Die Wände, die von Lachen und Liebe widerhallt hatten, standen nun in blanker Stille, eine Erinnerung an die Wärme und den Schutz, die einst ihre Räume erfüllten. Trotzdem umgab die Gemeinschaft, verbunden durch die Stärke und Einheit, die Mulewa ihr eingeflößt hatte, Me-Katilili und ihre Kinder mit einer Solidarität, die der Trostlosigkeit ihrer Realität trotzte. Dieser Kreis der Unterstützung beleuchtete die Widerstandsfähigkeit eines Volkes, das selbst im bedrückenden Schatten der Kolonialisierung inbrünstig an den Wurzeln seiner Traditionen und den Banden, die es zusammenhielt, festhielt.

In ihren tiefsten Momenten der Verzweiflung fand Me-Katilili Trost nicht nur in den geschätzten Erinnerungen an die Weisheit und unerschütterliche Zuneigung ihres Mannes, sondern auch im unbezwingbaren Geist ihrer Gemeinschaft. Ihre Entschlossenheit, den ihnen auferlegten Prüfungen standzuhalten, diente Me-Katilili als Quelle der Kraft und inspirierte sie, sich dem Schmerz ihres Verlustes zu stellen. Auf der Suche nach einem Abschluss und der aufrichtigen Hoffnung auf Wiedervereinigung vertiefte sich Me-Katilili in die uralten Praktiken ihrer Vorfahren und führte Rituale zur Seelenforschung durch, die über den physischen Bereich hinausgingen.

Abgeschieden von den neugierigen Blicken der Welt rief sie dem Wesen ihres Mannes zu, ihre Stimme war ein sanftes, eindringliches Echo in der Stille: "Mein Seelenverwandter, mein Geliebter, höre meine Bitte. Kehre zu mir zurück, denn ich treibe ohne dich. Deine Kinder sehnen sich nach deiner Führung; Dein Volk sehnt sich nach deiner Weisheit. Im Namen unserer unsterblichen Liebe winke ich dir zu - komm zurück zu uns."

Durch den Schleier der spirituellen Welt suchte Me-Katilili die Gemeinschaft mit Mulewa, ihre Beschwörungen und Opfergaben eine Brücke zwischen dem Lebendigen und dem Ätherischen.

Die Offenbarung, dass Mulewas Geist im Reich der Lebenden verweilte, entfachte einen Funken Hoffnung, ein Versprechen seiner Gegenwart, die immer noch an ihre Welt gebunden war.

Dieses Ritual der Suche und Kommunikation mit den Geistern wurde für Me-Katilili zu einem wiederkehrenden Trost, eine Möglichkeit, das Ungreifbare zu berühren und die Erinnerung an ihre Lieben lebendig zu halten. Das Schicksal von Kithi, dessen Geist ebenfalls die irdische Ebene durchstreifte, und Katilili, der nun zu den Ahnen gehört, webte eine komplexe Geschichte von Verlust und Verbundenheit, von Seelen, die zwischen den Welten gefangen sind.

Während die Jahreszeiten auf und ab gingen, trug das Dorf Bungale die Last der Abwesenheit, eine kollektive Sehnsucht nach der Rückkehr von Mulewa und den anderen Männern, die im Schlund der Ungewissheit verschwunden waren. Inmitten dieser Landschaft der Sehnsucht blühte der beständige Geist der Gemeinschaft mit Hoffnung, Standhaftigkeit und unnachgiebigem Glauben an die Wiedervereinigung der Seelen.

Dieser Glaube, reich an den Farben der Beharrlichkeit und Einheit, war ein Zeugnis für die Kraft der Liebe und der Tradition, die Grenzen der Zeit und der Umstände zu überwinden und die Herzen der Menschen miteinander und mit dem Wesen derer zu verbinden, nach denen sie sich sehnten.

Hingebungsvoll, zurück zu mehr Versammlungen

Angetrieben von einem neuen Sinn für die Zielstrebigkeit und dem tiefsitzenden Schmerz über das Leid ihrer Gemeinschaft begannen Me-Katilili und Wanje einen energischen Befreiungskampf. Sie weigerten sich, der Erschöpfung zu erliegen, die an ihren Gliedern zerrte, und entschieden sich stattdessen, die rohe Energie ihrer Angst zu nutzen und sie in einen Katalysator für das Handeln umzuwandeln.

Zusammen mit den *Chifudu*-Tänzerinnen und der Mikushekushe-Frauenvereinigung, deren lebendige Darbietungen seit langem ein Medium für das Geschichtenerzählen und den kulturellen Ausdruck innerhalb der Mijikenda-Gemeinschaft sind, durchquerten sie die Weite ihrer Heimat. Ihre Reise führte sie von Dorf zu Dorf: Marafa, Ulaya, Chakama, Mwange, Langobaya und viele andere, wo sie im Herzen jeder Gemeinschaft standen und ihre Stimmen mit einer Botschaft des Widerstands und der Einheit erklangen.

Me-Katilili zog mit ihrer souveränen Präsenz ihr Publikum in ihren Bann. Sie erzählte Geschichten über die Stärke ihrer Vorfahren mit der harten Realität ihrer gegenwärtigen Umstände. Sie sprach von der Notwendigkeit, geschlossen gegen die Briten aufzustehen und die Autonomie zurückzufordern, die sie ihnen durch Betrug und Zwang abgerungen hatten. Ihre Worte, durchdrungen von der Leidenschaft ihrer Überzeugungen, bewegten die Herzen derer, die zuhörten, und entfachten eine Flamme des Widerstands, welche die koloniale Unterdrückung zu löschen versucht hatte.

Doch als sie ihr Volk um sich scharte, kam eine erschreckende Enthüllung ans Licht - Verräter waren unter ihnen. Diese Verräter hatten dem Feind die Geheimnisse ihrer Guerillaaktionen zugeflüstert und die Guerillataktik enthüllt, die ihnen einst das Überraschungsmoment verschafft hatte. Die

Briten, vorgewarnt, hatten ihre Strategien angepasst und schossen nun auf die geringste Bewegung in den Wiesen und Büschen, wo die Mijikenda-Krieger auf der Lauer lagen. Die Taktik, die es ihnen einst ermöglicht hatte, mit der Tarnung und Präzision des Jägers zuzuschlagen, war nun kompromittiert und sie der Feuerkraft ihrer Gegner ausgeliefert.

Vor einem weiten Meer aufmerksamer Gesichter stand sie mit einer Miene des Trotzes, und ihre Stimme hallte durch die Versammlung. "Es ist ein unermessliches Leid", verkündete Me-Katilili mit spürbarer Trauer, "dass es unter uns Menschen gibt, die bereit sind, unser Wesen zu verkaufen - unser Blut, unser Land, unsere Seelen!"

Ihre Augen, durchdringend und entschlossen, schweiften über die Menge und richteten sich mit Absicht auf Mtawa, Wanje wa Mudaya und Ngonyo wa Mwavuo. In diesem Moment war ihr Blick eine unausgesprochene Herausforderung, ein Spiegel, der das Gewicht ihrer Entscheidungen widerspiegelte. "Wie tief muss man verzweifelt sein, um seine Verwandten zu verraten?", fragte sie und ließ die Frage in der Luft hängen, eine ergreifende Pause, die im kollektiven Bewusstsein der Versammelten widerhallte.

Mit erhobener Stimme erklärte sie: "Ich verlange zusammen mit den Ältesten die Rückgabe des Verräterlohns, den ihr von Chembe erhalten habt."

Ihre Aussage war ein Aufruf zum Handeln, ein Plädoyer um Wiedergutmachung. "Und sollte die Angst dein Herz ergreifen bei dem Gedanken, diese Zeichen des Verrats zu erwidern, so wisse, dass ich diese Last tragen werde. Ich werde sie selbst zurückgeben."

In ihrer Behauptung lag ein unerschütterlicher Mut: "Ich fürchte weder Waffe noch Mensch, am allerwenigsten Chembe! Wer ist er?" Mit einer abweisenden Fingerbewegung verwandelte sie die furchterregende Chembe in nichts weiter als einen Fleck, einen unbedeutenden Krümel, den man beiseiteschieben musste. "Bloß ein *Chembe* (was in der Mijikenda-Sprache ein Krümel bedeutet)", erklärte sie, und ihre Geste verharmloste seine Anwesenheit, als wäre er nicht mehr als ein Korn, ein imaginärer Krümel der Bedeutungslosigkeit. In diesem Moment stand Me-Katilili wie ein Fels in der Brandung da, ihre Worte ein Weckruf, um ihre Würde zurückzugewinnen und der Unterwerfung zu trotzen.

Dieser Verrat schnitt tiefer als jede physische Wunde, denn er war ein Verrat am Vertrauen, am gemeinsamen Erbe und am kollektiven Kampf für die Freiheit. Me-Katilili und Wanje erkannten, welche schwerwiegenden Auswirkungen diese Offenbarungen auf den Geist ihres Volkes hatten. Die Angst hatte sich breit gemacht, eine allgegenwärtige Angst, welche die einst unerschütterliche Hingabe an ihre Sache erstickte. Die *Kaya*-Wälder, heilige Haine, die als Bastionen ihrer Kultur und Spiritualität gedient hatten, lagen nun verlassen da, weil ihre Lebensweise im Schatten der Kolonialherrschaft erodiert war.

Angesichts dieser Prüfungen verhärtete sich Me-Katililis Entschlossenheit nur noch. Sie erkannte, dass der Weg zur Befreiung mit Hindernissen behaftet war, sowohl von außen als auch von innen. Die Herausforderung bestand nicht nur darin, die Macht der Briten zu bekämpfen, sondern auch darin, die Einheit und Entschlossenheit ihres Volkes wiederherzustellen und die Risse zu kitten, die Angst und Verrat verursacht hatten. Mit Wanje an ihrer Seite begab sich Me-Katilili auf eine Mission, um die Bande des Vertrauens und der Solidarität bei den Mijikenda wieder aufzubauen.

Sie versuchten, die ausgefransten Fäden ihrer Gemeinschaft zu knüpfen und ein erneutes Engagement für den Kampf für die Freiheit zu inspirieren.

Mit ihren Worten und Taten wollten sie zeigen, dass die Stärke ihres Volkes nicht in der Geheimhaltung ihrer Taktik lag, sondern in ihrer Einheit und der Gerechtigkeit ihrer Sache.

Mulewa kehrt nach Hause zurück

Als die Sonne hinter dem Horizont versank und den Vorhang für den Tag zuzog, waren Me-Katilili, ihre Mit-Frau Kavunje und ihre Kinder in den Rhythmus ihrer abendlichen Aufgaben innerhalb der Grenzen ihres Gehöfts vertieft. Die Abwesenheit von Mulewa, ihrer Stütze, hatte die Familie gezwungen, inmitten der Leere, die sein Weggang in ihr Leben gerissen hatte, neue Pflichten und Rollen zu definieren und anzupassen. Schwere und tiefe Abwesenheit hing über ihnen, ein Schatten, der mit jedem Zyklus von Feldfrüchten wuchs, die auf den Feldern sprossen und verdorrten, und jede Jahreszeit verging, ohne eine Spur seiner Wiederkehr zu haben. Plötzlich, als die Dämmerung ihr bernsteinfarbenes Licht über das Land der Mijikenda warf, materialisierte sich am Horizont eine Gestalt, deren Silhouette eine scharfe Linie in die feurige Erde darunter ätzte. Mulewa kehrte zurück und bahnte sich den Weg zurück zum Kern seiner Familie. Seine Abwesenheit hatte sich in eine scheinbar unerträgliche Unendlichkeit erstreckt. Seine Ankunft, sowohl wundersam als auch völlig unvorhergesehen, fegte durch die Luft, erfüllt vom Duft nächtlicher Blüten, und kündigte seine Annäherung an das Gehöft an, ein Flackern der Hoffnung im schwindenden Licht.

Me-Katilili, Kavunje und ihre Kinder blieben am Rande ihrer Behausung stehen, die Überreste der Arbeit des Tages glitten ihnen aus den Händen, während sich Staunen und Freude in ihren Blicken verfingen. Da stand Mulewa, eine atmende Verkörperung ihrer lang gehegten Gebete und der zärtlichen, geheimen Hoffnung auf ein Wiedersehen. Mit klopfendem Herzen eilten sie ihm entgegen, ihre Schritte waren eine Mischung aus Hast und Zögern, und warfen verspielte Schatten auf die Erde, als die Dämmerung sie umarmte.

In diesem Augenblick, unter dem wachsamen Auge des Abendhimmels, war die Familie wieder vollständig, und ihre

Wiedervereinigung bildete eine bleibende Liebe und die unzerbrechlichen Bande der Verwandtschaft.

Mulewa, einst robust und voller Leben, wirkte nun zerbrechlich, sein Körper trug die Narben von Versklavung und Krankheit. Zeit und Mühe unter der unerbittlichen Sonne der Ramisi-Zuckerplantagen hatten ihn verwittert, seine Haut war von den dunklen Flecken unzähliger Mückenstiche und der anhaltenden Gebrechlichkeit des Kampfes gegen Malaria und Cholera übersät.

Dieser Moment des Wiedersehens war eine zerbrechliche Blase der Freude in der harten Realität ihres Daseins. Die Worte waren knapp, da die Gefühle überströmten, und jede Berührung und jeder Blick drückte die Tiefe ihrer Gefühle beredter aus, als es jede Rede vermochte. Mulewas Rückkehr war ein persönlicher Sieg und ein Symbol des Widerstands gegen die Kolonialmächte, die versuchten, ihren Geist zu brechen. Doch selbst als sie sich um ihn versammelten und ihr Lachen und ihre Tränen eine seltene Melodie in der Stille des Abends waren, blieb ein Schatten der Angst zurück. Die Bedrohung durch Informanten, die allgegenwärtig sind, wirft einen Schatten auf ihre Feierlichkeiten. Die Freude über Mulewas Flucht und Rückkehr wurde durch das Wissen gedämpft, dass ihr Glück unter dem Stiefel der kolonialen Vergeltung schnell zermalmt werden könnte. Sie feierten in gedämpften Tönen, ihr Glück ein Geheimnis, das sie in ihrem Herzen bewahrten, damit nicht die Winde ihre Freude zu den Ohren derer trugen, die sie bestraft sehen wollten.

In den folgenden Tagen entfachten die Auswirkungen von Mulewas Leidensweg und die Widerstandsfähigkeit, die er bei seiner Rückkehr zu ihnen bewies, eine neue Begeisterung bei Me-Katilili und dem Ältestenrat. Sie wurden an die Grausamkeit ihrer Unterdrücker erinnert und an die Stärke, die in ihrem Volk lag, eine Stärke, die keine Not auslöschen konnte.

Gemeinsam mit dem Frauenverein *Mikushekushe* und den *Chifudu*-Tänzerinnen setzten Me-Katilili und Wanje ihre Mission mit einer Leidenschaft fort, die vor dem Hintergrund ihrer Triumphe und Tragödien noch heller brannte.

Sie zogen durch die Dörfer mit einer Botschaft des Widerstands, einem Aufruf zu den Waffen gegen die kolonialen Invasoren, die ihnen so viel genommen hatten.

In stillen Versammlungen und mit der Kraft von Tanz und Gesang verbreiten sie die Botschaft und fordern ihr Volk auf, sich gegen die Unterdrücker zu erheben, um ihr Land und ihre Würde zurückzufordern.

Die Reise war voller Gefahren, die Luft dick von der Spannung eines möglichen Verrats. Trotz der Angst und Ungewissheit gab es einen Hoffnungsschimmer, den Glauben, dass sie gemeinsam, vereint in ihrer Sache, die Schatten überwinden könnten, die sie zu umhüllen suchten.

Umzug nach Gede

Im Angesicht der wirbelnden Nebel der Ungewissheit und der spürbaren Spannung eines möglichen Verrats begab sich Mulewa zusammen mit Me-Katilili, Kavunje - seiner zweiten Frau - und ihrem unverheirateten Nachwuchs auf eine vorsichtige Reise in die Außenbezirke von Gede. In der Nähe der schützenden Umarmung des ehelichen Hauses ihrer ältesten Tochter suchten sie Zuflucht, einen Zufluchtsort gegen die drohende Gefahr des Verrats. Dieser Schritt, der von der dringenden Notwendigkeit diktiert wurde, das Wohlergehen ihrer Familie zu schützen, unterstrich die Unsicherheit ihrer Existenz in einer Welt voller Misstrauen und versteckter Gefahren. Das Gespenst des Flüsterns eines Verräters, das stark genug war, den zerbrechlichen Frieden, den sie zurückerobert hatten, zu erschüttern, schwebte groß über ihren Köpfen und diktierte ihre Entscheidung mit dem Gewicht möglicher Konsequenzen.

In diesem neuen Dorf entstand die Erwartung einer Kontinuität mit der Geburt eines weiblichen Kindes, einem neuen Glied in der Kette ihrer Abstammung. Me-Katilili, mit einem Herzen voller Zuneigung und Erinnerungen an ein Band, das im Feuer der Jugend geschmiedet wurde, gab ihrer Enkelin den Namen Sayo zu Ehren der geliebten Freundin ihrer Mutter, die bei ihrer Geburt anwesend war und auch später, auch nach dem Tod ihrer Mutter, bei ihr blieb.

Dieser Akt der Namensgebung war mehr als eine Hommage; er beschwor die Stärke und Kameradschaft, die ihre Beziehung zu Sayo geprägt hatten. Die zufällige Ähnlichkeit zwischen dem jungen Sayo wa Kalama und Me-Katilili selbst war verblüffend, ein Spiegel, der die körperlichen Eigenschaften und den Geist einer Linie widerspiegelte, die von Mut und Weisheit durchdrungen war.

Von klein auf übernahm Me-Katilili die Rolle der Mentorin und Führerin von Sayo und erkannte in ihr den Funken einer zukünftigen Führung und die Trägerin des Erbes ihrer Vorfahren. Gemeinsam wagten sie sich in die ehrwürdigen Tiefen der heiligen *Kaya*-Wälder , jener heiligen Stätten, welche die Geheimnisse ihres Volkes bargen. Hier, zwischen den uralten Bäumen und den flüsternden Geistern des Waldes, vermittelte Me-Katilili Sayo das tiefe Wissen über die traditionelle Medizin ihres Volkes, das komplizierte Erbe ihrer Religion und das reiche Erbe ihrer Kultur. Diese Lektionen, die unter dem Blätterdach des Waldes vermittelt wurden, waren nicht nur akademischer Natur, sondern durchdrungen von der Essenz der Weisheit ihrer Vorfahren und der symbiotischen Beziehung mit dem Land, das sie ernährte. Me-Katilili verwob mit jedem Wort und jeder Geste die Vergangenheit mit der Gegenwart und flößte Sayo eine Ehrfurcht vor ihren Traditionen und ein Verständnis für die Verbundenheit allen Lebens ein.

In Sayo sah Me-Katilili die Zukunft - die Fortsetzung einer Linie, die unzählige Stürme überstanden hatte und mit der Kraft des Affenbrotbaums auftauchte. Diese Lehren, die von der Großmutter an die Enkelin weitergegeben wurden, waren Samen, die in fruchtbaren Boden gepflanzt wurden und versprachen, zu einem Vermächtnis des Wissens, der Stärke und der Bewahrung ihrer kulturellen Wurzeln zu erblühen.

Durch Sayo konnten Me-Katililis Geist und ihre Hingabe an ihr Volk weiter gedeihen und sicherstellen, dass die Wurzeln ihrer Identität tief und ungebrochen in die kommenden Generationen hineinreichen würden.

Ermächtigende Reden

Unter dem weiten, offenen Himmel, wo das Flüstern der Vergangenheit auf die Schreie der Gegenwart trifft, stand Me-Katilili, eine Gestalt von unbestreitbarer Kraft und unerschütterlicher Entschlossenheit. Ihre Gegenwart erregte Aufmerksamkeit, nicht nur wegen ihrer körperlichen Stärke, die von jahrelanger Arbeit und Widerstandsfähigkeit zeugte, sondern auch wegen des wilden Lichts der Entschlossenheit, das in ihren Augen loderte.

Sie war ein Paradebeispiel für Kühnheit, Charisma und unerschütterliche Überzeugung, ihre Stimme ein Weckruf, der im ganzen Land widerhallte und die Herzen ihres Volkes mit einem Feuer berührte, das ihren Geist entzündete und sie in einem gemeinsamen Ziel verband.

"Wenn wir auf diesem geopferten Boden stehen, lasst uns wissen, dass es außer dem Göttlichen – unserem Gott, unseren Vorfahren und den Geistern, die uns leiten – nichts gibt, was meinem Herzen Angst einflößen könnte. Nicht die Macht der Menschen, noch die Wildheit der Bestien, noch der kalte, gefühllose Stahl, den sie schwingen", verkündete Me-Katilili und ihre Stimme erhob sich über den Lärm der versammelten Menge und hallte von den Bäumen bis in den Himmel wider.

"Mit jedem Gramm meines Seins, Vorfahren, schwöre ich, dieses Land zu schützen. Dieses Land, das uns nährt und das Andenken unserer Vorfahren bewahrt, soll unter meiner Aufsicht unversehrt bleiben."

Ihre Reise von Dorf zu Dorf war nicht nur eine Reihe von Kundgebungen, sondern ein tiefes Erwachen, eine Wiederbelebung des Geistes, der ihr Volk lange Zeit geprägt hatte. Sie enthüllte die verborgenen, finsteren Absichten der britischen Kolonisatoren; ihre Gestalt des Wohlwollens wurde durch ihre Worte zerbrochen. "Diese Fremden, verhüllt von ihrer Bosheit, versuchen, unser Wesen, unsere Kultur und Tradition auszulöschen, unseren Glauben zu entwurzeln und unser heiliges Land als ihr Eigentum zu beanspruchen. Das Blut unserer Brüder befleckt ihre Hände, die Unschuld unserer Kinder ist durch ihre abscheulichen Taten befleckt!« rief sie mit einer Mischung aus Angst und Abscheu.

"Sie kommen zu uns mit Geschichten über Schutz vor fremden Eindringlingen, aber sie sind es, welche die größte Bedrohung verkörpern. Und die Religion, die sie uns aufzwingen wollen? Unsere Herzen sind bereits *Mulungu* verpfändet, dem höchsten Gott, der über uns alle wacht. Ihre kühnen Behauptungen über einen einzigen Gott, als wäre es ihre Entdeckung, verraten ihre Unwissenheit. Selbst im Streit mit den muslimischen Arabern wird deutlich, dass im Kern ihres Glaubens ein gemeinsamer Glaube liegt. Doch geblendet von Arroganz und Gier bleiben sie in endlose Konflikte verwickelt", erklärte Me-Katilili und durchdrang mit ihrer Einsicht den Schleier der Täuschung, den die Kolonisatoren gewebt hatten.

Ihr Kampf gegen die Unterdrückung durch die Briten war unnachgiebig. Sie stand als unerschütterliche Kraft gegen die Ausbeutung ihres Volkes auf, das aus seiner Heimat gerissen wurde, um in fremden Ländern zu schuften, um nie wieder zurückzukehren. Sie wetterte gegen die Besteuerung ihres eigenen Bodens, die Beschlagnahmung des Landes ihrer

Vorfahren für die Plantagen der Kolonisatoren und die Erosion ihrer Souveränität. Sie sprach inbrünstig von der Notwendigkeit, ihre Traditionen zurückzufordern, die wirtschaftliche Unabhängigkeit zu fördern und die reichen Traditionen afrikanischer Philosophie, Kultur und Spiritualität wiederzubeleben.

"Unsere Existenz wird von denen belagert, die uns unseres Erbes, unseres Landes und unserer Würde beraubt sehen wollen. Doch in uns steckt die Kraft, uns zu erheben, das zurückzufordern, was uns rechtmäßig gehört, und die Harmonie unserer Welt wiederherzustellen. Wir müssen die Heiligkeit unseres Landes, die Reinheit unseres Wassers und die unzähligen Leben, die von uns abhängen, schützen", flehte sie, und ihre Worte hallten in der Wahrheit ihrer Überzeugungen wider.

Sie sprach über Gesundheit, über den Schutz der Jugend, welche die zukünftigen Führer ihres Landes sein wird, und über die entscheidende Rolle der Frauen, wenn es darum geht, ihre Familien auf einen Weg des Widerstands und der Ermächtigung zu führen. "Wir stehen an einem Scheideweg und haben die Zukunft unseres Volkes in unseren Händen. Es liegt an uns, unsere Kinder zu schützen, ihren Geist und ihren Verstand zu nähren, denn sie werden die Fackel unseres Widerstands, unserer Hoffnungen und unserer Träume tragen", inspirierte Me-Katilili und ihre Botschaft war ein Leuchtturm im Schatten der Unterdrückung.

Als sich ihre Reden von Dorf zu Dorf verbreiteten, wuchs auch der Geist des Trotzes und der Einheit, den sie verkörperte.

Männer und Frauen, jung und alt, legten den Hyäneneid *"Chiraho cha Fisi"* ab und verpflichteten sich zum Kampf für die Freiheit, ermächtigt durch den unbeugsamen Willen von Me-Katilili.

Ihre Vision eines Volkes, das im Angesicht der Tyrannei geeint ist, ihr Traum von der Rückgewinnung und Wiederherstellung ihres Landes wurde zum Schlachtruf für eine Nation, die im Entstehen begriffen war.

Me-Katilili mit ihrer tiefen Ehrfurcht vor dem Leben, der Kultur und dem Göttlichen wurde nicht nur zu einer Anführerin, sondern auch zu einem Symbol für die anhaltende Stärke und Widerstandsfähigkeit ihres Volkes.

KAPITEL 13

Die Pflicht eines Verräters

Als die Sonne hinter dem Horizont versank und lange Schatten warf, die auf der staubigen Erde tanzten, kam Ngonyo wa Mwavuo mit schnellem Atem und dringendem Vorhaben vor der Tür des Büros der britischen Kolonialverwaltung an. Der Schlag, der folgte, war nicht nur eine Beschwörung, sondern der Vorbote einer Enthüllung, die sich durch die Ränge der kolonialen Machtstruktur ziehen sollte. Drinnen erhielt er eine Privataudienz bei Arthur Champion, dem britischen stellvertretenden Bezirkskommissar, ein Treffen, das von Geheimhaltung und Spannungen geprägt war. Bei seiner Abreise bereitete die Nachricht, die er überbrachte, den Boden für eine Begegnung zwischen Champion und seinem Vorgesetzten Charles Hobley, der vor Unglauben und Wut kochte.

"Diese Hexe ist zurückgekehrt! Ich habe es schon einmal gesagt; Sie ist nichts weniger als eine Hexe!" Arthur Champion, dessen Stimme eine Mischung aus Wut und Unglauben war, berichtete Charles Hobley. In ihren Büros, die einst Hallen stiller Bürokratie waren, hallte nun die Störung ihrer Entdeckung wider. Ein paar Monate zuvor hatte ein Telegramm aus dem Gefangenenlager Kisii die rätselhafte Nachricht vom mysteriösen Verschwinden von Me-Katilili und Wanje wa Mwadorikola aus ihrer Zelle überbracht. Diese Zelle blieb vor und nach ihrem Verschwinden verschlossen und hinterließ keine Spur ihrer Anwesenheit in Kisii oder Umgebung. Angesichts der gewaltigen Entfernung von über 900 Kilometern von Kisii nach Kilifi, des tückischen Geländes und der unerbittlichen Wildnis war man naiv davon ausgegangen, dass eine Rückkehr nach Kilifi außerhalb des Bereichs des Möglichen liegt.

"Wie um Himmels willen hat sie es geschafft, zurückzukehren?" rief Hobley, und seine Worte waren von einer Mischung aus Erstaunen und Verdruss durchzogen.

"Das Mittel zu ihrer Flucht, das ist unbegreiflich. Und wenn man bedenkt, dass sie damit verschwunden sind .... dieser winzige Zauberer", fuhr Champion fort, und seine Frustration kochte über, als er sich an die Demütigung erinnerte, die er durch Me-Katilili erlitten hatte - seine Autorität wurde in Frage gestellt, sein Stolz verletzt durch ihre trotzige Tat während einer öffentlichen Konfrontation, die direkt zu ihrer Inhaftierung geführt hatte.

"Wanje wa Madkoko... oder wie auch immer er heißt«, murmelte Hobley, der mit der Unbekanntheit der Namen kämpfte, die jetzt eine beispiellose Herausforderung für ihre Herrschaft symbolisierten.

"Und als sie es erzählten, flogen sie auf einem Seil hierher! So ein völliger Unsinn", spuckte Champion aus, und Ungläubigkeit zeichnete sich in seinen Zügen ab.

»Primitive Idiotie«, tat Hobley spöttisch ab und überlegte bereits, was der nächste Schritt war. "Wir müssen uns mit der Polizei abstimmen, um sie erneut festzunehmen."

"Sie sollte hingerichtet werden, getötet!" schlug Champion vor, und der Vorschlag hing in der Luft, schwer von der Last seiner Implikationen.

»Nein, Arthur. Diese Vorgehensweise ist vom Tisch. Ihr Tod würde ihr Volk zu noch größerer Wut aufstacheln. Sie schätzen sie sehr. Sie zu töten würde unsere Probleme nur noch verschlimmern", überlegte Hobley, während er sich bereits einer Lösung zuwandte, die die Bedrohung neutralisieren würde, ohne Me-Katilili zum Märtyrer zu machen. "Wir werden sie wieder gefangen nehmen, aber dieses Mal werden wir dafür sorgen, dass sie an einen Ort verbannt werden, von dem aus eine Rückkehr unmöglich ist. Kismayu in Somalia. Mmph...

nicht weniger als fünf Jahre. Die Bedingungen dort sind hart und unüberwindbar. Überleben ist eine Seltenheit. Und im hohen Alter... Ich bezweifle, dass sie jemals zurückkommen werden."

Damit blätterte Hobley durch die Seiten einer Akte, seine Entscheidung war endgültig. Das Schicksal von Me-Katilili und Wanje wa Mwadorikola sollte in die unerbittliche Landschaft von Kismayu geworfen werden, ein Schritt, von dem sie hofften, dass er die wachsende Welle des Widerstands unterdrücken würde.

Aufstände Mitte 1914

Die Mijikenda-Ländereien, inmitten der heiligen Haine der *Kayas* und des lebendigen Reichtums an Religion, Kultur und Tradition, die ihre Gemeinschaft ausmachten, wurde Me-Katililis Stimme zum Vorboten einer neuen Morgendämmerung. Mit jeder Kundgebung, die sie anführte, wurde die Glut des Mutes in den Agiriama zu einem lodernden Inferno der Entschlossenheit und Einheit angefacht. Ihre Rückkehr markierte nicht nur das Wiederaufleben eines Führers, sondern auch das Erwachen eines kollektiven Geistes, der unter der Last der kolonialen Unterdrückung unterworfen war.

Während sie im Schatten diskret Informationen von britischen Verwaltern sammelten, wahrscheinlich durch Zwangsarbeiter, verriet eine Fraktion unter ihnen ihre Loyalität. Diese Wendehälse brachten Geheimnisse an die Briten, leiteten ihre Strategien und nahmen im Gegenzug Bestechungsgelder und Zulagen an. Am späten Abend fand ein Treffen statt.

Me-Katililis Stimme, schwer von Verachtung, durchdrang die Luft: "Einige von euch haben tausend Rupien angenommen. Zu welchem Zweck? Um eure Seelen zu tauschen? Um mit dem Blut zu handeln, das durch deine Adern fließt? Um deine Sippe zu verraten? Genau das Land zu versteigern, das dich ernährt? Das ist nichts weniger als Blasphemie!"

Ihr Ton verhärtete sich mit Überzeugung: "Ihr Verräter, wir waren nicht blind für eure verräterischen Pläne - Pläne, unsere Jugend zu entführen und sie in Ketten weit über das Meer zu legen", prangerte sie an und hob die düstere Realität von Ausbeutung und Betrug hervor. "Ich wiederhole, ich fürchte keinen Menschen, keine Waffe und keinen Kaiser. Ich fürchte nur *Mulungu*, unseren höchsten Gott.", bekräftigte sie.

Die heiligen *Kayas*, zeitlose Heiligtümer inmitten uralter Wälder, pulsierten mit neuer Kraft, als Me-Katililis leidenschaftliche Worte eine Wiederbelebung der göttlichen Traditionen und des Glaubens der Mijikenda auslösten.

Die traditionelle Bildung, die unter dem bedrückenden Schatten der Kolonialherrschaft verblasst war, flammte nun wieder hell auf, ihre Glut geschürt durch das tiefe Wissen und die Einsichten, die Me-Katilili und Wanje wa Mwadorikola von ihrer rätselhaften Odyssee von Kisii nach Kilifi mitbrachten. Sie berichteten von den Lehren verschiedener Stämme, enthüllten Strategien, Taktiken und Waffen, die den Mijikenda zuvor unbekannt waren, und bereicherten so ihren kulturellen Erfahrungsschatz. Im Gegenzug hatten sie die Weisheit der Mijikenda überall verbreitet und die Saat der Einheit und Widerstandsfähigkeit gegen die rauen Winde der Widrigkeiten gesät. Doch das Rätsel ihrer Flucht wurde streng gehütet, ein schützender Schleier, der die Gemeinde vor dem zersetzenden Gespenst des Verrats schützte, das sich im Halbschatten verbarg.

Während ihrer Reise von Kisii aus lernten sie, dass der Geist des Widerstands nicht nur bei den Mijikenda zu finden war. Überall im Land, von den kriegerischen Abagusii, die für ihren erbitterten Schutz ihrer Viehlager und ihrer Autonomie bekannt waren, bis hin zu den von den wunderbaren Bergen beschatteten Gemeinschaften - den Agikuyu, Embu, Meru und Massai - regte sich ein kollektiver Widerstand gegen das britische Joch.

Obwohl jede Gemeinschaft mit der brutalen Realität von Razzien, Gefängnisstrafen und dem Diebstahl ihres Landes und ihres Viehs konfrontiert war, hielt sie an ihrem Erbe und ihrem Recht auf Selbstbestimmung fest. In diesem Schmelztiegel der kolonialen Unterdrückung trat Me-Katilili nicht nur als Anführerin der Mijikenda auf, sondern auch als Symbol des unerschütterlichen Widerstands, ihr Vermächtnis ein Ansporn für alle, die es wagten, sich der Tyrannei der Eroberung zu widersetzen und von der wiederhergestellten Freiheit zu träumen.

Wieder gefangen

Am 4. August 1914, unter dem unerbittlichen Glanz der Sonne, fanden sich Me-Katilili und Wanje in der akribischen Verschwörung von Hobley und Champion wieder, und ihr Schicksal war besiegelt, als sie in ein entferntes Gefängnis in Kismayu, Somalia, geschickt wurden. Ihre Strafe sollte sich über fünf lange Jahre erstrecken, wobei die Freiheit erst versprochen wurde, als die späten Tage des Jahres 1919 näher rückten. Das Gefängnis, das sie erwartete, war berüchtigt für seine grausamen Bedingungen und die seelischen Qualen, die es seinen Insassen zufügte. Mühsame 900 Kilometer entfernt bewies ihr Weg in die Gefangenschaft die Widerstandsfähigkeit des Menschen vor dem kahlen Hintergrund der Extreme der Natur. Die Landschaft veränderte sich drastisch unter ihren müden Füßen und verwandelte sich vom üppigen Grün ihrer Heimat in eine karge Einöde. Hier war der Zorn der Sonne unerbittlich und brannte die Erde knusprig, während die Nächte kaum eine Pause von den heißen Tagen boten - und eine Geschichte des Überlebens gegen die härtesten Elemente woben.

Je weiter sie sich von Kilifi entfernten, desto unruhiger wurde das Gelände - eine riesige Kulisse aus Dünen, die sich unter dem Gewicht ihres Fahrzeugs bewegten und jeden Kilometer, den sie zurücklegten, herausforderten.

Die Reise war voller Hindernisse: Unpassierbare, vom Staub erstickte Pfade wichen tückischem Sand, dessen Durchgang durch häufige Streitigkeiten zwischen dem Fahrer und dem Soldaten über den richtigen Weg und schwindende Vorräte gekennzeichnet war. Wasser und Nahrung wurden zu knappen Gütern und zwangen sie, auf die spärliche Nahrung der Kakteen zurückzugreifen, welche die Landschaft übersäten. Mechanische Ausfälle plagten ihr Fahrzeug, wobei platte Reifen nicht nur einmal, sondern zweimal den Fortschritt stoppten und die Ausrüstung für die notwendigen Reparaturen völlig unzureichend war.

Es war in einer dieser Perioden erzwungener Stille, in welchen der von der Krankheit niedergeschlagene Soldat am Rande des Todes stand, dass Me-Katililis Mitgefühl die Grenzen von Gefangenschaft und Feindschaft überwand.

"Mein Sohn, lass mich dich heilen. Ich kenne dein Leid", bot sie an, und ihre Stimme trug das Gewicht von Empathie und Weisheit, die sie durch Jahre der Heilung ihres Volkes geschärft hatte. Die Ironie, den ausländischen Soldaten mit "Sohn" anzusprechen, entging ihr nicht, aber ihre angeborene Freundlichkeit überwog die Seltsamkeit der Situation. "Aber damit meine Kräfte wirken können, musst du uns von diesen Fesseln befreien. Heilung kann nicht durch die Gefesselten fließen."

Widerwillig, getrieben von Verzweiflung, fügten sich der Soldat und der Fahrer, und gemeinsam zogen Me-Katilili und Wanje, die ihr Wissen aus der Vergangenheit mit seiner medizinischen Expertise kombinierten, den Soldaten aus den Fängen des Todes zurück.

Dieser Akt der Barmherzigkeit, der unter den unwahrscheinlichsten Umständen vollzogen wurde, rettete nicht nur ein Leben, sondern schmiedete auch einen Moment menschlicher Verbundenheit über die Kluft von Konflikten und Misstrauen hinweg.

Doch ihr Leidensweg war noch lange nicht vorbei. Der Treibstoff des Fahrzeugs ging zur Neige und sie strandeten in der trostlosen Wildnis, meilenweit entfernt von jedem Anzeichen von Zivilisation. Tage vergingen, jeder geprägt von der unerbittlichen Sonne des Tages und der kalten Umarmung der Wüstennacht, bis das Schicksal in Gestalt somalischer Nomaden eingriff. Anfangs feindselig gegenüber dem britischen Soldaten und Fahrer, ließen sich die Nomaden von Me-Katilis Bitten um Gnade überzeugen, da ihre Stimme die Anmut und Würde ihres Alters und ihrer Sache verkörperte.

Zum Glück für Me-Katilili und Wanje hießen die Nomaden sie in ihrer Herde willkommen. Glücklicherweise gaben ihnen die Nomaden Wasser und Nahrung, eine Freundlichkeit, die sich wie Balsam für die erschöpften Geister von Me-Katilili und Wanje anfühlte. Hier, inmitten der Nomaden, erzählten sie von ihrer Reise, ihrem Kampf für die Freiheit ihres Volkes und den Ungerechtigkeiten, die ihrem Land zugefügt wurden. Wanje übernahm die Führung in diesen Diskussionen und navigierte durch die kulturellen Normen, die den öffentlichen Diskurs Männern vorbehalten hatten. Gleichzeitig unterstützte Me-Katilili - eine Matriarchin der Energie und Weisheit - ihre Sache im Stillen.

Ihre Geschichte, die mit den eigenen Unterdrückungs-erfahrungen der Nomaden in Einklang steht, schmiedete ein Band des gemeinsamen Verständnisses und des gegenseitigen Respekts. Me-Katilili mit ihrer altersgereiften Weisheit und ihrer Fähigkeit zu Empathie und Heilung wurde bald zu einer Figur der Verehrung unter den Nomaden, die noch gefestigt wurde, als sie das jüngste Kind des Häuptlings von einer schweren Krankheit heilte und damit nicht nur ihr Wissen, sondern auch die Tiefe ihres Mitgefühls unter Beweis stellte.

Die Nomaden erkannten die Rechtschaffenheit ihrer Suche und waren von Me-Katililis Altruismus gerührt und erklärten sich bereit, ihnen bei ihrer Heimkehr zu helfen. Unter dem

Deckmantel der Geheimhaltung und mit dem Segen des Häuptlings wurde ein Plan in Gang gesetzt.

Eine Karawane wurde diskret zusammengestellt und führte sie zum Hafen von Kismayu, wo sie an Bord einer Fischerdhau versteckt wurden. Unter dem Mantel der Nacht stachen sie in See, das Wasser trug sie näher an ihre Heimat, bis sie nach mehreren Tagen und Nächten in der Nähe von Malindi sicher an Land gingen, ihre Stimmung beflügelt von der unerwarteten Güte der Fremden und der unerschütterlichen Entschlossenheit, ihren Kampf für Freiheit und Gerechtigkeit fortzusetzen.

Champion und Hobley wussten nicht, dass der Geist des Trotzes und der Ruf nach Freiheit, den Me-Katilili verkörperte, nicht leicht ausgelöscht werden konnten, da ihr Einfluss weit über die Grenzen jeder Zelle oder die Härte eines jeden Exils hinausreichte.

KAPITEL 14

Champion wird belagert

Am 22. und 23. August 1914 war die Luft ekstatisch, als sich der Horizont in Kilifi in feurige Orangetöne und dunkler Purpur färbte. Die Giriama-Krieger, die unbeugsamen Geist und unnachgiebigen Mut verkörperten, standen am Rande einer epochemachenden Konfrontation. Ihre Waffen, nicht bloße Kriegswerkzeuge, sondern Erweiterungen ihres Willens, glänzten im schwindenden Licht. Pfeile, auf die tödliche Spitzen geschliffen waren, scharfe und präzise Dolche mit Kanten und Speere, die nach dem Kampf zu dürsten schienen, waren akribisch auf die bevorstehende Schlacht vorbereitet.

Die Krieger waren die Hüter einer uralten und mystischen Macht, eines heiligen Vertrauens, das über Generationen weitergegeben wurde. "Pufya" und "Bundugo", die mystischen Mixturen, waren nicht nur Tränke, sondern die Essenz der rohen Kraft der Erde, destilliert zu Elixieren, die ihre Körper unempfindlich gegen die sterblichen Werkzeuge ihrer Feinde machen konnten. Kugeln, Flammen und Klingen sollen zerbrechen und sich auf ihrer Haut auflösen, die im Schmelztiegel der Magie ihrer Vorfahren gestärkt wurde. Diese Zauberei verlieh ihnen nicht nur die Widerstandsfähigkeit des Steins, sondern auch die Feinheit der Schatten, so dass sie aus dem Blickfeld verschwinden und mit der Luft selbst verschmelzen konnten, wenn es nötig war.

Unter diesen Titanen der Schlacht befanden sich legendäre Figuren, Krieger, deren Namen mit Respekt und Ehrfurcht geflüstert wurden. Me-Katililis Söhne, Dyeka und der tapfere Mwakidhuru führten die Vorhut an, ihre Anwesenheit war ein Omen für den kommenden Sturm. Ihre Kameraden, der furchtlose Ngala, der flinke Karabu, der unerschütterliche Katana und viele andere, waren Krieger von solcher Tapferkeit, dass sie mit nichts als der Kraft ihrer Hände und dem Mut ihres Herzens einen Löwen zu Fall bringen konnten. Geschmückt mit Hyänenschädeln, Kronen, die von ihrer Wildheit und dem Festhalten an dem heiligen *Fisi*-Eid (Hyäne) zeugten, und Gesichtern, die mit Symbolen des Krieges und des Schutzes bemalt waren, waren sie ein unvergesslicher Anblick – ein Inbegriff von Macht und Einheit, verbunden durch eine Sache, die größer ist als jeder einzelne Mensch.

Als die Nacht ihre dunkle Leinwand über dem britischen Bahnhof in Mwangea entfaltete, nahmen die Giriama-Krieger, still wie der flüsternde Wind, ihre Stellungen ein. Einst ein Symbol der kolonialen Auferlegung, war der Bahnhof nun von der Essenz des Widerstands umgeben. Sie hatten ihre Pläne mit akribischer Sorgfalt ausgearbeitet, geleitet von Informationen, die sie von einem unfreiwilligen Diener des Imperiums erhalten hatten, der nun zu ihrem Informanten geworden war. Ihre Herangehensweise war eine Studie in Vorsicht und Präzision, sie bewegten sich mit einem Schweigen durch das Unterholz, das ihre Zahl Lügen strafte, und jeder Schritt brachte sie ihrem Ziel näher.

Unter dem Mantel der Dunkelheit waren ihre Bewegungen gespenstisch, kaum ein Rascheln in den Blättern, ein Schatten unter den Schatten. Sie näherten sich dem Gefängnis, dem Herzen des britischen Lagers, mit einer Schnelligkeit, die den Ernst ihrer Mission Lügen strafte. Unwissend und unvorbereitet wurden die Wachen schnell und lautlos überwältigt, ihr Schicksal von den Schatten besiegelt, die sie entlassen hatten. Die Gefangenen, die spürten, wie sich das Blatt wendete, begrüßten ihre Befreier mit einem Schweigen, das von unausgesprochenen Treue- und Dankbarkeitsschwüren geprägt war.

Die Zellen, Symbole der Unterdrückung und Unterwerfung, wurden aufgerissen, die Fesseln der Gefangenen zerrissen. Über dreißig Seelen, einst eingesperrt, nun befreit, standen am Rande einer neuen Morgendämmerung, ihre Befreiung eine Verkörperung des unzerbrechlichen Willens der Giriama-Krieger.

Dies war nicht nur ein Angriff. Es war eine Erklärung des Widerstands, ein Leuchtfeuer der Hoffnung, das in der Nacht heftig brannte und den Beginn eines Kampfes für Freiheit, Würde und das Recht einläutete, sein Schicksal selbst in die Hand zu nehmen.

Mitten in der Nacht, unter einem Himmel, der in den Mantel der Dunkelheit gehüllt war, war die Luft mit einer spürbaren Spannung aufgeladen, ein Auftakt zu dem sich entfaltenden Drama. Ermutigt durch ihren anfänglichen Erfolg wandten sich die Giriama-Krieger einem Ziel von größter Bedeutung zu: dem Quartier von Arthur Champion, der Verkörperung der kolonialen Autorität und Unterdrückung in ihrem Land.

Dieser strategische Schachzug war nicht nur ein Angriff, sondern ein Statement, ein Ruf nach Freiheit, der tief in den Herzen der befreiten Gefangenen widerhallte, die sich ihren Reihen anschlossen, und deren Geist von der Aussicht auf Vergeltung und Befreiung entflammt wurde.

Der Versuch, in Champions Heiligtum einzudringen, stieß auf ein unerwartetes Hindernis: Die Tür, eine gewaltige Barriere, war von innen sicher verschlossen und zeigte Champions Paranoia und Angst vor dem Aufstand, dem er nun gegenüberstand. Alle Fenster waren sicher geschlossen. Doch die Krieger, unbeirrt und anpassungsfähig, ersannen eine listige Gegenmaßnahme. Sie sperrten ihn in seiner eigenen Festung ein und sorgten dafür, dass ein Entkommen unmöglich war. Das Schweigen seiner Wachen, das in der Nacht nur noch Erinnerungen waren, diente als düstere Erinnerung an die Entschlossenheit und Tapferkeit der Krieger.

Im Inneren war Arthur Champion, eine einst beeindruckende und beeindruckende Gestalt, nur noch ein Schatten seiner selbst. In seinen Pyjama gekleidet, griff er verzweifelt nach einem Telefon, einem Artefakt, das unbrauchbar geworden war. Sein Heilsversprechen wurde zusammen mit den 600 Metern Draht, die von den Eingeborenen durchschnitten wurden, durchtrennt. Sein Herz klopfte gegen seine Brust, ein hektischer Trommelschlag hallte den Tumult draußen wider. Der Telegraph, ein weiterer Hoffnungsschimmer, erwies sich als ebenso vergeblich, da seine Drähte ebenfalls von den Eingeborenen durchtrennt wurden. Der Mangel an Kommunikation verstärkte seine Isolation. Von einer so starken Angst überwältigt, dass sie die Luft, die er atmete, zu durchdringen schien, trieben Champions Instinkte ihn unter sein Bett - ein kläglicher Versuch der Verheimlichung, den er schnell für zu auffällig hielt. In einem verzweifelten Versuch ums Überleben suchte er Zuflucht in einer hölzernen Truhe, einem ironischen Zufluchtsort zwischen der Beute seiner Herrschaft - zur Hälfte gefüllt mit Elfenbein, Edelsteinen und Rupienmünzen, den greifbaren Manifestationen der Ausbeutung - nun Begleiter in seiner Gefangenschaft.

Währenddessen umzingelten die Krieger, unerbittlich auf der Suche nach Gerechtigkeit, das Polizeiquartier, und die Luft füllte sich bald mit dem unheilvollen Knistern der Flammen. Das gefräßige Feuer verzehrte die Hütten mit einer Grausamkeit, die den Eifer der Krieger widerspiegelte.

Das einst imposante Gefängnis, ein Bauwerk der Verzweiflung und des Verfalls, schloss sich der Feuersbrunst an, seine Zerstörung ein Symbol für das zerfallende Gebäude der Kolonialherrschaft.

Der Nachthimmel, stummer Zeuge der Unruhen unter ihm, wurde vom glühenden Schein der Feuer erhellt. Die Flammen, die mit rücksichtsloser Hingabe tanzten, tauchten die Dunkelheit in Orange-, Rot- und Goldtöne - ein faszinierendes Spektakel, welches das Chaos, das es darstellte, Lügen strafte. Die Schreie der Polizisten, gefangen in dem Inferno, das sie selbst verursacht hatten, durchdrangen die Nacht, eine erschütternde Symphonie aus Schrecken und Verzweiflung. Diese Klänge und Anblicke erreichten die fernen Dörfer, ein Signal der Warnung und der Hoffnung zugleich, das den unbezwingbaren Geist der Giriama-Krieger und die Unvermeidlichkeit des Wandels verdeutlichte.

Me-Katilili und zahlreiche Dorfälteste beobachteten die Farbtöne des Nachthimmels und nickten in stummem Stolz.

Dies war mehr als ein Aufstand. Es war eine Katharsis, eine Reinigung von Jahren der Unterwerfung und des Leidens durch die transformative Kraft von Flamme und Entschlossenheit. Durch ihre Aktionen forderten die Krieger nicht nur ihr Land zurück. Sie behaupteten ihre Existenz, ihr Recht auf eine Zukunft, die nicht von den Ketten der Unterdrückung beeinträchtigt wurde - eine Zukunft, die im Feuer ihres Mutes und ihrer Entschlossenheit geschmiedet wurde.

Inmitten der Unruhen, die sich in einem der Giriama-Dörfer abspielten, umhüllte ein Mantel der Panik Ngoyo wa Mwavuo und seine Ehefrau. Ihr Sohn Kingi fand sich in einem Netz der Gefahr wieder, als er im Quartier von Arthur Champion diente. Diese Entscheidung war ein eklatanter Verrat an dem kollektiven Gelübde der Giriama: Kein Kind sollte jemals den Kolonialisten dienen. Doch angelockt von beträchtlichen Stipendien hatte Ngoyo diesen heiligen Pakt gebrochen und Kingi in die Höhle des Löwen geschickt. Die Angst nagte an seinem Herzen, die Furcht, dass sein einziger Erbe, der einzige Fackelträger seiner Abstammung, innerhalb der Mauern von Champions Festung – einem Ort, der jetzt belagert ist – sein Untergang finden könnte.

Aus der Enge seiner Knechtschaft heraus spähte Kingi, von der Erkenntnis des Ernstes seiner misslichen Lage ergriffen, durch einen schmalen Spalt im Küchenfenster. Der Anblick, der sich seinen Augen bot - ein Strudel aus Feuer, der das Polizeiquartier und das Gefängnis verschlang - löste in ihm eine

Urangst aus. Seine Stimme, voller Verzweiflung, durchdrang die Nacht, ein Flehen um Gnade an die heranstürmenden Krieger: "Hilf mir, ich bin's, Kingi wa Ngonyo, verschone mich, ich bin dein eigenes Fleisch und Blut, dazu gezwungen, bitte lass mich leben!"

Die Krieger, angetrieben von einem Rachefeldzug, riefen in die Nacht nach Champion: "Wo ist Chembe? Sein Blut wird unsere Wut ersticken. Chembe, zeig dich!" Ihre Forderungen hallten unheilvoll durch das Chaos.

Währenddessen suchten Ngoyo und seine Frau, zurück im Dorf, voller Angst um das Schicksal ihres Sohnes, die Weisheit der Ältesten. Sie flehten mit schwerem Herzen und zitternden Stimmen: "Bitte, verehrte Älteste, sendet Boten aus, um die Krieger anzuflehen, Kingi, unseren Sohn, zu verschonen. Er ist der Hüter unserer Zukunft." Die Qual des Flehens einer Mutter hing schwer in der Luft, als Me-Katilili und der Ältestenrat berieten. Sie erkannten die Schwere von Ngoyos Verfehlung an und einigten sich auf eine Lösung: Kingi würde verschont bleiben, eine Entscheidung, die tief in der Tradition verwurzelt ist, dass kein Mijikenda, der aufrichtig nach Gnade sucht, dem Tod ins Auge sehen sollte. Stattdessen wurden solche Bitten mit Strafmaßnahmen beantwortet - Geldstrafen, Verbannung oder andere Formen der Wiedergutmachung.

Ermutigt durch das mütterliche Gnadengesuch eilten Dorfboten in Begleitung von Ngoyos jüngstem Geschwisterkind zum Bahnhof von Mwangea. Ihre Ankunft, ein Wettlauf gegen die Zeit, trug die entscheidende Botschaft der Barmherzigkeit. Sie waren am Rande des Augenblicks angelangt, ihre Worte waren ein Schutzschild gegen die drohenden Flammen, die Champions Quartier zu verschlingen drohten. Ihre Worte drückten die tiefen Bande der Verwandtschaft und die anhaltende Kraft des Mitgefühls im Herzen des Aufruhrs aus.

Der Strudel von Rebellion und Entschlossenheit wogte wie eine unerbittliche Flut gegen die Bastionen der Kolonialmacht. Die

Krieger, standhaft und unnachgiebig, standen vor Champions Quartier, einer Festung, die das Wesen ihrer Unterwerfung symbolisierte. Inmitten dieser Belagerung hallte ein Flehen um Gnade durch den Tumult, die Stimme von Kingi wa Ngoyo, einem Sohn der Giriama, der im Wirbelsturm der Kompromisse seines Vaters und des kolonialen Strudels gefangen war.

Ngoyo wa Mwavuo und seine Frau eilten mit vor Schrecken schwerem Herzen unter dem Mantel der Nacht durch das Dorf. Ihre verzweifelte Reise, ein Wettlauf gegen die Zeit, wurde von der einzigartigen Hoffnung befeuert, ihren Sohn Kingi vor dem Zorn zu retten, der Champions Quartier erfasste. Ihr Appell an die Dorfältesten war eine Kakophonie aus Angst und Verzweiflung. Chaos und ein erschreckendes Bedauern überwältigten Ngoyo und seine Frau, als sie ihre Entscheidung bedauerten, die das Leben ihres Sohnes gefährdet hatte. Getrieben von Gier waren ihre Entscheidungen unter dem unterdrückenden Einfluss der Kolonialherrschaft getroffen worden.

Als sich die Ältesten unter dem Sternenhimmel versammelten, eine feierliche Versammlung, die von der Schwere des Augenblicks geprägt war, leuchtete Me-Katililis Weisheit wie ein Leuchtfeuer. Die Entscheidung, Kingi zu verschonen, ein Zugeständnis an die heiligen Grundsätze der Barmherzigkeit und Verwandtschaft, war mit der harten Realität von Ngoyos Übertretung verflochten. Die verhängte Geldstrafe war nicht nur eine Strafe, sondern auch eine Erinnerung an die kommunalen Bande, die das koloniale Joch zu zerreißen suchte.

In der Zwischenzeit stellten die Krieger, deren Entschlossenheit so unbesiegbar war wie die alten Länder, die sie zurückerobern wollten, ihr Ultimatum. Die Forderungen waren klar: die Rückgabe ihres Landes in Sabaki, die Befreiung ihrer Verwandten von den Ketten der Zwangsarbeit und die Abreise der europäischen Siedler aus ihrer Heimat. Dieses Dekret, das aus den Flammen des Widerstands hervorging, war ein

Weckruf nach Gerechtigkeit, eine Forderung nach der Wiederherstellung der Würde und Autonomie, die durch die koloniale Gier beraubt worden waren.

Die Rebellion, die nun in den Giriama-Gebieten vollständig erwacht war, führte zum Niederbrennen britischer Geschäfte und zur Vertreibung von Missionaren aus ihren Stationen, eine leidenschaftliche Ablehnung der ausländischen Präsenz, die versucht hatte, ihre Welt neu zu gestalten. Dörfer von Konvertiten und die Häuser derjenigen, die der Kolonialverwaltung treu ergeben waren, wurden von Flammen verzehrt, einem reinigenden Feuer, das versuchte, die Seele der Agiriama aus den Klauen des kolonialen Einflusses zurückzugewinnen.

In Jilore entfaltete sich die Konfrontation zwischen Captain Carews Polizeitruppe und den Giriama-Kriegern mit brutaler Intensität. Die Schlacht, ein Strudel der Gewalt, der beide Seiten zerschlagen und blutig zurückließ, war ein Sinnbild für die unerschütterliche Entschlossenheit der Giriama, ihren Unterdrückern Widerstand zu leisten. Mit der Hit-and-Run-Taktik bewegten sich die Krieger wie Schatten und schlugen mit der Präzision und Wildheit des Löwen, ihrem Ahnengeist, zu. Dieser Guerillakrieg, ein Tanz aus Angriffen und Ausweichen, wurde zum Rhythmus ihres Kampfes für die Freiheit, eine Strategie, die den Griff der Invasoren auf ihr Land allmählich erodierte.

Durch den Rauch der Schlacht und die Asche der Zerstörung brannte der Geist der Agiriama heller als je zuvor. Ihr Kampf, eine Demonstration ihres unerschütterlichen Willens und der unbezwingbare Geist eines Volkes, das vereint ist in der Verteidigung seines Erbes und seines Rechts auf Selbstbestimmung, hallte über die Hügel und Täler des Landes seiner Vorfahren wider. Der Aufstand, weit mehr als ein bloßer Kampf, war eine Erklärung ihrer Existenz, ein Krieg um die Seele ihrer Nation. Die Krieger kämpften mit dem Mut und der

Weisheit der Ältesten, unter dem leitenden Licht der Sterne, die seit Generationen über ihr Land gewacht hatten.

In der belagerten Festung, die einst Arthur Champions Quartier war, schien die Zeit stillzustehen, und jeder Tag, der verging, war geprägt von der wachsenden Verzweiflung innerhalb der Mauern. Mit strategischem Scharfsinn, der es mit den größten militärischen Köpfen aufnehmen konnte, hatten die Giriama-Krieger praktisch alle Nachschublieferungen an Champion abgeschnitten und sein Schicksal mit jedem Tag, der verging, besiegelt. Einst eine Quelle des Lebens, war der Wassertank unbrauchbar geworden, sein Inhalt mit den giftigen Zweigen der Euphorbia verunreinigt – eine grausame, aber wirksame Maßnahme, um die Kapitulation zu gewährleisten. Innerhalb dieser Grenzen verschlechterte sich Champions Gesundheit nach unten, ein düsteres Ergebnis der Entschlossenheit der Krieger und der Härte ihrer Blockade. Darüber hinaus kam es zum Ausnahmezustand, als deutsche Truppen in Tanganjika und Uganda Angriffe auf britische Kolonien starteten. Inmitten dieser Turbulenzen fehlte es Champion und seiner Regierung massiv an Unterstützung, da sie mit einem Mangel an Truppen und Waffen und einer gestörten Kommunikation konfrontiert waren.

Währenddessen war die Luft in Charles Dundas' Büro in Malindi von Spannung erfüllt, die in starkem Kontrast zu der feuchten Brise stand, die durch die Küstenstadt wehte. Dundas ging auf und ab, sein Kopf war ein Wirbelsturm aus Strategie und Besorgnis. Die Berichte über den Giriama-Aufstand hatten ihn erreicht, Geschichten von einer entfesselten Wut, von einem Volk, das im Trotz wiedergeboren wurde. Der Gedanke, sich mit diesen gut organisierten und entschlossenen Kriegern anzulegen, erfüllte ihn mit tiefsitzender Beklommenheit. Ihre Bewaffnung mochte nicht mit der Macht des britischen Empires mithalten können, aber ihre schiere Zahl und ihr unzerbrechlicher Geist stellten eine nicht weniger gewaltige Bedrohung dar.

Das Eintreffen einer dringenden Depesche aus Mombasa trug nur dazu bei, den Einsatz zu erhöhen. Als Major G.M.P. Hawthorn zusammen mit den Captains Reynolds und Carew in den Strudel des Ersten Weltkriegs in Deutsch-Ostafrika hineingezogen wurde, waren die britischen Truppen überlastet und ihre Ressourcen auf einen weitaus größeren Konflikt umgeleitet. Jetzt, unter dem Schatten des Befehls entfernter Vorgesetzter, befand sich Dundas in einer schlimmen Lage. Die einst robusten Reihen der King's African Rifles waren nur noch ein Schatten ihrer früheren Stärke gewesen, so dass Dundas nur noch 25 bewaffnete Polizisten zur Verfügung standen.

In einer entnervten Parade versammelt, standen die Polizisten vor Dundas, einer kleinen Gruppe von Männern, die von der Ungeheuerlichkeit der bevorstehenden Aufgabe in den Schatten gestellt wurden. Dundas, dessen Stimme von einer Mischung aus Entschlossenheit und einem unterschwelligen Strom der Verzweiflung durchdrungen war, wandte sich an sein provisorisches Geschwader.

"Wir mögen wenige sein, aber unsere Munition übertrifft die ihre. Dieser Aufstand, dieser 'kleine Krieg', wie wir ihn nennen könnten, wird mit der Macht und Disziplin des Britischen Empires niedergeschlagen werden", erklärte er, und seine Worte waren ein Versuch, die Flammen des Mutes in den Herzen seiner Männer zu entfachen.

Dundas' Plan entfaltete sich mit Präzision, eine klare Anweisung, die die Ungewissheit des Augenblicks durchbrach. "Unsere erste Maßnahme besteht darin, Arthur Champion aus seinem Quartier zu befreien", befahl er und entwarf eine Strategie, die darauf abzielte, das Herz der Rebellion zu treffen und das Symbol der britischen Autorität aus den Fängen der Giriama-Krieger zurückzuerobern. "Von dort aus ziehen wir nach Norden, um die Ordnung Dorf für Dorf wiederherzustellen", fuhr er fort, und seine Anweisungen zeichneten das Bild einer Kampagne, die darauf abzielte, die Kontrolle Schritt für Schritt wiederherzustellen.

Doch unter der Oberfläche von Dundas' gelassenem Äußeren verbarg sich ein brodelnder Kessel aus Zweifeln und Ängsten. Das Wissen, dass die britischen Streitkräfte überlastet waren und in einen globalen Konflikt verwickelt waren, der ihre Ressourcen und Arbeitskräfte aufgezehrt hatte, hing wie ein Schatten über ihm. Die Herausforderung, vor der er stand, war nicht nur ein militärisches Engagement, sondern eine Willensprobe, eine Konfrontation zwischen dem unbezwingbaren Geist eines Volkes, das um sein Land kämpfte, und der bröckelnden Fassade kolonialer Dominanz.

Als Dundas seine Männer sammelte, lag in der Luft ein Aufruhr der Entschlossenheit und das greifbare Gefühl eines bevorstehenden Zusammenstoßes. Die Bühne war bereitet für eine Konfrontation, die die Grenzen von Loyalität, Strategie und dem Wesen des Mutes auf die Probe stellen würde, ein Kampf nicht nur um Territorien, sondern auch um die Herzen und Köpfe derer, die im Kreuzfeuer der Geschichte gefangen sind.

Als der frühmorgendliche Nebel über der üppigen Landschaft von Mwangea haftete, begannen die Sonnenstrahlen langsam über den Himmel zu tanzen und lange Schatten zu werfen, die die Ankunft einer ungewissen Morgendämmerung anzukündigen schienen. Charles Dundas, dessen Gesicht von Sorgen und Kontemplation geprägt war, führte seine kleine Truppe von 25 bewaffneten Polizisten durch das Gelände, das zum Epizentrum eines Aufstands geworden war, der den Lauf der Kolonialgeschichte für immer verändern sollte.

Die Luft war schwer, aufgeladen von einer Energie, die mit dem Herzschlag des Landes zu pulsieren schien. Der vibrierende Chor der afrikanischen Wildnis, der normalerweise den unnachgiebigen Geist des Lebens charakterisierte, trug nun eine andere Botschaft in sich - eine von einer bevorstehenden Konfrontation, von einem unvermeidlichen Zusammenstoß zwischen der alten und der neuen Welt.

Als Dundas und seine Männer sich dem Bahnhof Mwangea näherten, war die Stille spürbar, eine erstickende Decke, die jeden Schritt, jeden Atemzug dämpfte. Einst von ihrer Überlegenheit überzeugt, fanden sich die Briten in einer Atmosphäre der Vorahnung wieder, und ihre früheren Überlegenheitsversicherungen hallten nun in den Weiten des Giriama-Landes wider.

Dundas hielt inne, um die Szene vor sich zu überblicken, und erkannte das Ausmaß ihrer Unterschätzung. Vor ihnen standen die Giriama-Krieger, eine gewaltige Kraft, die aus der Erde aufzusteigen schien. Ihre Zahl war schwindelerregend, ihre Entschlossenheit unerschütterlich. Mit ihren modernen Waffen und Rängen waren die Briten nur ein Tropfen auf dem Ozean des temperamentvollen Trotzes, dem sie gegenüberstanden.

»Männer«, begann Dundas, und seine Stimme verriet den Ernst ihrer Lage. "Wir stehen am Abgrund der Geschichte. Vor uns liegt nicht nur ein militärisches Engagement, sondern eine Manifestation des unvergänglichen Geistes eines Volkes, das sich nach seinem rechtmäßigen Platz in den Annalen der Zeit sehnt." Seine Worte, die die Entschlossenheit seiner Männer besänftigen sollten, hingen in der Luft, eine schmerzliche Erinnerung an die Sinnlosigkeit ihrer Mission. Die Erkenntnis, dass rohe Gewalt und überlegene Waffen das Feuer der Freiheit, das in den Herzen der Giriama brannte, nicht löschen konnten, war eine bittere Pille, die es zu schlucken galt.

Zu diesem Zeitpunkt traf Dundas, ein Mann der Tat, der nun von der unvermeidlichen Welle des Wandels in die Enge getrieben wurde, die Entscheidung, die einen Wendepunkt in dem Konflikt markieren sollte. »Wir haben nur einen Ausweg«, erklärte er, und seine Stimme klang von der Last des Befehls wider, doch gemildert durch das Eingeständnis ihrer misslichen

Lage. »Wir werden die Verständigung mit den Kriegern suchen. Wir werden versprechen, ihr Land zu räumen, in der Hoffnung, dass diese Geste die Freilassung von Arthur Champion sichert."

Die Luft war angespannt, als sich Dundas den Giriama-Linien näherten, eine weiße Flagge hochgehalten, um ihre Bereitschaft zu Verhandlungen zu symbolisieren. Die schweigsamen und imposanten Krieger hörten kritisch zu, als Dundas seine Botschaft mit einer aus der Not geborenen Demut überbrachte.

"Wir, die Repräsentanten der britischen Krone, haben sowohl Ihre Entschlossenheit als auch Ihr Recht auf dieses Land unterschätzt", gab Dundas mit fester Stimme zu, die ebenfalls von der unausgesprochenen Spannung des Augenblicks durchdrungen war. "In Anerkennung eueres tapferen Kampfes geloben wir, euer Land zu verlassen und euch das zurückzugeben, was euch rechtmäßig gehört, im Austausch für die sichere Freilassung von Arthur Champion."

Die Krieger, ungerührt und zugleich über den Vorschlag nachdenkend, tauschten Blicke aus, ihre Gesichter waren stoische Masken, die den Tumult der Gefühle in ihrem Innern Lügen straften. Das Schweigen, das folgte, war der Ernsthaftigkeit von Dundas' Angebot geschuldet, einem Moment, in dem die Zukunft der Giriama-Ländereien auf dem Spiel stand.

Es war ein Moment, der in Märchen und Liedern erzählt werden sollte, ein Wendepunkt, an dem der Lauf der Geschichte unwiderruflich verändert wurde, nicht durch das Klirren von Waffen, sondern durch die Macht der Worte und das Versprechen des Friedens. Für Dundas und seine Männer war es ein Rückzug vom Abgrund, ein Zugeständnis an den unbeugsamen Willen eines Volkes, das in seinem Streben nach Freiheit vereint war. Es war ein hart erkämpfter und heiß geliebter Sieg für die Giriama, ein Ergebnis des anhaltenden

Widerstandsgeistes, der über Generationen hinweg widerhallen sollte.

Das Gewicht einer Krone

Am 31. August 1914 stand Arthur Champion inmitten der kolonialen Architektur Malindis, seine Silhouette verhärtete sich vor dem Hintergrund der untergehenden Sonne. Nachdem er aus dem belagerten Quartier des Bahnhofs Mwangea geborgen worden war, war seine Rettung alles andere als ein Moment der Erleichterung, sondern diente nur dazu, das Feuer der Vergeltung zu schüren, das in ihm brannte. Die Tortur hatte ihre Spuren hinterlassen, nicht nur an seinem Körper, der von Tagen der Entbehrungen und der Angst gezeichnet war, sondern auch an seinem Geist, der nun von einem Verlangen nach Rache angetrieben wurde. Die Luft in Malindi war dick vom schweren Geruch des Ozeans, gemischt mit einem wachsenden Gefühl des Unbehagens.

Champions Befehle, die mit kalter, stählerner Entschlossenheit erteilt wurden, setzten eine Reihe von "vorsorglichen Patrouillen-Operationen" in Gang. Es handelte sich nicht um bloße Patrouillen, sondern um eine Kampagne der verbrannten Erde, die darauf abzielte, den Willen der Agiriama zu brechen. Die britischen Truppen, die unter Champions Anweisungen handelten, begannen ihren unerbittlichen Angriff auf die Dörfer, einen zerstörerischen Marsch durch das Herz des Giriama-Landes.

»Lasst sie das Gewicht der Krone spüren«, erklärte Champion mit reumütiger Stimme. "Brennt ihre Dörfer nieder, verwüstet ihre Ernten und beschlagnahmt ihr Vieh. Wir werden sie mit nichts zurücklassen", befahl er, und seine Worte hallten an die Rücksichtslosigkeit der Kolonialmacht.

Das Land trug bald die Narben dieser Strafexpedition. Flammen fraßen Strohdächer und Getreidespeicher und hinterließen eine Rauchspur, die sich wie dunkle Säulen gegen den wolkenlosen

Himmel abhob. Das Knistern des Feuers mischte sich mit den fernen Schreien der Verzweiflung, als die britischen Truppen systematisch die Nahrung und den Schutz der Agiriama zerstörten. Das Vieh, der Reichtum der Dörfer und das kostbare Leben wurden zusammengetrieben, Kriegs-beute sollte von den Eroberern beansprucht werden.

Als sich die Wochen zu einem unerbittlichen Feldzug entwickelten, rückte der versprochene Rückzug der britischen Truppen aus dem Giriama-Land in weite Ferne. Dieses gebrochene Versprechen verblasste vor dem Hintergrund der anhaltenden Unterdrückung. Stattdessen kam eine neue Welle der Kolonialmacht in Form der Verstärkung der King's African Rifles (KAR), die alle Überreste des Widerstands unterdrücken und mit unmissverständlicher Kraft die Herrschaft des britischen Empires über das trotzige Herz des Giriama-Landes behaupten sollte.

Die Ankunft dieser Kräfte markierte ein neues Kapitel im Kampf. Es war eine Strafexpedition, die darauf abzielte, den wilden Geist des Trotzes der Giriama zu bestrafen, zu unterwerfen und auszulöschen. Die Landschaft, die einst vom Leben und der Kultur ihrer Bewohner geprägt war, stand nun für die Grausamkeit kolonialer Ambitionen, eine harte Erinnerung an den Preis des Widerstands angesichts einer überwältigenden Macht.

In der Asche der Verwüstung lebte der Geist der Agiriama fort. Eine flackernde Flamme der Widerstandsfähigkeit und der Hoffnung, die kein Vergeltungsfeldzug erlöschen könnte. Obwohl die Strafpatrouillen versuchten, sie zu zerschlagen, säten sie unwissentlich die Saat der Einheit und Entschlossenheit, eine kollektive Entschlossenheit, ihr Land, ihre Würde und ihre Zukunft aus den Fängen eines Imperiums zurückzufordern, das ihr Schicksal bestimmen wollte. Dieser Kampf, geprägt von den Narben der Schlacht und der Asche verlorener Heimaten, sollte für immer als Denkmal ihres unbesiegbaren Willens stehen, als Beweis für den ungebrochenen Kampfgeist in den dunklen Tagen der kolonialen Unterdrückung.

Als die britische Kampagne der "vorsorglichen Patrouillen" die Erde des Giriama-Landes verbrannte, blühte die Entschlossenheit der Agiriama auf, anstatt zu verwelken, mit einer Intensität, welche die Kolonialtruppen grob unterschätzt hatten. Die Rebellion, die nun als "*Kondo ya Chembe*" (der Kampf gegen den Champion) in die Annalen der Mijikenda-Geschichte eingegangen ist, gewann an Stärke und Ausmaß, als Ergebnis des vereinten Widerstandes der Menschen gegen einen Unterdrücker, dessen Macht nur von ihrem unnachgiebigen Geist übertroffen wurde.

Das Echo von Me-Katililis leidenschaftlichen Kundgebungen hallte durch die Herzen und Seelen der Agiriama und entzündete eine Kraft, die über den bloßen Akt des Widerstands hinausging. Das war eine ganzheitliche Rebellion. Die Kraft der Giriama, die nicht nur die physische Präsenz der Briten ablehnte, sondern auch die ideologische und kulturelle Hegemonie, die sie durchzusetzen suchten. Die Giriama wurden zu Bastionen des Widerstands, und ihre Feindseligkeit erstreckte sich über die koloniale Herrschaft hinaus auf fremde Religionen wie den Islam und das Christentum sowie auf jene unter den ihren, die sich aus Angst vor dem Gespenst einer erneuten Versklavung an fremde Einflüsse klammerten, die zwar Sicherheit versprachen, aber auf Kosten ihrer kulturellen Identität. Verräter, die als Verräter ihres Erbes wahrgenommen wurden, wurden mit drastischen Strafen belegt, eine klare Botschaft, dass die Integrität ihrer Traditionen um jeden Preis gewahrt werden würde.

In diesem Klima unerbittlicher Opposition war die Weigerung, Barackensteuern zu zahlen und Arbeit für die Briten zu leisten, ein Akt des Trotzes, der so mächtig war wie jedes bewaffnete Gefecht. Es waren Erklärungen der Souveränität, Erklärungen, dass die Agiriama nicht unterworfen werden würden, weder im Geiste noch in der Kultur noch in der Arbeit.

Die Mijikenda, vereint in ihrem Kampf, stärkten ihre Krieger mit besseren Waffen und den mächtigen mystischen Energien von "*bundugo*" und "*pufya*". Diese magischen Kräfte, die von der uralten Weisheit der Mijikenda durchdrungen waren, statteten die Krieger mit Fähigkeiten aus, die an das Übernatürliche grenzten. Körper, die unempfindlich gegen Kugeln waren, die Fähigkeit, nach Belieben aus dem Blickfeld zu verschwinden und wieder aufzutauchen, und die Ausdauer, den zermürbendsten Bedingungen standzuhalten, waren die Geschenke ihrer Vorfahren, ein Vermächtnis der Stärke, das das Blatt der Schlachten wendete und die Herzen ihrer Feinde erschreckte.

Die Taktik der Krieger entwickelte sich weiter, mit Fallen und Hinterhalten, die das Gelände zu ihrem Vorteil nutzten und jedes Gefecht zu einem Albtraum für die britischen Streitkräfte machten. Trotz ihrer überlegenen Feuerkraft wurde die britische Armee auf Schritt und Tritt ausmanövriert und überlistet, dank der intimen Kenntnis ihres Landes und ihrer cleveren Strategien.

Inmitten dieses physischen und spirituellen Kampfes erwies sich der " *Chiraho cha Fisi*" - der Hyänenschwur - als Symbol der unzerbrechlichen Einheit und des Engagements für die Sache. Die Furcht und der Respekt vor diesem Eid unter den Giriama übertrafen bei weitem jede Furcht vor der britischen Regierung. Es war mehr als ein Versprechen. Es war eine verbindende Kraft, die jeden Krieger mit seiner Gemeinschaft, seinen Vorfahren und seinem Land verband und ihm ein unbesiegbares Gefühl der Zielstrebigkeit verlieh. Diese Ära des Giriama-Aufstandes gegen Champion und die britischen Kolonialmächte war gekennzeichnet durch ein Wiederaufleben der kulturellen Identität, die Wiedererlangung der Autonomie und einen unbändigen Willen zum Widerstand. Durch den

Rauch der Schlacht und den Schatten der Unterdrückung schmiedeten die Agiriama, unterstützt von der breiteren Mijikenda-Gemeinschaft, ein Vermächtnis des Widerstands, das nicht als Fußnote der Kolonialgeschichte in Erinnerung bleiben sollte, sondern als ein lebendiges Bild der anhaltenden Kraft des menschlichen Geistes, für Freiheit, Würde und die Heiligkeit seines kulturellen Erbes zu kämpfen.

Die Oberhand

22. September 1914. B.D. NR. In *Kaya* Mudzi Muvya in Rabai fand ein Treffen des Ältestenrates und des Traditionellen Hofes statt.

"Similani, atumia similani." Pembe wa Bembere, ein hoch angesehener Ältestenrat und enger Vertrauter von Me-Katilili, sandte Grüße an die Lebenden und die Toten, während sein Stock, gekrönt von einem Leopardenkopf, neben seinen Füßen auf die Erde schlug. Seine Stimme war tief und kraftvoll. "Zunächst möchte ich unsere mutigen Krieger für den unglaublichen Kampf gegen unsere Feinde loben." Im heiligen Kaya-Wald gab es einen Jubelanfall, Trommeln, Pfeifen und Flöten. "Wir wollen jetzt unser fruchtbares angestammtes Land, unsere reiche Wirtschaft und alles, was uns rechtmäßig gehört, zurückgewinnen. Dabei wollen wir aber sicher sein, dass wir nicht noch mehr von unserem Volk verlieren. Aus diesen Gründen werden wir einen Delegierten entsenden, der den Briten einen Friedensvertrag ausstellt." verkündete Pembe wa Bembere.

Bogosho wa Biryaa räusperte sich und sprach: "Wir haben Chembe gezeigt, was er ist. Er ist nur ein Krümel. Das ist es, was Einheit erreichen kann. Wir werden uns niemals einschüchtern lassen, niemals aufgeben! "Alume huwooo" (traditioneller ermächtigender Aufruf an eine Männergruppe)".

"Huwooo", antworteten die Männer energisch und gaben danach männliche Laute von sich, um ihre Stärke und Männlichkeit zu verstärken.

"Acheeeh", rief eine weibliche Älteste aus der Gruppe (ein traditioneller ermächtigender Ruf an eine Frauengruppe).

"Heeeh", antworteten alle anwesenden Frauen und ließen hohe Jubellaute folgen.

Das Treffen endete damit, dass der Ältestenrat und das traditionelle Gericht sich darauf einigten, einen Friedensvertrag durch einen Delegierten zu unterzeichnen, einen angesehenen arabischen Vermittler, Scheich Fathili bin Omar, der als islamischer Lehrer in Arabuko arbeitete.

Dann wurde ein Stier geschlachtet, das Fleisch gebraten und ein Festmahl gefeiert.

Am britischen Posten in wöchentlichen Berichten:

Lt. P. F. Carew hielt fest:

- 26. September, 220 Schafe und Ziegen gefangen
- 27. September, Patrouille bis in den Norden von Mombasa
- Alle Dörfer in der Ortschaft niedergebrannt, 30 Schafe und Ziegen gefangen genommen, 1 Eingeborener getötet.
- Am 29. September brannten alle Dörfer um Mugadini nieder, auch die Dörfer von Shakadulu. 145 Schafe und Ziegen gefangen.
- 1. Oktober. Dörfer bei Bungale niedergebrannt. Einige Ureinwohner waren geflohen ... 1 Eingeborener getötet, 200 Schafe und Ziegen in der Nähe von Garashi und eine große Menge an im Busch verstecktem Eigentum wurde gefunden und zerstört.

Lt. A.A. Hughes hielt fest:

- Wir haben diese Linie weiterverfolgt, d.h. Dörfer niedergebrannt und versucht, Vorräte zu erbeuten.
- 14. September. Ich habe Dörfer in der Nähe der Mission niedergebrannt.
- Die 15. rückte um 14:00 Uhr vor und brannte 5 Dörfer nieder. Auf der Rückreise wurden wir von einer Anzahl Eingeborener verfolgt, von denen einige getötet wurden, bevor sie uns verließen.

Inmitten des Tumults und der Verwüstung, die den Tiefpunkt des Kampfes um die Unabhängigkeit von Giriama markierten, kam ein verblüffendes Eingeständnis von der britischen Regierung: Sie hatte die Agiriama nie wirklich erobert. Im Laufe des Konflikts entwickelten sich die Kampfstrategien der Giriama mit gerissenem Einfallsreichtum weiter, wobei immer ausgefeiltere Waffen und Fallen eingesetzt wurden, um ihre Stärke und Anpassungsfähigkeit unter Beweis zu stellen. Diese Eskalation zwang die Briten, einen Waffenstillstand zu suchen, insbesondere auf dem Höhepunkt des Ersten Weltkriegs, als die afrikanischen Gewehre des Königs für den Einsatz in Deutsch-Ostafrika requiriert wurden. Angetrieben von dem pragmatischen Wunsch, ihr Land und ihr Vieh vor weiteren Verwüstungen und Verlusten zu schützen, waren auch die Agiriama geneigt, über Frieden zu verhandeln. Diese Konvergenz der Interessen, die aus der Notwendigkeit und der Müdigkeit des Konflikts geboren wurde, ebnete den Weg für Gespräche, die eine Einstellung der Feindseligkeiten versprachen, wenn auch im Schatten einer Welt im Krieg und einer Gemeinschaft, die entschlossen war, ihr Wesen gegen imperiale Pläne zu bewahren.

Das Friedensabkommen

Am regennassen Morgen des 30. September 1914 machte sich Scheich Fathili bin Omar, dem die Friedenshoffnungen der Giriama anvertraut waren, auf den Weg zu der britischen Verwaltungshochburg. Begleitet von zwei seiner islamischen

Schüler, Angehörigen des Duruma-Unterstammes der Mijikenda, trotzten sie dem unerbittlichen Regenguss, der sie im Morgengrauen dieses entscheidenden Tages begrüßte.

Als sie vorrückten, hielt ein Student einen Regenschirm hoch über den Kopf von Scheich Fathili, einen Schild gegen den unerbittlichen Regen, während der andere seine Sachen trug.

Beide Schüler waren bis ins Mark durchnässt. Die Sintflut färbte den Saum von Scheich Fathilis weißem Thobe in ein schlammiges Rot, und bei jedem Schritt spritzte die lebendige Erde der Mijikenda-Heimat auf den Stoff.

Die Wachen am Eingang, verhüllt von ihren Vorurteilen, begrüßten sie mit vor Misstrauen zusammengekniffenen Augen. Unbeirrt von ihrem frostigen Empfang suchte Scheich Fathili, der die gelassene Entschlossenheit seiner Mission verkörperte, eine Audienz bei Hobley. Nach kurzem Zögern stellten die Wärter fest, dass Hobley nicht anwesend war. Nichtsdestotrotz schlugen sie vor, dass Scheich Fathili sich stattdessen mit Champion treffen könnte, was inmitten einer stürmischen Begegnung einen Hoffnungsschimmer bot.

Augenblicke später hatte der Regen eine Pause eingelegt. Champion und Scheich Fathili saßen auf seiner Terrasse. "Hah! Jetzt wollen die Hooligans Frieden, was? Mal sehen, was es sie kosten wird", spottete Champion arrogant. Er zündete sich eingebildet seine Pfeife an und sagte: "Ich werde mit der Zentrale sprechen ..." Er blies eine schwere Rauchwolke aus.

"Wann werden sie eine Antwort bekommen?", fragte Scheich Fathili.

"In einer Woche oder so. Kommt zurück mit den Ältesten der Ureinwohner und ihren Leuten."

Unter Allgemeinen Bedingungen

Anfang Oktober 1914. Wenige Tage später fand die Friedenskonferenz in Sabaki statt. Dieses Treffen schien jedoch darauf ausgelegt zu sein, die einheimische Bevölkerung herabzusetzen und zu demütigen, da es streng nach den von den Briten vorgegebenen Bedingungen abgehalten wurde. Arthur Champion, der im Mittelpunkt stand, faltete ein Telegrammpapier auseinander und erklärte mit lauter Stimme:

"Wir werden Ihrer Bitte um Frieden zustimmen", was bedeutete, dass die Briten die Friedensangebote unter Bedingungen akzeptierten, was durch Herablassung gegenüber den einheimischen Teilnehmern unterstrichen wurde.

Champion breitete das Telegrammpapier aus und las laut vor: "... unter folgenden Bedingungen:

(1) Gegen jeden Mann ist eine Geldstrafe von zwei Ziegen oder sechs Rupien zu erheben; insgesamt müssen 100.000 Rupien gezahlt werden.

(2) Die Steuererhebung von 1914 sorgfältig zu beobachten.

(3) 1000 Arbeiter zur Verfügung stellen, die nach Mombasa geschickt werden, um im Wasserprojekt und als Trägerkorps für den Weltkrieg zu arbeiten.

(4) Die Führer und alle, die sich uns entgegenstellen, sind auszuliefern, und die Waffen, alle Pfeile und Bögen und Schwerter sind abzugeben.

5. Die von uns ernannten Regierungschefs sollen sich unserer Forderung unterwerfen; und

6. Alle Eingeborenen sollen sofort in den Süden des Sabaki ziehen.

Alle Bedingungen sollten innerhalb von zehn Tagen erfüllt sein. ..."

Unter dem Deckmantel dieser Bedingungen wurden die Mijikenda eindringlich daran erinnert, dass die Abfolge ihrer historischen Unterdrücker lediglich von arabischer zu britischer Kontrolle übergegangen war. Letztere, die das ostafrikanische

Protektorat unter dem Vorwand errichtet hatten, "Schutz" zu bieten und dem Sklavenhandel ein Ende zu setzen, hatten sich nun als Kolonialherren entlarvt, die mit eiserner Faust regieren wollten. Diese Erkenntnis unterstrich eine bittere Wahrheit: Ihre Anwesenheit war nicht zum Wohle der indigenen Bevölkerung. Dennoch war sie rein von Eigeninteresse und Profitstreben getrieben und vernachlässigte das Wohlergehen und die Interessen der Ureinwohner völlig.

Der Widerstand der Giriama war unerschütterlich und entschlossen. Sie weigerten sich, Hüttensteuern oder Geldstrafen zu zahlen oder Arbeiter zur Verfügung zu stellen. Die Waffen blieben in ihren Händen, die Ältesten blieben standhaft und es wurden keine Zugeständnisse an die britischen Forderungen gemacht.

Dieser unerschütterliche Widerstand führte dazu, dass die britische Verwaltung dezimiert, zahlenmäßig sichtbar unterlegen und ohne die Mittel war, die festgelegten Bedingungen durchzusetzen.

Die von den Briten ernannten lokalen Häuptlinge fanden unter den Eingeborenen keine Legitimität. Sie wurden rundweg zurückgewiesen und sogar ins Visier genommen, wobei einige ihr Leben durch Akte des Trotzes verloren. Diese Atmosphäre der Feindseligkeit und Angst hielt andere Häuptlinge davon ab, mit den Briten zusammenzuarbeiten, ungeachtet der ihnen angebotenen Stipendien. Diese ernannten Führer desertierten von den Sitzungen des britischen Staatsrats und verrieten den schwankenden Griff der Kolonialverwaltung auf ihre Autorität.

Verrat in den Reihen der Giriama wurde nicht geduldet. Bekannte Verräter sahen sich mit schwerwiegenden Konsequenzen konfrontiert. Die kollektiven Aktionen der Community sprachen Bände:

Es wurde keine einzige Steuer gezahlt.

Die Zusammenarbeit mit der Imperial British East Africa Company (IBEAC) durch die Bereitstellung von Arbeitskräften war strengstens untersagt.

Die Versorgung der britischen Verwaltung mit Lebensmitteln wurde faktisch boykottiert.

Durch diese Maßnahmen demonstrierten die Giriama einen machtvollen und koordinierten Widerstand, indem sie die ihnen aufgezwungene koloniale Struktur untergruben und ihre Weigerung bekräftigten, sich der Fremdherrschaft zu fügen.

KAPITEL 15

Zurück aus der zweiten Haft

Als die Dämmerung das Dorf Mkange in einen Mantel melancholischer Schönheit hüllte, trat Me-Katilili wa Menza, müde und doch unbeugsam, über die Schwelle ihres Gehöfts. Es war eine stille Rückkehr, eine Heimkehr, überschattet vom Gespenst vergangener Gefangenschaften und der allgegenwärtigen Bedrohung durch erneute Gefangenschaft. Ihre Familie - über Generationen hinweg, von der stoischen Präsenz ihres Mannes Mulewa bis zu den unschuldigen Blicken der Urenkel - versammelte sich in einer stillen Umarmung. Ihre Feier verlief gedämpft. Ihre freudigen Herzen wurden durch die eiskalte Angst vor dem Verlust gedämpft. Die Zeit hatte ihre Geschichten in Me-Katililis Antlitz eingebrannt, aber ihr Geist, diese unbezwingbare Kraft, loderte mit einer Leidenschaft, die weder durch Alter noch durch Tortur getrübt wurde.

Nach ihrer Rückkehr entfachte Me-Katilili die Flammen ihrer Sache mit einer Inbrunst, die ihr Alter Lügen strafte. Sie wurde zur Architektin des Revivals und webte die Fäden des Widerstands und der Ermächtigung in das Gewebe ihrer Gemeinschaft. Ihre Weisheit floss wie ein Fluss und nährte Jung und Alt mit Lektionen in Sachen Widerstandsfähigkeit und Erbe. Die Tage verschmolzen mit den Nächten, während sie die Landschaft der Heilung und des spirituellen Trostes durchquerte, ein Akt des Trostes inmitten der Wirren der Kolonialkriege.

Die Tragödie ereignete sich in der Stille vor der Morgendämmerung, einem Augenblick, der zwischen der Ebbe der Nacht und der Geburt des Tages schwebte. Mulewa, ihr Gefährte durch Jahrzehnte des Kampfes und der Freude, entschlüpfte lautlos von dieser Welt. Me-Katililis Klage zerriss den Schleier des Morgens, ein herzzerreißender Schrei des

Verlustes, der die Tiefen der Verzweiflung ihrer Seele widerhallte. Der traurige Ruf eines Gemshorns durchdrang die Luft, ein Bote der Trauer, der durch das Dorf hallte und den Abschied eines Mannes ankündigte, dessen Leben eine Säule der Stärke und Würde gewesen war.

Als das erste Licht der Morgendämmerung die Erde berührte, versammelten sich die Dorfältesten und ihre Stimmen webten Gebete in die Morgenbrise, ein heiliger Ritus, der Mulewas Geist auf seiner Reise zu den Ahnen begleitete. Eine Ziege, Symbol des Übergangs und des Opfers, wurde vor der Haustür ihres Hauses dargebracht, ihr Blut ein Symbol für den Kreislauf von Leben und Tod. Die feierliche Prozession von Mkange nach Musoloni, wo Mulewa sich der Linie seiner Vorfahren anschließen sollte, war ein Geflecht aus Trauer und Ehrfurcht, die traurigen Lieder der *Chifudu*-Gruppe eine eindringliche Abschiedsmelodie.

In den folgenden Tagen verwandelte sich Mkange in ein Heiligtum der kollektiven Trauer. Die Tradition des *Hanga,* einer Beerdigung, zog eine Wiedervereinigung der Seelen nach sich. Die Gemeinde war sich einig in ihrer Hommage an Mulewas Vermächtnis. Die Nächte wurden durch die rhythmische Anmut der *Chifudu*-Tänzer zum Leben erweckt, deren Bewegungen die Vergänglichkeit des Daseins eindringlich widerspiegelten. Der Abschluss der Trauerzeit läutete ein Ritual der Erneuerung und des Schutzes ein, eine Reinigung, welche die Reste der Trauer abtrug und den Weg für einen Neuanfang bereitete. Nichtsdestotrotz war der Verlust von Mulewa für Me-Katilili ein Abgrund, der tief in die Tiefe ging und einen Brunnen der Trauer freilegte, der das Ausmaß des Leidens ihres Volkes überspannte. Ihre Tränen wurden zur Stimme der Stimmlosen, die um die Krieger, die Vergewaltigten, die abgeschlachteten Ältesten und die zerrütteten Familien trauerten - eine Litanei des Verlustes, die bis in den Boden ihrer Heimat blutete.

Unter der Oberfläche der gemeinschaftlichen Unterstützung und rituellen Heilung trug Me-Katililis Herz die Narben einer Trauer, die über das Persönliche hinausging. Ihre Klage war ein Klagelied über die Verlorenen: ihren Sohn Katilili, dessen Geist sich den Ahnen angeschlossen hatte; ihr Bruder Kithi, der vor seiner Zeit genommen wurde; die Krieger und Ältesten, die in der Heiligkeit der *Kayas* abgeschlachtet wurden; die jungen Männer von Mwangea, deren Potenzial durch koloniale Brutalität ausgelöscht wurde; die unschuldigen Mädchen von Vitengeni und vielen anderen Dörfern, deren Reinheit verletzt wurde. Ihre Tränen waren ein Strom der Trauer über die Leben, die von den Verwüstungen der Ungerechtigkeit zerrissen worden waren, über die zahllosen Überfälle auf die Dörfer, die die Fäden unzähliger Schicksale durchtrennt hatten, und über das von Trauer heimgesuchte Vaterland.

In diesem Schmelztiegel des Verlustes schwand Me-Katililis einst unbezwingbare Kraft, ihre Vitalität schwand unter dem Gewicht der kollektiven Trauer. Ihre Trauer ging über das Persönliche hinaus und wurde zu einem Spiegelbild der Angst eines Volkes, zu einem Spiegel des Leids, das das Gefüge ihrer Gemeinschaft durchdrungen hatte. Unter Tränen trauerte Me-Katilili nicht nur um Mulewa, sondern um jede Seele, die vom Sturm der kolonialen Unterdrückung mitgerissen worden war, und ihr Geist war eine Quelle der Widerstandsfähigkeit und Erinnerung im Angesicht der überwältigenden Dunkelheit.

Kontinuität des Lebens

In der Dämmerung ihrer Jahre, umgeben von den Schatten des Verlusts und der Trauer, fand Me-Katilili einen Hoffnungsschimmer in den strahlenden Augen ihrer Enkelkinder. Sie waren der lebende Beweis für die Überlebensfähigkeit ihres Volkes, die Gewissheit, dass der Geist des Widerstands und das Wesen ihrer Kultur die Jahrhunderte überdauern würden. In diesen Momenten, in denen sich die Unschuld und Neugier der Jugend um sie versammelte, wischte Me-Katilili die Tränen weg, die an ihren Wimpern klebten, und ihre Stimme nahm einen Ton der Begeisterung an, als sie in die Geschichte ihrer Vorfahren eintauchte.

"Siehe, Sayo, mein liebes Enkelkind", begann Me-Katilili und ihre Worte trugen die Weisheit ihrer Geschichte unter dem Sternenhimmel in sich, "die Prophetinnen Mepoho, Nimahongo und Nimunyumba sahen die Unruhen voraus, die heute unser Land umhüllen. Sie sprachen von Schiffen, welche die Wellen des Ozeans erklimmen, von eisernen Vögeln, die durch den Himmel schneiden, und von der eisernen Schlange, die über das Land kriecht. Sie warnten vor Eindringlingen, mit blasser Haut, deren Haare fein wie Sisalfasern waren, die fremde Pflanzen pafften, und sagten eine Zeit voraus, in der unsere jungen Mädchen Babys wiegen würden, die aus Unruhen geboren wurden."

Sayo, deren junger Geist von Fragen wimmelte, fragte mit der Unschuld einer Person, die von den Narben der Pubertät unberührt geblieben ist: "Warum haben unsere Leute diese Eindringlinge nicht vertrieben, bevor sich ihr Schatten über unser Land ausbreitete? Eine solche Tat hätte uns so viel Leid erspart!"

Me-Katilili seufzte, das Gewicht von Jahrhunderten lag schwer in ihrem Blick. "Siehst du, es liegt Weisheit in dem Sprichwort: Schau nicht, wohin du fühlst. Schau mal, wo du ausgerutscht bist." Generationen vor uns sahen die Ankunft der Portugiesen, der Araber, der Perser und anderer. Sie kamen und lebten eine Zeit lang in Frieden mit uns zusammen. Wir, eine Gemeinschaft, die Harmonie schätzt, sahen keinen Schaden in ihrer Gegenwart, vorausgesetzt, sie respektierten unsere Wege. Handel und Interaktion blühten zwischen uns auf", erzählte sie, und die Trauer in ihrer Stimme war ein Spiegel der Trauer in ihrem Herzen. "Aber langsam, heimtückisch, begannen sie, unser Volk zu töten, gefangen zu nehmen und zu versklaven und es in den Abgrund der Sklaverei zu ziehen."

Kopfschüttelnd fuhr sie fort: "Oh, die unzähligen Seelen, die durch ihre Gier verlorengegangen sind... Dein Onkel Katilili, er wäre jetzt schon ein erwachsener Mann, vielleicht mit eigenen Kindern. Mein Bruder Kithi wäre inzwischen ein angesehener Ältester gewesen... Karisa und viele, viele andere..." Die Namen fielen von ihren Lippen wie Blätter von einem sterbenden Baum, jeder ein Symbol für ein unterbrochenes Leben, eine gestohlene Zukunft.

Dann erklärte der junge Chengo, ein Funke des Trotzes im Meer der Trauer seiner Urgroßmutter, mit jugendlicher Bravour: "Oma, weine nicht. Wenn ich dort gewesen wäre, hätte ich sie abgewehrt, bumm, bumm!" Seine kleinen Fäuste tanzten in der Luft, und seine Beine traten nach unsichtbaren Feinden.

Gerührt von seiner temperamentvollen Zurschaustellung berührte Me-Katilili sanft seine nackte Brust. "Ich habe keinen Zweifel daran, dass du das getan hättest, Chengo. Und du würdest *'Pufya'* in dir tragen, die magische Energie, die deinen Körper so undurchlässig wie ein Stein macht." Sein breites Lächeln, unterbrochen von Lücken, wo einst Milchzähne saßen, war ein Leuchtfeuer der Unschuld und des unverdorbenen Mutes.

"Willst du uns mitnehmen, um zu sehen, wo Mepoho verschwunden ist? Ich will es sehen, um es zu glauben", flehte Sayo, und ihr junger Geist entflammte vor Staunen und Skepsis.

"Wenn ich wieder zu Kräften gekommen bin, verspreche ich dir, dass wir zu Besuch kommen", versicherte Me-Katilili ihr. "Es wird gesagt, dass Mepoho, als er Zeuge des drohenden Untergangs wurde, den diese Ausländer anrichteten, sich entschied, ihre Ungerechtigkeiten nicht zu ertragen. Sie beschwor ihr letztes Quäntchen Kraft und tanzte mit solcher Intensität, dass sich die Erde öffnete, um sie zu umarmen, und nichts als einen Erdhügel als Zeugnis ihres Abschieds zurückließ. Dieser Ort, der heute als Kaloleni bekannt ist, lädt alle ein, Zeugnis von ihrer Entschlossenheit abzulegen. Daher hat es seinen Namen, Kaloneni, ‚Geh und sieh'.«

Mit ruhiger und feierlicher Stimme wandte sich Me-Katilili ihrer Familie zu und erklärte: "Wenn meine Zeit gekommen ist, legt mich zur Ruhe in die heilige Umarmung von *Kaya* Fungo." Ihr Blick richtete sich auf Kavumbi und Mlamu, ihre Tochter und ihren Schwiegersohn, und sorgte dafür, dass ihr letzter Wunsch in den Herzen ihrer Verwandten widerhallte. »Hört mir gut zu. Nach meinem Tod möchte ich in *Kaya* Fungo begraben werden ", wiederholte sie, und ihre Worte waren ein Bund zwischen der Gegenwart und der Ewigkeit, eine letzte Bitte einer Matriarchin, deren Leben eine Inkarnation des unvergänglichen Geistes ihres Volkes gewesen war.

Während der unerbittliche Lauf der Jahreszeiten Zeugnis vom unvermeidlichen Verfall von Me-Katililis Gesundheit ablegte, erlag die lebendige Matriarchin, die einst eine Bastion der Stärke und Widerstandsfähigkeit für ihr Volk war, dem Zahn der Zeit. Da sie nicht mehr in der Lage war, für sich selbst zu sorgen, wurde der Mantel ihrer Fürsorge an Sayo wa Kalama übergeben. Sayo erblühte nun zu einer jungen Frau mit scharfem Intellekt und verblüffender Ähnlichkeit mit dem feurigen Geist von Munyazi - der jugendlichen Verkörperung von Me-Katilili selbst, die von ihren Eltern mit der feierlichen Pflicht der Fürsorge betraut wurde, in Treue zu den altehrwürdigen Traditionen, die ihre Gemeinschaft leiteten.

In den letzten Kapiteln von Me-Katililis geschichtsträchtigem Leben flüsterte das unerbittliche Vergehen der Zeit Versprechungen eines Endes.

Mit ihrer einst gewaltigen Kraft, die nun eine Erinnerung war, die in den Winden geflüstert wurde, wurde sie in ihren letzten Tagen in den Armen von Sayo wa Kalama gewiegt. Sayo, deren Jugend im Schatten des Erbes ihrer Großmutter erblühte, spiegelte Me-Katililis wilden Geist und Intellekt in ihrer Blütezeit wider. Sayo, die mit der heiligen Pflicht der Fürsorge betraut war, hielt die Traditionen ihrer Vorfahren aufrecht und kümmerte sich mit einer Hingabe um Me-Katilili, die über den bloßen Durchgang von Blut durch die Adern hinausging - es war ein Zeugnis für die dauerhafte Bindung der Familie und des Vermächtnisses.

Der Entschluss, sich von traditionellen Heilern leiten zu lassen, katalysierte Me-Katililis Reise zurück nach Bungale, dem Zufluchtsort ihrer Ehejahre - ein Ort, der mit den Erinnerungen an ihr Erwachsenenleben verwoben ist. Dieses vertraute Terrain war nicht nur von ihrer persönlichen Geschichte durchdrungen, sondern war auch die Heimat ihrer Nachkommen und erweiterten Verwandten, die alle bereit waren, sie in ihre Umarmung der Fürsorge und des Trostes zu hüllen. Bungale, welches das Echo ihrer wertvollsten Momente wiegte, sollte zu einem Zufluchtsort werden, in dem sie von der Weisheit und dem Dienst derer umgeben sein würde, die in den altehrwürdigen Heilpraktiken geübt waren. Die unvorhersehbaren Schicksalsströme hatten jedoch einen divergierenden Weg vorgezeichnet und ihre Geschichte in ungeahnte Horizonte gelenkt.

Übergang der Seele

Mitte der 1920er Jahre. An einem Tag, der von der unerbittlichen Umarmung der Sonne versengt war, kehrte Sayo vom Bach zurück, und ihre Schritte hallten im Rhythmus einfacherer Zeiten wider. Das Haus, das sie begrüßte, war jedoch in Stille gehüllt - eine Stille, die zu tief war, um etwas anderes als bedrohlich zu sein. Dort, in der Stille ihres Zimmers, lag Me-Katilili, deren Geist von der sanften Brise von Sayos Abwesenheit die Flucht ergriffen hatte. Der Schock der Entdeckung ließ Wellen der Panik und des Unglaubens durch Sayo brechen, der die Gemeinde schnell auf seine Seite zog.

Als sich die "hanga" (Begräbnisrituale) entfalteten, war die Luft dick vom Duft der Trauer und dem gemurmelten Respekt einer in Trauer vereinten Gemeinschaft. Unter dieser Fassade des gemeinschaftlichen Kummers braute sich jedoch eine Meinungsverschiedenheit zusammen. Älteste und Familie waren gleichermaßen in einen stillen Streit verwickelt, dessen Kern in Me-Katililis letzter Ruhestätte lag. Einige Älteste teilten eine tiefgreifende Offenbarung: Die Religion stand im Widerspruch zu Me-Katililis ausdrücklichem Wunsch, ihre letzte Ruhestätte in *Kaya* Fungo zu finden. Sie führten diese Behauptung weiter aus und erklärten, dass nach dem religiösen Diktat der Giriama nur diejenigen berechtigt sind, dort begraben zu werden, die innerhalb der heiligen Grenzen eines *Kaya* sterben. Darüber hinaus stellte die Hitze des Küstenklimas eine Herausforderung für die Konservierung des Körpers über einen längeren Zeitraum dar. So standen die praktischen Erwägungen einer Bestattung in Bungale im Gegensatz zu ihrem Wunsch, in *Kaya* Fungo begraben zu werden.

Die göttliche Energie hat sich entschieden, ihre Gegenwart inmitten dieser turbulenten Wasser der Auseinandersetzungen bekannt zu machen. Während die Frauen, die Me-Katililis Körper für ihre Reise vorbereiten sollten, ihren feierlichen Pflichten nachgingen, entfaltete sich ein ebenso mysteriöses wie ehrfurchtgebietendes Phänomen - ein Leichentuch aus schwarzen Ameisen umhüllte sie und schickte eine Welle des Schocks und der Ungläubigkeit durch die Familie. Dieses unerklärliche Zeichen brachte die Vorbereitungen zum Stillstand und zwang die Ältesten, die Gemeinschaft mit dem Geist von Me-Katilili zu suchen und sie um Verständnis und Segen für den ihr zu Ehren gewählten Weg zu bitten. Das rituelle Opfer einer Ziege vor ihrer Haustür diente als Brücke zwischen den Reichen, ein Blutopfer, um den Ahnen Me-Katililis Aufstieg zu verkünden. Eine letzte Hommage an eine Frau, deren Leben ein Leuchtfeuer des Widerstands, der Widerstandsfähigkeit, der Weisheit und der unnachgiebigen Liebe zu ihrem Volk war.

Als sich die Gemeinschaft mit den Manifestationen ihres Willens und dem Diktat der Tradition auseinandersetzte, wurde klar, dass Me-Katililis Vermächtnis nicht an die Erde gebunden war, auf der sie wandelte; es war in die Herzen derer eingebrannt, die sie berührte, ein lebendiges Zeugnis für die Kraft des Geistes einer Frau, Generationen zu inspirieren. Ob von der heiligen Erde von *Kaya* Fungo gewiegt oder in der Umarmung von Bungale,

Me-Katililis Essenz sollte das Land, das sie liebte, für immer durchdringen, ihre Geschichte ein Leitbild für alle, die es wagen, von Freiheit zu träumen und im Angesicht von Widrigkeiten für Gerechtigkeit zu kämpfen.

Hafen von Charleston, South Carolina, USA, Mitte der 1870er Jahre

Der Tag neigte sich dem Ende zu, als die »Queen's Endeavour« ihre feierliche Prozession in den Hafen von Charleston machte, die Segel schwer mit dem Gewicht einer Reise, die sich über die gnadenlose Weite des Atlantiks erstreckt hatte. Kapitän Theodore, ein Mann, dessen Gesicht von den Linien unzähliger Reisen gezeichnet war, stand unerschütterlich am Ruder, den Blick auf den Horizont gerichtet. Neben ihm überblickte Sir Herbert, dessen Ruf als Händler und Entdecker in vielen fernen Ländern bekannt war, den geschäftigen Hafen mit einer Miene der Endgültigkeit. Beide Männer, erfahren durch die Prüfungen des Meeres, hatten im Stillen übereingestimmt, dass diese Überfahrt ihre letzte sein würde. Die Gefahren, denen sie auf der Transatlantikroute ausgesetzt gewesen waren, waren über ihre kühnsten Vorstellungen hinausgewachsen.

Unter der bedrückenden Enge des Decks war die Luft erstickend, schwer von den Gerüchen des Salzwassers und der Verzweiflung. Im trüben Schein dessen, was von einem einst robusten Volk übriggeblieben war, stand Kithi unter den schwindenden Überlebenden. Ihre Zahl schrumpfte jetzt auf einen Bruchteil ihrer früheren Stärke. Sie drängten sich in dem schwachen Licht, und ihre müden Körper und unterdrückten Geister spiegelten den Tribut ihrer erschütternden Reise wider. Die Brutalität, der sie ausgesetzt waren, hinterließ sichtbare Spuren in ihnen, sowohl körperlich als auch emotional, als sie sich mit der harten Realität ihrer Notlage auseinandersetzten.

Ein Schleier der Trauer umhüllte sie, der Verlust von mehr als der Hälfte ihrer Zahl in den unersättlichen Tiefen des Ozeans warf einen Schatten, der sich fast greifbar anfühlte, ein stummer Zeuge ihrer zermürbenden Reise.

Kithis eigene Odyssee begann inmitten des Chaos des Mtsanganyiko-Marktes, schlängelte sich durch Malindi, erreichte die Küste von Sansibar, bevor sie nach Bagamoyo (Tansania) weiterfuhr. Ihre Zahl, die bereits durch die Not gedünnt war, wurde dort schmerzlich aufgestockt, und die Reihen derer, die unvorstellbare Schicksale erleiden mussten, wuchsen an. Ihre Reise erstreckte sich über die unerbittlichen Weiten des Transatlantiks und landete kurz auf den Westindischen Inseln, wo einige von ihnen an Land gingen, ihr Schicksal fern der Heimat besiegelt.

Die „Queen's Endeavour", ein Schiff, das heute ein Synonym für den Verlust und die Verzweiflung seiner menschlichen Fracht ist, nahm Kurs auf South Carolina. Jede Etappe ihrer Reise war von Trauer durchdrungen, geprägt vom stillen Verschwinden von Leben, die von den Ozeanen verschluckt oder in fernen Ländern zurückgelassen wurden. Für Kithi und seine Mitgefangenen war die Reise, die sie antreten mussten, mehr als nur eine Überfahrt. Es war eine Inschrift, die tief in die Essenz ihres Wesens eingegraben war. Jeder Schritt, der dem Schlag einer Klinge glich, hinterließ eine tiefe Narbe, ein bleibendes Sinnbild für die Qual und den Verlust, die sie gemeinsam erlitten. Dieser Weg war nicht nur eine Route, die sie zurücklegten. Es war ein stummer Zeuge ihres gemeinsamen

Trübsals, eine düstere Hommage an die Widerstandsfähigkeit ihres Geistes im Angesicht unerbittlicher Widrigkeiten. Durch diese gemeinsame Odyssee waren ihre Seelen miteinander verbunden, jede trug das Gewicht einer unausgesprochenen Erzählung, ein Zeugnis ihres kollektiven Durchhaltevermögens und das unauslöschliche Zeichen ihrer gemeinsamen Notlage.

Als das Schiff anlegte, wurden die Gefangenen auf das Deck geführt, ihre Augen blinzelten im grellen Licht der untergehenden Sonne. Die Luft war durchdrungen vom Geruch des Salzes, dem erdigen Moschus des Teers und den Schreien der Seevögel, die sich mit dem lauten Lärm der Docks vermischten. Die Hitze umhüllte sie wie eine dicke Decke, die Feuchtigkeit klebte an ihrer Haut, eine grausame Erinnerung an den bedrückenden Griff, den sie gerade verlassen hatten.

Vor ihnen lag der geschäftige Hafenmarkt, eine Kakophonie aus Anblicken, Geräuschen und Gerüchen. Die Schreie der Auktionatoren durchschnitten die Luft wie eine misstönende Melodie vor dem Hintergrund klirrender Ketten und gedämpftem Flüstern.

Kithi, den Blick gesenkt, war sich der Myriaden fremder Gesichter bewusst, die ihn und seine Gefährten musterten, ihre Augen abschätzend und wertschätzend.

Sir Herberts volle, gebieterische Stimme erhob sich über den Lärm, als er die Auktion begann. »Meine Herren, sehen Sie die vorzügliche Auswahl an Arbeitskräften, die direkt aus dem Herzen Afrikas stammen!« erklärte er und deutete großspurig auf Kithi und die anderen.

Kapitän Theodore schwieg, sein Gesichtsausdruck war unleserlich, während er das Geschehen von der Seitenlinie aus beobachtete. Seine Gedanken waren ein aufgewühltes Meer, das die unzähligen Emotionen widerspiegelte, die in ihm kämpften - ein Gefühl der Erleichterung am Ende der Reise, gefärbt von einem tiefsitzenden Unbehagen über seine Rolle darin.

Inmitten der Menge stehend, spürte Kithi das Gewicht unzähliger Augen auf sich. Obwohl er die Worte nicht verstand, war die Absicht offensichtlich, als er nach vorne geschubst wurde, das Objekt eifriger Gebote. Sein Herz raste, ein Tumult aus Angst und Trotz wirbelte in ihm herum. Die Berührung der Sonne auf seiner Haut, der ferne Ruf des Meeres – sie sprachen zu ihm von Freiheit, einem Begriff, der ihm heute so fern schien wie seine Heimat an der Ostküste Afrikas.

Während der gesamten Reise war Kithis Herz eine stille Kapelle des Gebets, seine Gedanken wirbelten leise in dunkler Hoffnung und klarer Verzweiflung. Doch mit jedem Schritt, den er im Schatten der Gefangenschaft tat, legte sich ein Schleier der Enttäuschung über ihn. "Wo ist *Mulungu*? Wo sind meine Vorfahren geblieben? Wo sind die Geister, die uns einst geleitet haben?", grübelte er, und seine Seele hallte von Fragen, die in der Leere zu verschwinden schienen. In den verborgenen Kammern seines Herzens entzündete sich ein Aufflackern der Rebellion. Er begann, einen geheimen Bauplan zu entwerfen, und verschwor sich fast mit seinem eigenen Geist darüber, wie er durch die unsichtbaren Fäden des Schicksals navigieren könnte, um seinen Weg zurück in die Vertrautheit seines Dorfes in Bungale zu finden. Diese geheime Verschwörung war nicht nur ein Fluchtplan, sondern auch eine Pilgerreise zur Wiedererlangung seiner Freiheit, seines Erbes und des Flüsterns des Landes, das ihn seine Heimat nannte.

Die Möglichkeit, sich mit bekannten Gesichtern aus Bungale wiederzusehen, flackerte durch Kithis Kopf. »Sind Karisa und der Rest unseres Volkes, von unserem Boden beschlagnahmt, hierhergebracht worden? Wenn wir uns treffen würden, würden wir uns nach allem, was passiert ist, wiedererkennen? Könnte es eine Chance geben, einen geheimen Plan zu schmieden, zu fliehen und in unsere geliebte Heimat zurückzukehren?" Diese

Fragen, schwer von Sehnsucht und Spekulationen, nisten sich tief in Kithis Gedanken ein, eine private Fundgrube an Geheimnissen, die er in sich trug.

Schließlich durchschnitt eine Stimme das Geschrei und signalisierte das Ende seiner Auktion. George Richmond, ein Mann mit einem Gesicht, das sowohl die Merkmale von Härte als auch von einer eigentümlichen Neugierde trug, hatte ihn für sich beansprucht. Kithi, der die gewechselten Worte nicht begreifen konnte, konnte nur folgen, wie George ihn vom Markt wegführte, seine Zukunft ungewiss, seine Vergangenheit eine ferne Erinnerung.

Als sie sich entfernten, tauschten Kapitän Theodore und Sir Herbert Blicke aus und bestätigten stumm das Ende einer Ära. "Wir haben ein großes Vermögen und viel Reichtum gemacht. Wir haben unsere letzte Reise gemacht«, sagte Theodore mit einer Stimme, die kaum mehr als ein Flüstern war.

»Ja«, erwiderte Herbert, und sein Blick blieb auf dem schwindenden Licht des Tages hängen. "Die Welt verändert sich, und wir auch."

In den folgenden Tagen sollte Kithi die harte Realität seines neuen Daseins kennenlernen, doch in ihm brannte der unbezwingbare Geist eines Mannes, der die dunkelsten Tiefen der Verzweiflung überlebt hatte. Die Reise der „Queen's Endeavour" war beendet, aber für Kithi war dies der Beginn eines neuen Kapitels, das seine Stärke, seinen Willen und sein Herz auf eine Weise auf die Probe stellen sollte, die er sich nie hätte vorstellen können.

…… DAS ENDE……

SOURCES / REFERENCES

Some of numerous References

http://www.standardmedia.co.ke/?articleID=2000020686&s
tory_title=Mekatilili%E2%80%99s-braveresistance-against-
British-rule24
http://www.open.ac.uk/Arts/fergusoncentre/memorialisation/gal
lery/mekatilili-index.shtml;
http://www.africareview.com/Special-Reports/The–mad-Kenyan-
woman-who-rattled-the-British/-/979182/1876464/-/x2seyf/-
/index.html;
http://www.sourcememory.net/veleda/?p=28;
http://www.nation.co.ke/News/regional/-/1070/641820/-
/7lmwal/-/index.html;
http://thabalance.wordpress.com/2011/12/21/mekatilili-wa-
menza/;
http://www.standardmedia.co.ke/?articleID=2000020686&s
tory_title=mekatilili-s-brave-resistance-against-british-
rule&pageNo=3; Mekatilili wa: She Feared No Man

http://www.standardmedia.co.ke/?articleID=2000065265&s
tory_title=women-who-stood-where-men-trembled;
http://www.open.ac.uk/Arts/ferguson-
centre/memorialisation/events/london-
symposium2011/Celia_Neil_Mekatilili.pdf;
http://www.academia.edu/5017110/Ikonya_Philo_The_Woman_
Question_
http://www.standardmedia.co.ke/article/2000016796/honouring-
a-woman-of-war;

"Shujaa Me Katilili Wa Menza – Her legacy in independent Africa"
(Book written by Dr. Tsawe-Munga wa Chidongo, 2018)

Printed in Poland
by Amazon Fulfillment
Poland Sp. z o.o., Wrocław

42907498R00175